河北金融学院学术著作出版基金资助项目 (项目批准号：Y

高校教师专业发展
与应用型师资培养实践

刘　倩　田冰洁　著

吉林人民出版社

图书在版编目（CIP）数据

高校教师专业发展与应用型师资培养实践 / 刘倩，田冰洁著 . -- 长春 : 吉林人民出版社 , 2023.8

ISBN 978-7-206-20328-2

Ⅰ.①高… Ⅱ.①刘…②田… Ⅲ.①高等学校 – 师资培养 – 研究 Ⅳ.① G645.12

中国国家版本馆 CIP 数据核字 (2023) 第 189420 号

责任编辑：郭　威

装帧设计：乐　乐

高校教师专业发展与应用型师资培养实践

GAOXIAO JIAOSHI ZHUANYE FAZHAN YU YINGYONGXING SHIZI PEIYANG YANJIU

著　者：刘　倩　田冰洁

出版发行：吉林人民出版社（长春市人民大街 7548 号　邮政编码：130022）

咨询电话：0431-85378007

印　　刷：长春市昌信电脑图文制作有限公司

开　　本：787mm × 1092 mm　　　1/16

印　　张：15.25　　　　　　字　　数：240 千字

标准书号：ISBN 978-7-206-20328-2

版　　次：2024 年 1 月第 1 版　　印　　次：2024 年 1 月第 1 次印刷

定　　价：60.00 元

前　　言

　　高等院校最重要的价值就是为社会经济的发展提供高素质人才，这就对师资团队的专业知识、素养和教学技能提出了很高的要求，也对高校学科建设水平和人才培养的质量产生了非常大的影响。但当下社会竞争愈发激烈，高等院校的师资培养不得不从向外扩展延伸转变为加强内涵建设以及全面培养和提高人才的综合素质能力。现如今，国内的高等院校都较为关注当地社会经济的发展需求变化，并结合学校的实际情况，开设针对性的专业学科。因此，高校需要打造一支专业的教师团队，从而促进教师专业发展进程。但众所周知，高校教师专业发展需内外动力相互作用才能有序进行。一方面，教师对内在动力的依赖性决定了其是否能够激发积极发展、成长的兴趣；另一方面，外在动力能够为教师专业发展营造良好、舒适的环境。只有内外动力相互作用和影响，才能主导教师专业发展的方向，才能全面提高高校整体的教育水平和质量。

　　现如今，我国正在对教育事业进行全面深入的改革，而促进教育事业持续发展的核心动力来自教师专业发展。在传统的教师发展体系中，教师自身的个性化差异是很难得到外在体现的。要想促进教师专业的可持续发展，就必须构建专业学习共同体，通过设置共同发展和学习目标的方式，让教师相互帮助、相互学习，不断地对教学水平和效果进行反思评价，提高和完善设计教学课程的能力，在相互评价的过程中发现教学存在的缺陷和不足，从而找出解决问题的方法。由此可见，想要培养和提高教师的合作意识和专业素质，营造良好的专业发展氛围和环境，就必须构建专业学习共同体。我国自改革开放以后，社会经济的发展对高素质人才的需求越来越强烈。要想满足人才的需求，就必须打造一支高素质的师资团队，这样才能为国家社会经济的发展做出应有的贡献。

　　随着社会经济的不断发展，应用型高校实践教学的重要性日益显现，实践教学成为培养企业所需人才的有效途径。高校应用型人才的培养离不开实践教学师资的培养，加强实践教学师资队伍的建设是强化应用型专业教学的一项重要任务。

鉴于此，本书围绕"高校教师专业发展与应用型师资培养"这一主题，以教师专业发展核心概念的界定及理论基础为切入点，由浅入深地阐述了高校教师专业发展评价模型、推进高校教师专业发展的策略，系统地论述了应用型高校的定位、特征与职能，分析了应用型高校教师专业实践能力提升的理念与影响因素，指出高校应用型师资培养的经验也适用于从事高等教育研究的专业人员。

笔者在撰写本书的过程中，借鉴了相关专家和学者的研究成果，在此表示衷心的感谢。本书研究的课题涉及的内容十分宽泛，尽管笔者在写作过程中力求完美，但仍难免存在疏漏，恳请各位专家批评指正。

刘　倩

目　　录

第一章 教师专业发展核心概念的界定及理论基础

第一节 核心概念

一、教师专业发展

(一) 教师专业发展的定义

对于教师专业发展，不同学者给出的定义也各不相同。通过研究，格拉索恩 (Glatthorn) 认为教师不断积累和增长经验，并在教学中运用这些经验，以对自身的教学效果进行检验的专业成长过程就是教师专业发展；闵柯夫斯基 (Hermann Minkowski) 对教师专业发展的连贯性和长期性进行了强调，认为教师从进入到退出职场的过程中会经历全方位、多角度的培训，包括新的专业知识与技能、职业素养与道德等；针对教师专业发展的目的，古斯基 (Guskey) 展开了研究，指出帮助学生改进学习方法、帮助教师提升专业知识，通过改变教师的技能和态度顺利完成、开展教育过程与活动是教师专业发展的根本目的；费曼·奈姆瑟 (Feiman Nemser) 认为教师不断学习与进步的发展过程就是教师专业发展；布朗 (Brown) 在研究中指出，个体在长期、持续和不断的发展中，发展理念和发展实践逐渐发生转变，并且通过学术培养直接影响教师的教学改革以及产生其他重大影响就是个体的成长。综上，教师专业发展实际上就是生态的发展，是对教师专业的促进与提高，强调学术成长的前提条件是人格的发展。教师职业生涯的各个阶段共同构成了教师专业发展。同时，教师专业发展也存在于教师与其周边环境的互动和进化中，是对教学生涯的延续和扩展。

笔者认为，将一名教师从非专业人员培养为专业人员的过程就是教师专业发展，这是一个长期的、持续的过程。作为一种途径，教师专业发展可以显著提高教师的专业地位。教师专业发展的研究由来已久。在漫长的研究进程中，研究者的态度经历了由忽视到重视的转变；研究的重点经历了由全体教师专业发展到个体教师被动专业化的转变，最终将探索的方向集中于个体教师如何主动进行专业发展；研究理念经历了由认可教师的专业地位及专业发展的外部因素到重视教师专业素质的内部提升的转变。在遵循生态主体与系统内在要求的基础上，教师专业发展将具有教师专业素质和生命系统结构体系的教师看作生态系统的一部分。因此，我们说社会、自然以及规范制度共同营造的复合性生态环境就是教师专业发展的生态环境，其中，能够对教师专业发展产生促进作用的主要生态环境就是学校环境。

在专业组织的训练下，将教师专业发展的理念融入教师专业生涯的始终就是教师专业发展。这一过程以终身教育理念为导向，通过对教育专业技能、专业道德素养以及自主专业需求的提升、展现和实施，促进教师认同自己的职业并提升职业素养，再加以专业的引导，使教师成长为优秀的、专业的教育工作者，并对自己的工作逐渐熟练，最终成为教育专家。研究教师专业发展可以从多个方面入手，如教师的专业知识、情感、技能，教师的道德与素养等。

为了规范教师专业发展，我国制定了一系列的法律法规，包括《中华人民共和国教师法》《中华人民共和国教育法》等，并制定了相关细则为其实施提供保障；同时，将专业职能权利赋予教师，并对教师的各个方面提出了要求，包括教师教学资格、资质和能力的认证，薪酬水平和教学条件的提升与改善等。教师专业发展就是在对教师的岗位职责和工作内容进行提炼、整合以及发展的过程中，对教师的各个方面提出要求，同时对专业发展中的教师与周边环境的关联进行描绘和勾勒。并且，为了更好地展现出教师独有的专业形象，对教师的社会身份与地位、职业形象与素养提出了具体的要求，重塑了教师完整专业的形象。

随着教育的大规模普及，高等教育呈现出了多样化的特征，对教育的需求也变得更加多元化和个性化。不同层次和类型的大学也开始贯彻以学生为中心的理念，在办学和人才培养方面形成了丰富多样的模式。所以，高等教育的质量观应该是多层次、多样化的，这种多样化表现在质量和标准两个方面。质量多样化要求高校在制订人才培养目标和教育质量要求时，要根据不同的办学主体、形式、层次以及定位等因素做出不同的决策。高校之间的差异，从宏观角度来看是因为高校的类型不同，从专业建设的微观角度来看是因为专业设置基于专业本身的独特性而产生的个性。潘懋元将质量标准划分为两个层次：一个是基本质量标准，该标准是所有高等学校都要遵循和依据的标准，是培养敢于创新、善于实践的人才的普适标准；另一个是针对性的衡量标准，它是不同院校根据自身特点设定的人才培养标准，可以对人才与现有发展目标是否相符进行衡量。因此，人才培养目标不同，对教师提出的要求也是不同的。

教师专业发展的研究，可以从教师专业化的概念出发。这里我们从两个方面对教师专业化展开探讨：一是从职业的角度来研究教师专业化，教师职业有区别于其他职业的特点，包括特有的专业评价标准、社会声望等；二是以个体教师为对象研究教师从新人成长为优秀专业的教育工作者的过程，这个过程中，教师在专业组织的训练下进行终身学习，不断增长专业知识、提升专业技能、增强职业道德和素养。不难看出，职业、教学和师德效能感是基于专业发展内涵特性的有效性的集中体现。

(二) 高校教师专业发展的内涵

高校教师专业发展主要指的是教师作为高等学校的专业人员，在专业知识、专业能力和专业情意等方面，从不成熟到成熟的过程。教师在这个过程中不断地成长，从开始时的新手逐渐转变为能够胜任科研以及教学和社会服务等工作的能手。对于高校教师来说，其专业发展主要是专业知识的发展，同时包括专业能力以及专业情意等方面的发展。

(三) 教师专业发展的构成

教师专业发展包括三个构成要素，即专业知识、专业技能、师德境界。笔者将从这三个方面展开分析。专业知识是不同知识的结合，包括教师实践、教育学理论、专业学科知识等，是教师开展教学工作的前提条件。专业技能属于综合能力，包括教师的教学方法、课堂管理能力、科研能力以及学生评价和其他教师评价等。教师的专业情操与自我、职业理想也可以通过专业技能反映出来。教师对职业的情感、态度、理想信念和价值取向可以通过师德境界反映出来。师德境界形成于长期的教学过程中，是教师行为规范、思想品质、道德观念的总和，具有稳定性。社会通过师德境界来规范和要求教师的行为，教师要以此为基础，展现人生价值，追求幸福生活。

1. 专业知识

专业知识融合了多种知识，包括教育文化基础、教育学理论、学科专业以及教师实践等知识。教师只有具备一定的专业知识，才能开展教学活动。

（1）专业知识提升途径

传统的提升途径是教师被动获取专业知识以符合外界的要求，而现代教师则是通过教育教学实践，探索和研究教学本身以及教育教学的情境，并及时进行反思，最终获取专业知识，这一途径与教师专业发展所强调的"实践—反思"理念相一致。通过分析教师在专业发展中的互动性和主动性可以发现，专业发展能够促进教师理论知识的增长。但从培养的角度来看，教师的发展不能通过教师在专业发展中的自主性，实现其向内在需求与诉求的完全转化，并且教师之间的互动性也未得到体现。所以，从"实践—反思"的维度分析教师专业知识的提升路径时，应该将教师的教学实践、完成教学后收到的反馈以及对教学过程的反思作为重点，这样才能提升教师运用各种教学方法的能力，并从责任和义务的角度，加深教师对专业发展中的主动性的理解。

通过"实践—反思"获取专业知识，也反映了教师在专业发展中的自主性。在实际的教学中，无论是在宏观角度，还是在微观角度，教师都发挥着主导作用。教师提升专业知识的路径，一方面补充和完善了理智以及"实践—反思"的取向；另一方面，通过实践发现、思考、解决问题，也是一种解决问题、培养逻辑思维的有效方式。因此，教师通过学习不断提升专业知识和自我的过程就是教师专业发展的主体性与互动性的融合与统一[①]。

（2）专业知识的影响因素

以下是专业知识积累的两大影响因素：

①高校教师的学术环境。人类的任何社会活动都需要在一定的环境中进行，同样，教师提升专业知识也需要在学术环境中进行。作为一种发展态势，高校学术与生态系统的发展具有一定的相似性。在研究高校学术环境时，可以将其视为一个学术生态系统，在学术生态理论的基础上，对学术与学术人

---

① 张雪勤，刘亚利.教师情绪劳动研究综述 [J].教育与教学研究，2014(10)：28-30.

员的发展关系进行探索。最终会发现，教师、学生以及管理人员等高校主体，在坚定不移地追求长期目标的过程中实现了高校的学术发展。同时，他们也是学术环境的重要组成部分，直接影响着高校教师专业发展。在高校学术和学术人员发展形成的激励环境中，高校教师可以约束其他处于同一学术活动中的个体。学术活动在由不同因子，包括从事学术活动的教师与教师、教师与其他人员以及学术活动与非学术活动，相互影响和作用而形成的物质基础上开展。同时，教师与校外、教师所从事的学术活动与校外也产生了关联。

②教学实践操作。高校教师展现自身专业知识和主导课堂必须经过教学实践操作。不论在什么层次的高校，教师的授课能力都是通过能够引导学生了解专业、提高学习积极性的授课，知识以及技能的展示、传授和演示体现出来的；通过师生之间、师师之间的合作，以及课堂氛围的营造，教师可以吸引学生的注意力，激发学生对学习的热情。这些也是考核教师教学能力的重要指标。在高校中，教师与学生的关系更倾向于"亦师亦友"。教师带领学生对更深层次的知识进行探索，激发学生的潜能，为学生走出大学、走向社会提供指引。作为高校教师必备学术能力之一的教师研究能力，其评估需要综合考虑多个方面，包括发表的论文数量、取得的科研成果、培养出了怎样的学生、在特定学科的深耕等，可以间接体现出教师的专业知识。

2. 专业技能

专业技能是教师综合能力的体现，包括教师多个方面的能力，比如教学设计、评价、管理、科研等。想要了解教师的专业自我与情操，以及职业理想等，就可以从其专业技能入手。作为教师职业素养的核心组成部分，专业技能体现了教师的整体素质。

(1) 专业技能的范围

教师的专业技能主要表现在两个方面，一是自身方面，二是学生培养方面。教师的教学能力包括对专业的预见、观测、想象和记忆的能力以及语言组织能力、表达能力、审美水平等；而学生的智力展现及其取得的成果可以体现出教师培养学生的能力。教师监控、认知以及操作教学的能力可以体现出其教学能力的高低[①]。为与时代发展相适应，符合时代的要求，教师应

---

① 卢乃桂，陈峥. 中国内地教师继续教育中的权力关系与教师领导 [J]. 复旦教育论坛，2008(5)：61-66.

对自身应该具有的能力进行不断发展和完善。这就是教师的专业基础能力，对现代教育技术的应用及科研水平可以反映出这一能力。高校教师与中小学教师最根本的区别在于，他们能够将自身的科研能力转化为实实在在的社会生产力和科研成果。另外，高校教师研究理论的能力和应用科学研究的技能也是其科研能力的具体表现。因为对研究者而言，满足社会、经济、政治发展的需要是其研究的目标。正是在这种目标的驱使下，他们才将研究成果应用于实践，并在应用的过程中探索高效解决问题的办法以及运用工具解决问题的技巧。

在高校中，明确教师岗位要求，在完成既定教学工作的同时达成教学目标，具备符合岗位要求的基本技能，这就是教师教学技能的体现。通过教学实践，教师能够加深对职业和学术教育的认知，明晰两者的区别，然后根据不同的目标和实际需求培养学生。所以，实践性和可操作性是教师实践的特点。如果将教育视为一种服务，那么教师在提升教育教学能力时需要注意三点：一是在设计和操作课程时，一定要注重工作实践和行业生产的结合，将人才培养的特点和规格体现出来。二是在指导学生组织和设计顶岗实习、工作实训的过程中，既要对学生的专业知识和技能进行指导，也要与学生一同参与实践。为了完成实训计划，满足学生的实际需求，教师还要具备构建真实工作场景的能力。这样，进行的生产性实习才能满足实际工作岗位的需要，帮助学生将身份转变为员工或者职业人，获取真实的实习体验。三是在开展教学活动的过程中进行教学评价。实践操作能力是考核教师教学能力的主要指标；对于学生情况的评价，则可以从其学习过程和学习效果入手。前者考察的是教师参与教学实践的能力，后者考察的是教师对学生的指导程度。另外，教师再学习、终身学习的能力以及不断提升自我的能力也是其专业能力的反映。

基于利益关系而设立的，用以判断教师教学行为与学生需求是否相符的标准就是专业规范。同时，教师也以其为基本的行为准则来开展和落实教学。不难看出，职业伦理是专业规范的出发点。它通过制订评判职业标准的指标来约束职业行为，同时，也促进了教师专业发展，为教师有条不紊地开展教学工作提供了保障和动力。所以，教师的专业规范包括两方面，即外部规范和内部规范。所谓外部规范，就是通过各种制度，包括高校、社会机构以及政府部门的制度，对教师的发展提出要求，要求教师应该和不应该怎么做，并规定和约束这些行为。有些部门根据高校教师的特点，提出了普遍性的外部规范，然后综合考虑高校的类型以及具体的专业，建立了真正适用于大学教师的规范制度。内部规范就是教师的自我约束和规范，包括教师的职业道德规范、专业发展以及课程评价标准。它要求教师以身作则，通过对自身的约束实现对学生行为的规范，通过追求"真、善、美"来影响学生的情感和态度[①]。

（2）专业技能的体现

高校是时代发展的产物，以满足社会发展需求为目标。所以，高校具有四大职能，即培养人才、传承与创新文化、服务社会以及科研，是国家培养人才的主阵地。长久以来，高校为国家培养了大量具有社会主义崇高理想，致力于国家富强、民族复兴的优秀人才。大学和地方建设是相辅相成、相互促进的关系，前者服务于后者，后者为前者的生存提供基础，并推动其向前发展。因此，教师在完成高校内的教学和科研工作后，应该结合当地建设的实际情况，加强与校外的联系，运用自身的专业知识和技能为相关产业的职业培训、文化传播以及决策咨询贡献力量。这就是上文提到的学术生态系统中的教师与校外的联系。作为社会的一员，教师将科研成果转化为社会生产力，服务于社会，这不仅是对公民责任的履行，也是高校发挥社会服务职能的体现。高校教师参与社会工作，对其他部门给予的工作进行落实，与地方政府、企业和科研机构开展其他活动等都属于社会服务。

通过对高校实际情况、发展前景的探讨，我们认识到教师作为高校发挥社会服务职能的主体，必须理性地看待自己的职业，在面对劳动时要保持一种稳定的态度。这是教师认可自身职业价值的重要标志，能对教师的专业活动和发展给予有效的指导和促进。教师是否能够全身心地投入教学工作，始终保持对教育的激情和热爱，并预见教学的成果，在一定程度上取决于教师对自身专业的坚持和态度。首先，教师要对大学给予自身的信任进行持续的感悟，对大学根据自身层次采取的相应的办学模式以及学生培养模式建立正确的认知，对人才观、教育质量观以及师生关系坚定不移，在实践中对

---

① 赵昌木，徐继存.教师成长的环境因素考察——基于部分中小学实地调查和访谈的思考 [J].教育发展研究，2011(18)：16-22.

教育教学方法进行不断的改进和提升；其次，教师要不断强化培养人才的信念，对不同人才的成长和发展始终充满信心，对高等教育与其他教育培养的学术和技能型人才的区别有清晰的认识，对自身的社会价值有强烈的体会，并且对自身的社会地位和职业感到满足和自豪。

①职业价值的体现。教师在专业上的协调发展体现出了教师这一职业的价值。换言之，教师的职业价值是通过自身的协调发展体现出来的。具体表现就是在教师的引导下，学生能够积极主动地投入学习，并用学到的知识和技能促进自身的发展，以凸显教师的主导地位。所以，按照指导对象可以将教师的协调发展划分为三个方面：一是教师的自我协调，二是教师与学生之间的协调，三是教师与学校之间的协调。监控和约束自己的行为，不断调节和校正自己的教学活动，并能很好地控制自我就是教师的自我协调。社会的可持续发展以及职业素质全面和谐发展的需求，要求教师专业可持续发展。具体表现在两个方面：一是教师的自身发展，二是教师的职业发展。这种专业的可持续发展能够让教师在实现自身价值的过程中，展现职业的特性。所以，教师的职责是"传道授业解惑"，教师的目标是终身学习，构建学习型社会，并在创新和反思的过程中体现对教育的适应性、前瞻性和创造性。

②高校文化的创新传承。教师确定发展方向和目标价值时往往可以从高校的精神文化需求中得到启发，这个过程能对教师的教育、教学和科研工作产生积极作用，增强教师的工作热情和创新意识。高校教师传播和弘扬校园文化的途径或者说工具是教师文化，而展现精神文化内涵的方式就是对高校知识进行管理，这也是高校教师文化与组织文化同生共存最高级的形式。作为高校组织最深层次的内核，高校精神文化是高校道德观、价值观、办学理念、存在意义的集中体现。所以，各类高校要在坚持高校理念的基础上，在对共同目标长期坚持不懈的追求中慢慢沉淀，逐步形成稳定的高校精神。高校长期以来表现出的旺盛生命力，正是源自高校师生对理想的追求以及对信念的执着，这也是高校文化内核的体现。在保持特性和生命力的过程中，高校精神占据着主导地位。高校的学术精神以及高校教师的时代精神和道德伦理共同构成了高校内涵。据此，高校的生命力可以通过高校精神反映出来，同时，它也是高校的灵魂[①]。那么，高校的特性和内涵应该如何塑造、

① 卢乃桂，钟亚妮.教师专业发展理论基础的探讨 [J].教育研究，2007(3)：17-22.

发扬呢？这就需要在全校范围内，对高校精神进行推崇，促进师生观念的统一和关系的改进，培养其创新意识和质疑精神。在某种程度上，教师对高校精神内涵的理解认知体现了其专业技能。基于这种认知，大批知识精英来到高校。高校精神也受到了高校教师的积极影响，具体表现在两个方面，即教师的文化发展与其展现的人格魅力。前者包括教师认知中的校园文化价值及其感受到的教育理念，后者的具体表现是教师通过教学和科研影响学生的知识体系、思想行动以及价值观。人格魅力可以反映出教师的职业道德、态度和师德，影响学生的途径就是教师自身的语言和行为。

③职业平台的搭建。职业平台的搭建有利于增强教师的职业认同感，教师之间的互动交往、人际关系以及教师职业发展的目标等是职业平台的主要表现。所以，教师认同自己的职业实际上就是认同自己所扮演的角色，认同教师这一职业的理念、伦理道德以及自身对职业的认知和态度等。教师在高校环境中的交往和互动，体现的就是教师职业的人际关系。人际关系直接影响着个体的需求等。

3.师德境界

中华民族向来看重、崇尚、弘扬师德。作为一种美德和专业责任，师德体现的是教师的道德。在工作中，教师为了引导和规范自身行为必须坚守的准则以及必须履行的道德规范标准就是师德。所以，师德就是教师的道德在工作实践中的表现。准确来说，教师在开展教学工作和维护公共利益时应当遵守的道德准则就是职业态度、专业素养与技能以及师德。近些年，高校在开展思想政治工作时，对师德进行了反复的强调。对于师德师风教育的加强和改进，国家也进行了一系列的部署，提出将教师的职称评定与师德考核挂钩。

作为社会道德的重要组成部分，师德规范是必备规范，需要每一位教师的坚守。教师在感化和影响学生的过程中，想要发挥出言传身教的示范作用，就必须具备体现师德的能力。实践证明，一位学识广博、思想高尚、具有极强人格魅力的教师，几乎可以影响学生的一生。教师不由自主地体现自己的职业道德意识就是师德境界。如果教师学识渊博、人格魅力极强，就会在教学中将这种正能量传递给学生，并对学生的成长和发展产生积极的促进作用。可以发现，教师对自身职业以及职业道德的认识越深刻，他的道德水准就越高。因为道德行为规范是这种认识的本质，直接且持续地影响着人的道德。教师应该主动遵守师德规范，通过对师德的接受和履行体现自觉性；学生通过教师的言传身教可以感受到师德的示范性，充分认识到优秀教师的示范作用；教师给学生带来的持久的、积极的、深刻的影响则体现了师德的深远性。

综上，教师工作的精髓就是包含教师道德认知、信念、意志、情感以及坚守等在内的师德，其核心与源泉就是教师对学生无私奉献、不求回报的爱。这种爱表现为对学生教育、关怀与呵护，如同对待自己的孩子一般。拥有高水准师德的教师必定是一名优秀的教师，也必定能教育出优秀的学生。专业情操是教师对教育以及教育工作的体会，它是个体的心理体验，具有主观性。教师在教学实践中表现出的责任感、自豪感、使命感和荣誉感，能够反映出一名优秀教师应该具有的稳定态度和情感。首先，教师要对自己的职业和学校感到满足和自豪，将个人价值融入学校的发展中，全身心地投入教育事业中，不断进取、积极开拓。其次，教师还要坚守自己的责任和使命，在工作中，加强对学生的关注、关心和爱护，积极主动地开展教育教学、科学研究，用自己的热情和专业教育、感化和影响学生，为社会主义现代化建设培养出更多的高质量人才。

通过上文的论述可以看出，专业知识、技能和师德境界在教师感受自身职业价值的过程中，发挥着积极的促进作用。三要素强调专业精神的体现，是教师专业自主和专业自信的基础。在三要素的共同作用下，教师在专业发展的过程中会加强对主体生命意识的关注。同时，这也是教师专业发展内在需求的体现，通过教师内在活力的持续激发，贯穿教师专业发展的始终。这一过程实际上就是教师不断提升、完善、更新自我，最终实现自身价值的过程。

4.教师内在价值实现需要是发展动力

相关研究表明，无论选择哪种方式实现教师专业发展，首先都有一个共性，那就是确立同一个目标，即有效性，这是所有教师在专业发展中的共同追求。亚伯拉罕·马斯洛（Abraham Maslow）提出了需求层次理论，将人类的需求描绘成金字塔内的五个层次，第一个层次到第五个层次分别是生理、安全、社交、尊重和自我实现。从需求角度来看，教师专业发展就是教师实现自身内在价值的需求，或者说，教师的专业发展体现了教师的内在价值、自我价值和个体价值。因此，可以通过教师的培养来验证外在推动力所起的作用。当教师把专业发展当作自己的事情，就会产生责任感，就会有自我发展的需求，从而积极主动地提升自己。由此可见，自我导向是支撑教师专业发展的核心。教师将专业发展转化为内在需求，自主地发展，走上内在发展的道路才是专业发展的正确路径。当然，在具体实践中，教师还要结合自己的特点、专业等，在坚持自我导向以及大量生活经验的基础上，综合考虑自己的性格、发展需求，选择适合自己的发展方向，并且在教育教学的过程中，通过各种活动不断改进和完善自身的专业发展，这种发展就是人们经常提到的发展①。与传统理念中的教师专业发展相比，教师自我导向的专业发展是一种前所未有的突破，无论是内涵、方法，还是经历，都不再受传统理念的限制。因此，教师可以将自己作为学习者时对于学习的责任与教师特征结合在一起，可以将学生自主学习的动力与外界的推动力结合在一起，同时，在学习的过程中承担和履行学习的责任。在实际中，教师会出于对自己、对工作的责任，有条不紊地、有针对性地进行学习。这样，在进入真实情境的时候，才能更好地把控和掌握知识技能，形成稳定的态度，建立自己的价值体系，实现个性化和全面化发展，在各种活动中实现自我。

教师专业发展要求教师实现自身的内在价值。教师专业发展就是为了满足自身需求，促进自我发展。教师在实现自身需求的过程中，可以将学习方式与个人的兴趣偏好、个性特点以及职业目标相结合，通过自主学习促进自我的不断提升，这充分显示了教师专业发展的自主选择和自由决定的权利②。教师专业发展坚持自我导向，以教师为中心，这样能够激发教师的自主意识，使教师在整个发展过程中，更加关注真实需求和内心感受，加深对教师行为习惯和方式的体会与理解，提高参与各种学习活动的积极性和主动性。同时，也能够增强教师的责任感，促使教师提醒自己保持理性，为自己的行为和需求负责，并逐渐形成自我意识，驱使自己不断学习、不断成长。

教师专业发展不是一蹴而就的，而是一个漫长的积累过程，需要教师

---

① 牟映雪.教研组协作文化构建与教师专业发展 [J]. 课程·教材·教法, 2006(9): 83-86.
② 宁虹，杨小微，等.实践意义与深度介入："U-S" 合作的京沪对话 [J]. 基础教育, 2010 (20): 3-14.

主动挖掘内在需求，不断地反思、进步。所以，以自我为导向的教师专业发展要求教师始终坚持自我，不被外界的各种声音影响和束缚。尤其是在接受知识时，要学会屏蔽那些片面的观点和言论，将教师在组建知识方面的积极性、创造性和主动性充分地发挥出来。同时，还要引导教师挖掘自身需求，尤其是那些和专业发展目标一致的需求，以提高教师学习和选择的主动性。对于原有的知识和经验，要鼓励教师思考、反思，从更深的层次去理解，并到实践中检验，进行相关的拓展，最终构建出符合教师自我特征的成长模式，促进教师的个性化发展。

在教师专业发展的过程中，学校管理者要正确认识教师之间的差异，尊重教师的个性，根据教师的特点、个性、专业目标等选择不同的发展方向、评价激励方式以及培训模式等。这也体现了生态管理学中的整体性思维，即用辩证的眼光看待系统中的各个要素，既要保留它们各自的特色，让它们发挥出自身独特的价值，还要构建它们之间的关系，使其能够相互促进、共同发展。在实践中，管理者要充分尊重教师，让自己和教师处于平等的地位，在同一个层面上塑造教师的人格和约束教师的权利。如果管理者的价值取向以个人为中心，那么管理层面原本平衡的生态系统就会失衡，和谐稳定的目标将无法实现，并且会将管理者和教师割裂开来①。高校教师专业发展是一个包含师德境界、专业知识与技能等各种要素在内的完整系统，其目标就是将教师培养成为知识型、技能型的教育专家。

5.把教师看作成人学习者是发展关键

学习型社会倡导终身教育，而终身教育的基础是终身学习。这种对教师的设定相较于教师和教育观念的原有束缚，实际上就是一种逾越。所以在传统观念中，教师认为自己经过师范类专业的教育，获取了职业资格证书，又经历了岗前培训，掌握了教师这一职业应该具备的知识技能，就可以从事教育教学工作了，并且不需要继续学习。但是，随着社会经济和科学技术的快速发展，知识的更新速度也越来越快，教师必须与时俱进，及时更新教育观念，顺应时代和社会的发展，这是现代教育理念的核心。也就是说，当各种有价值且处于不断变化发展之中的文化出现在面前时，教师要能够快速地

---

① 汪明帅. 从"被发展"到自主发展——教师专业发展的现实挑战与可能对策 [J]. 教师教育研究，2011(4)：1-6.

接受，这就要求教师不断地学习，永远保持学习的热情，并且不能远离文化发展的中心，要让自己适应多元的、不断变化的教育情境。通过各种学习活动，教师可以不断地吸纳和反馈经验，进一步激发学习动机，并通过学习将这些经验深化。对于学习方向的确定，教师可以结合原有的经验在学习过程中摸索，这样有利于学习内容的重建，促使教师全身心地投入学习。想要顺利实现以上目标，首先要保证教师能够基于以往的教学经验对教学实践的兴趣和需求进行改进。除此之外，将内在需求转化为专业发展的动机是教师保持学习热情的关键，能为教师积极投入教育教学工作、以实践为导向提供动力。

综上，以实践为导向是教师实现专业发展的另一前提。教师在实际的教育教学过程中发现问题，然后通过重新学习和执行，对问题进行深入的分析，总结出问题的解决路径，最终实现问题的修正和解决。这一过程完美地诠释了"实践出真知"。实践活动对教师是否具有吸引力，可以通过教师参与活动的态度来判断，看他们是积极主动地参与，还是消极被动地参与。如果是后者，表明教师参与实践活动的动力还不够。这里有一个问题值得思考，那就是教师在实践中遇到的问题能否通过参与专业发展活动得到有效的解决，或者说教师的内在需求能否在这些由外界引来的专业活动中得到满足[①]。在专业学习中，可以充分地感受到教师的自我导向性及典型的个性。不难看出，以自我为导向的学习，虽然没有外界力量的推动，但也能促使教师积极主动地学习。这是对教师在专业发展中学习方面的评价，而学习的目标也是在评价中确立的。在这一过程中，教师会最大限度地利用学校资源，更好地分析自己的学习策略，对学习的效果做出客观的评价。这有利于教师认清自己作为学习者的身份，凸显学习的方向性和指导性。可以说教师在专业学习中，能够根据自己的需求选择需要的指引，并且为了实现发展目标，能够积极寻找和利用身边的资源，选择适合自己的学习策略，客观全面地评价学习效果。教师应该积极主动地、灵活地、有针对性地进行学习，并在学习的过程中将自己的能力和作用充分地发挥出来，积极参与学校组织的各种专业活动，促进学习目标的实现。

---

① 王卫东.教师专业生活的理论阐释：以日常生活批判理论为参照[J].教育学报，2013（2）：21-28.

通常来说，管理者与教师之间，教师与教师之间，在价值观念和知识能力的要求上是存在差异的，各自的原则、习惯、理念等可能也不相同。所以即使是面对同一个问题，大家也可能会有不同的观点和要求，因为各自的立场和角色不同。为了在认知和行为上尽可能地达成一致，促进心理的健康发展，真正为教师实现专业发展提供保障，各个主体应该保持理性，进行平等友好的交流和沟通。因此，要从两个维度来看待可持续发展，一是横向的综合发展，二是纵向的协调发展。

教师专业发展一般包括两个方面的变量：一是内生力量，即个体教师的内在特质；二是外生力量，即学校和社会共同作用下的外部环境特质。

教师的发展与专业发展的理论和政策相适应是教师专业发展的基本特征。在教育教学实践中，各主体通过实际的教育教学活动传递知识，理解对方，并在实施和执行教学计划后更加深刻地理解和认识自己的学习、发展。所以，个体自身的发展也需要不同主体之间积极互动，并从发展中获得感悟。

（四）教师专业发展阶段

1. 教师专业发展阶段划分的依据

（1）教师专业发展的整体性

一些学者认为，教师专业发展是分阶段的，应以任职教师后的专业发展阶段为起点。对于教师来说，处于职前教育发展阶段只能算是一名准教师，相当于处于社会专业化发展阶段，也是教师专业发展的关键阶段。划分教师专业发展阶段要根据教师职业生命周期来进行。目前，学术界在职前教师教育阶段划分方面存在一定的分歧，提出了诸多教育阶段，比如职前关注阶段、职前教育阶段、职前师资培育阶段等。

（2）教师专业发展的复杂性

从整体的角度来看，教师专业发展并非一个简单的递进过程，而是一个复杂多变的前进过程。针对不同的教师，其所处的和正在经历的专业发展阶段是完全不一样的。由此可见，教师专业发展呈现出复杂性的特征。简单来说，不同的教师专业发展路线之间存在明显的差异。因此，想要对其进行合理的划分，就必须搞清楚教师专业发展的整体性规律。

（3）教师专业发展的针对性

在不同的社会背景下，教师所处的专业发展阶段是不同的。因此，在划分教师专业发展阶段的过程中，既要参考、借鉴现有的研究理论，还要参考教育改革对教师提出的新标准和新要求。

2. 教师专业发展阶段及内涵

参考和借鉴前文介绍的关于划分教师专业发展阶段的理论，笔者将其划分为六个阶段，首先是专业发展的准备和适应成长阶段，其次是专业发展的成熟和高原阶段，最后是专业发展的创造和退出阶段。

（1）专业准备阶段

所谓专业准备阶段，其实就是职前教育阶段。处于这一阶段的教师只能算是准教师，还需要接受师范院校和专业机构的职前专业培训。这一阶段的目标就是为正式入职做准备工作。在这一阶段中，培训教育的模式是视情况而定的。通常情况下，专科需要三年时间，本科需要四年时间。在专业准备阶段，需要不断学习和积累教师必备的专业知识和基础教学技能，为将来正式入职打下坚实的基础。但从现阶段教师培养情况来看，师范院校的学生普遍存在缺乏专业知识意识能力和实践动手能力等情况。针对这一问题，教育部相继出台了《关于进一步加强高校实践育人工作的若干意见》《教育部关于大力推进教师教育课程改革的意见》以及《教师教育课程标准（试行）》等政策文件。对于师范类高等院校来说，亟待解决的问题就是构建多维度实践课程体系和推进教师教育课程的深化改革，重视培养和提高教师的专业实践和综合素质能力，为其成为一名合格的教师提前做好准备。

（2）专业适应成长阶段

专业适应成长阶段通常指的是正式入职教师以后的 1 到 5 年。师范院校的学生在新入职以后，对自己的知识储备是非常有信心的，对教育事业存在普遍的热情，但在任教一段时间后就会发现教育并不是一项简单的工作。尽管他们具备的专业知识可以适应实际教学的需要，但他们缺乏实践教学的经验，无法准确地抓住教学工作的重难点，也无法有效地开展学术研究工作以及不知道如何做好课堂管理等。在这一阶段，他们难以成长为优秀的职业教师，但应该坚定从事教育职业的理想信念，要给自己树立学习和模仿的榜样。这样就能坚定他们成为优秀教师的信心和勇气。此外，学校领导要给青年教师以适当的关爱和帮助，为他们的专业可持续发展提供良好的平台和机会。

（3）专业成熟阶段

专业成熟阶段指的是教师任教 5 年左右的时间段。教师在这一阶段已经积累了一定的教学实践经验，对待教育和教学的认知和理解更加透彻，也能体验和感受到教育的难处和乐趣，能够增强自身对教师职业的认同感和归属感。尤其是在专家和年长教师的指导和帮助下，根据教育发展的变化，结合自身教育的优缺点，形成了具有自身特色的教学方法和教育理念。一些教学小有所成的教师甚至能够成为当地有名的专业技能型和经验型教师。在这一阶段中，教师已经完全适应了教学工作，并在教学实践中不断积累经验，进一步促进自身专业的可持续发展。

（4）专业高原阶段

教师在度过专业成熟阶段以后，已经形成了具有自身特色的教学方法和教育理念，在教育过程中也能做到得心应手，能够妥善处理突发问题。但随着教育工作的不断深入，他们会感觉自己在教学和管理岗位上难以有更大的建树，在年龄等条件的作用下，逐渐丧失了对教育工作的热情和积极性，从而产生职业厌倦感和无力感，经常会处于消极的工作状态。我们将这一发展阶段称为教师的专业高原阶段。处于专业高原阶段的教师普遍状态就是不会主动地提升自己的专业素质和能力。但对于不同的教师来说，出现"高原反应"的时间段和持续时长是不一样的。这一阶段的教师由于已经适应了自己的工作，很容易隐藏自己的负面情绪。这是非常危险的，必须引起教育管理部门足够的重视和关注，需要相关主体进行适当的干预和引导。

（5）专业创造阶段

凡是经历了专业高原阶段的教师就会进入富有激情的专业创造阶段，但是否进入这一阶段要根据专业高原阶段的持续时间来判断。有些教师在专业高原阶段会逐渐丧失教师专业发展的自信心，甚至会做出转业、转行的决定，然后直接过渡到专业退出阶段。另外一些教师在教育管理部门的引导和帮助下，完成了心理上的调节，对自己的教学方法和理念进行了深刻反思，不断提高自己的专业素质、能力，有信心和勇气探索新的教学模式和教育理念。如此，教师就算是进入了专业创造阶段。教师在这一阶段坚定了从事教育职业的决心，在内心产生了职业自豪感，发自内心地热爱和认同教育职业，会积极主动地关心和爱护学生，并朝着学术研究者的身份不断前进。

（6）专业退出阶段

那些没有走出专业高原阶段的教师，工作心态和状态开始产生消极变化，不再追求自我超越和突破，更倾向于安于现状与得过且过，工作状态偏向保守，变得敷衍了事，甚至会退出教师职业。而那些度过专业高原阶段进入专业创造阶段的教师，会不断对自身的教学工作和职业态度进行反思和评价，在思想层面上会变得更加热爱教育事业，热爱教学研究工作，在专业层面会积极探索全新的教育理念和教学模式。对于教师来说，专业退出阶段是每个教师都会面临的阶段，但有学者认为，不应该将这一阶段纳入教师专业发展阶段。因为从专业发展的角度来看，教师最终的归宿就是保持专业的成熟与稳定性。鉴于此，笔者认为应该另作研究。

从教师专业成长的角度来看，在研究教师专业发展的阶段性和规律性特征方面，需要正确看待和审视专业发展阶段存在的缺陷和不足，为教师提供力所能及的支持和帮助，让准教师快速完成向职业教师的转变，尽快度过成长适应阶段进入专业成熟阶段，并帮助专业高原阶段的教师尽快走出消极的工作状态，从而进入专业创造阶段。

二、应用型高校

应用型高校也称应用型本科高校、应用型大学或应用技术大学，是伴随欧洲国家工业化与高等教育大众化进程产生的，以培养适应经济发展的高素质应用型人才为目标的一种高校类型。应用型高校这一概念体系属于舶来品，其实践和操作在国外已有先例，是某种概念上先验的却又经验性地融合已有发展历程的混合产物。自20世纪六七十年代以来，欧洲部分发达国家，包括德国、荷兰、芬兰、英国、瑞士等，通过改造、升格和新建的形式，完成了最初一批应用科学大学的创立和兴建，并由此树立了以专业实践教育为特征、以服务经济和科技发展为使命、理论与实践教育相结合的应用型高等教育体系。

我国"应用型高校"概念提出较晚。2013年之前，我国一般将培养应用型人才的高校称为应用型本科。如2012年，教育部首次明确提出"应用型本科学校"概念。目前，学界关于"应用型高校"概念的范围和内容体系的讨论一直在持续，对于应用型高校与其他相应的名称，如"应用型本科高校""应用技术大学""应用型大学""应用技术型本科高校""应用科技大学"等概念之间的区分和差异也存在一定争议。从理论根源上讲，应用型高校在早期的知识体系构建和实践教学尝试中屡被提及，逐渐为教育理论界和地方院校所接受、认知和研究。我国结合国际经验和我国国情所形成的"应用型本科高校"概念体系，是从国际普适性、国家本土性和地方特色性以及院校协调性等角度出发，对应用型高校做出的类型规范和定性，从而使我国地方本科院校在转型发展的过程中，具备了更为明确的目标指向和概念结构。"应用型高校"在诸多概念体系中，具备总领性和概括性特征。这一概念不仅包含了其他某类细节性或指定性概念类型，同时也拓展了应用型高等教育体系结构范围。因此，可以将"应用型高校"作为对应用型本科高等教育体系和院校发展的总体指代和概念指征。2017年出台的《教育部关于"十三五"时期高等学校设置工作的意见》提出，我国高等教育总体上可以划分为研究型、应用型和职业技能型三大类型。

从国际教育标准分类来看，1997年，联合国教科文组织第29届会议批准的《国际教育标准分类法》(ISCED1997)将整个教育体系纵向划分为3个级别，7个层次。其中，高等教育在第3级教育(中学后教育)中，包括5、6两级。第5级教育作为高等教育的第一阶段，包括专科、本科、硕士研究生教育三个层面；第6级教育作为高等教育的第二阶段，主要指博士研究生教育。在第5级教育中，《国际教育标准分类法》没有更进一步区分专科、本科、硕士研究生的不同层次差别，而是把第5级教育分为5A和5B两种类型。5A是指强调理论基础，为从事研究和高技术要求的专业工作做准备的高等教育；而5B则是指实用型、技术型、职业型的高等教育。5A又被进一步细化为5A1和5A2两种类型。其中，5A1是按学科分设专业，为研究做准备的教育，是研究型、综合型的高等教育；而5A2按行业、产业分设专业，是培养高科技专门人才的教育，是应用型、专业性的教育。按照《国际教育标准分类法》，在我国，应用型大学属于第3级教育下第5层次的5A2型，是培养高层次专门人才的应用型、专门性教育。

从国家的政策定位来看，应用型高校属于大的职业教育范畴，在理论上属于职业教育系列的本科层次，是职业教育向纵深化、高层次化发展的结果；应用型高校应具有本科教育的共有属性，但更加突出本科教育的专门化指向，是本科层面的"应用技术教育"；应用型高校以科学知识和技术成果的应用为导向进行办学，但侧重点在于技术知识和技术成果的应用。

从学术性与市场性来看，现代高校与社会之间的关系越来越密切，已成为社会的一部分。因此，学术性和市场性可以作为两个维度来描述本科高校的发展方向和路径。其中，学术性表示本科高校的学术水平，市场性则表示本科高校贴近市场需求的程度。按照这两个维度，我国的本科高校大体上可以分为四类：第一类高校学术性和市场性都很强，清华大学等少数几所以理工科见长的一流大学属于这一层面；第二类高校学术性较强，但市场性一般，我国的部分一流大学及大部分一流学科大学属于这一层面；第三类高校学术性与市场性都不强，在我国，非"双一流"大学的地方重点大学属于这一层面；第四类高校虽然学术水平不高，但应用型较强，与市场需求对接较好，无论是人才培养还是科学研究，都能够面向应用，解决实际问题，这一层面的高校属于应用型高校。

从高校的"层次＋功能＋人才培养类型"来看，我国的高校一般可划分为高水平大学、骨干特色高校、应用型高校、技术技能型高职院校四种基本类型。高水平大学主要是国家"双一流"建设高校，主要以基础学科和应用学科（专业）为主，研究高深学问，培养拔尖、创新的学术型人才；骨干特色高校主要是各省属重点大学，这类高校行业属性强，主要培养具有较强理论基础、创新能力的专业型高素质人才；应用型高校主要以地方新建本科院校为主，以各行各业的应用学科（专业）为主，学习研究专门知识，主要从事应用型教育，培养具有一定理论基础、较强实践能力和创新能力的高素质专业人才；技术技能型高职院校（高职高专），以各行各业实用性职业技术专业为主，主要从事实用性教育，培养在生产、管理、服务等第一线从事具体工作的技术技能人才。从高校分类视角来看，应用型高校是一种介于高水平大学、骨干特色高校与技术技能型高职院校之间的一种院校类型。应用型高校教育是以培养"动手能力"为核心的高层次专才教育，是强调"实践性"的教育类别，而非教育层次。

综上所述，本书把应用型高校定义为：以"应用型"为办学定位，以科学知识和技术应用为主，以培养本科及以上高层次应用型专门人才为目标，以理论知识的转化、技术成果的应用等应用研究为重点，以市场需求和区域经济社会发展为导向的本科层次高等院校。新建地方本科院校是应用型高校的主体，迄今为止，超过九成的新建本科院校明确了"地方性、应用型"的办学定位。

各省级政府确定的应用型高校既有整体向应用型转型试点的高校，也有部分二级学院向应用型转型试点的高校，还有部分学科、专业和课程向应用型转变的高校；既有公办院校，也有民办院校。

在操作层面上，本书所涉及的应用型高校主要指以应用型为办学定位，以高素质应用型人才为培养目标的地方普通本科高校（不含独立学院），主要包括各省确立的整体转型试点高校、全国应用技术大学（学院）联盟单位院校、各省确立的应用型本科联盟单位院校，以及应用型本科产教融合发展工程建设试点高校。本书将重点关注公办本科整体转型试点应用型高校。

三、教师专业实践能力

能力是以完成一定实践活动任务所需要的知识、技能、态度、经验为基础的，是专业人士履行其工作职责的基本工具和手段，理论知识和经验在能力形成的过程中发挥着关键性作用。心理学层面一般将能力界定为，使人能成功地完成某种活动所需的个性心理特征或人格特质。美国学者拉里·盖尔（Larrie Gale）和加斯顿·波尔（Gaston Pol）认为，能力是与职位和工作角色联系在一起的，胜任一定工作角色所必需的知识、判断力、态度和价值观的整合就是能力；詹姆斯·D. 克莱因（James Klein）则指出，能力不仅是一种个人内部的特质，更是一种通过综合知识、技能和情感态度表现出来的外显行为。外显行为使能力成为"一组知识、技能与态度的综合体，能使个体有效地完成特定职业的活动或者达到普遍接受的就职标准"。不难发现，能力与实践天然相关，与知识、技能、态度等密不可分。

从词义上解释，专业实践能力是指以专门知识和专门技术为基础的专业层面的实践能力。专业实践属于高度的心智活动，以专门知识和专门技术为基础，需经常不断地在职进修。米勒（Miller）从知识、能力、表现和行动四个方面评价了医生的专业实践，并构建了一个金字塔式专业实践评价框架模型。在社会职业的专业化标准体系中，教师同医生一样是公认的"专业"。教师专业实践能力是教师专业地位和专业发展的基础，是影响教师质量与水平的关键性因素。由于概念的复杂性、研究视角的差异性及不同的认识立场和利益关切，学者们对专业实践能力的认识一直存在着差异，多数研究首先源于对实践能力的认识。

基于心理学对能力的定义，实践能力可以推绎为完成实践活动所必需的心理特征。有学者指出，实践能力是保证个体顺利运用已有知识、技能解决实际问题所必须具备的那些生理和心理特征；有学者认为，实践能力应当属于能力这一逻辑体系，是一个人顺利完成某种活动必需的心理特征。心理学对能力的研究一直以来偏重于认知能力，对实践能力的定义虽然并未真正回到实践的本意上，但如果没有心理层面的实践动机，现实层面的实践能力很难形成，个体也很难顺利地解决实际问题。实践动机是实践活动的前提，对个体的实践活动具有激活、指向、维持和调整的功能，主要由实践兴趣、实践成就动机和实践压力构成。因此，本书将教师心理层面的实践动机作为专业实践能力的重要组成部分，认为实践动机是实践能力形成的基础和前提。

从教育学的视角来看，学者们基于研究视角和对象的不同，从基础教育、职业教育、高等教育等不同层面理解和把握实践能力的内涵与维度。教师专业素质能力首先要服务于学生成长及培养目标的达成。基础教育层面的教师专业实践能力指向教育教学实践的有效达成，以专业知识为基础，具体体现为教师的各种专业表现和行为。

普通高校与应用型高校同属高等教育体系，具有本科教育的共有属性，在人才培养方面也存在共性。应用型高校教师不仅要具有普通高校教师应具备的教育教学能力、扎实的专业知识与能力，更要有较多的实践经验、较强的实践教学能力与应用研究能力。这体现了普通高校教师共性与应用型高校教师独特个性的统一。因此，有关普通高校教师实践能力的内涵界定与维度构成对应用型高校教师专业实践能力的内涵界定有一定的参考价值。

在职业教育层面，职业教育的特色在于学生动手能力和职业技能的培养。因此，学界一般将职业院校教师实践能力界定为保证教师个体运用已有知识、技能解决相关行业、企业生产实际问题所必须具备的生理和心理特征，其外在表现为操作能力与指导学生实践的能力、实践教学能力、教学改革与研究能力、技术开发与社会服务能力等。职业院校与应用型高校同属大职业教育范畴，只是在人才培养定位上存在差别。应用型高校属于职业教育系列的本科层次，以培养高素质的工程技术人才为目标，高职高专院校主要以培养生产一线的技能型人才为主，从本质上来说这两类高校对教师专业实践能力的要求存在共性。因此，这一定义也比较准确地反映了应用型高校教师实践能力的本质特征，突破了以往单从心理学、哲学、教育学角度分析实践能力的范式。

实践能力具有狭义和广义之分。狭义的实践能力是指改造自然、改造社会的能力，广义的实践能力是指认识自然和改造自然、认识社会和改造社会的能力。田运指出，实践能力是主体能动地改造和探索现实世界的一种能力，特别是在实践活动中形成和发展的一种综合性活动能力，其形成的关键因素是人参加何种实践活动以及在其中担任何种角色，实践能力的核心是正确规定行动目标的认识能力和实现行动目标的行动能力。显然，这一认识是狭义层面上的实践能力。

应用型高校教师专业实践能力是"双师双能"的核心素质能力。综上所述，本书认为，应用型高校教师专业实践能力是指教师专业、职业层面的实践能力，是教师从事实践教学，开展应用研究，运用专业知识、技能解决相关行业、企业生产实际问题所必须具备的生理和心理特征，具体表现为实践动机、实践经验、实践操作能力、实践教学能力、应用型研究能力等。应用型高校教师专业实践能力并非单项知识和能力要素的简单综合，而是多种专业素质组成的综合性能力，也并非单一高校层面的实践能力，而是跨越高校与行业、企业的一种综合能力。这种能力主要通过产学研合作、企业挂职锻炼、生产实习等形式获得，是一种实践性的教师专业素质。因此，应用型高校教师应既精通专业理论知识，又熟悉相关职业领域内的工作现场、工作流程，熟练掌握有关操作技术和管理规范；既能胜任本专业理论课教学，又能在实验、实习及工作现场通过操作、演示等手段使学生获得操作技能。只有这样，才能将理论知识和能力要素融合在应用型人才培养实践活动中，培养出具有创新精神和实践能力的高级专门人才。需要指出的是，本书是从一般意义上理解和把握应用型高校教师专业实践能力的，并没有具体细化到不同类型、不同学科专业的教师。

四、教师管理制度

(一) 制度

由于人的认知和研究领域的差异,对"制度"一词的定义各有不同。道格拉斯·诺斯 (Douglass North) 认为制度是"一些人为设计的、形塑人们互动关系的约束",包括正式的和非正式的约束。我国学者汪丁丁也将制度简单定义为"人类创造的约束条件"。詹姆斯·马奇 (James March) 和约翰·奥尔森 (Johan Olsen) 将制度视作规则,这种规则既包括惯例、程序、协议、职责、策略、组织形式以及技术等,也包括信念、榜样、符号、文化及知识等。可见这种规则既包含正式的法规,也包含非正式的惯例、信仰等。同样,柯武刚、史漫飞认为制度是一个共同体所共有的、由人制定的规则,这种规则抑制着人们相互交往中可能出现的任意行为和机会主义行为。这些定义界定了哪些行为是被禁止的、被允许的和必需的。格雷夫 (Greif) 将制度定义为:规则、信念、规范和组织共同生成的,关于 (社会) 行为规律的系统。格雷夫认为组织是制度的一部分,其关于制度的定义非常宽泛,既包括规则,也包括组织。

通过上述分析可以发现,这些定义的差别主要体现在两个方面:其一,制度是仅指规则,还是也包括组织、机构本身;其二,制度是仅指正式规则还是也包括非正式规则。其实,在中文中,"制度"和"组织"是两个完全不同的概念,但是在英文中,制度同时具有规则及组织、机构的含义。因此,很多国外学者常常不区分组织和制度,直到道格拉斯·诺斯 (Douglass North) 将二者做了区分,指出"制度是规则,而组织是规则下受约束的行动者"①。本书同意诺斯的观点,认为制度即规则,是影响行为的各种规则的总称。虽然制度对组织很重要,但制度绝不是组织的全部。

从国内外学者对制度的定义来看,制度既包括规则、法规等正式制度,也包括习惯、习俗、惯例等非正式制度。在新制度经济学中,制度一般分为正式制度和非正式制度。前者主要指国家、政府或统治者有意识地建立起来的一套政策法规,如各种成文的法律法规、政策等;后者是人们在长期的社

---

① 姚洋.制度与效率:与诺斯对话 [M]. 成都:四川人民出版社 2002: 79.

会生活中逐步形成的风俗习惯、文化传统、价值观念及意识形态等。其实，关于制度的定义不涉及谁对谁错的问题，它取决于分析的目的。本书主要从经济学特别是新制度经济的视角来认识制度，将制度定义为一系列人为设定的行为规则，这种规则能约束个人或集体的行动，强调个人或集体如何在制度设定的机会和限制内追求其预定偏好，帮助个人或集体形成对他人行动的预期。制度的主要作用在于引导、约束和激励，即引导正确行为、约束不正当行为、激励进步行为。换言之，人们可以通过衡量遵守或违背规则的后果，对制度中的引导、约束和激励等做出反应。基于研究的主要目的，"制度"在本书中主要指正式规则，即政府层面或学校层面的正式制度或规则。

（二）教师管理制度的内涵

教师管理制度是关于教师管理的规则体系。在内涵方面，教师管理制度通过对教师责任、权利、利益的规定来规范教师行为，调整教师与社会、教师与学校、教师与学生，以及教师之间的关系；在外延方面，教师管理制度是一种具体制度或制度组合，隶属于学校制度，是学校教育制度的重要组成部分。

应用型高校是高校的一种重要类型，广义的高校教师管理制度的构成对应用型高校教师管理制度具有重要的参照价值。教师管理制度是旨在规范教师行为的一种规则体系，是若干相关制度的组合，是一个复数概念。制度通常被定义为人为设计的对人与人之间互动关系的约束或规定，既可以指具体的制度安排，即某一特定类型活动和关系的行为准则，也可以指一个社会中各种制度安排的总和，即"制度结构"。教师管理制度是由政府、教育行政管理部门颁布或由学校制定的，在一定程度上能够提高高校师资队伍的整体素质水平和人才培养质量，调动教师积极性和主动性的制度或制度组合。在本书中，"教师管理制度"的内涵接近于"人事制度"，不包括教学、科研等具体方面的制度。目前，学界对高校教师管理制度的构成虽说法不一，但对其基本内容的认识却差别不大。国内学者通常将教师资格制度、教师聘任制度、教师培训制度、教师职称评审制度和教师考核评价制度作为高校教师管理制度的核心制度安排。

第二节 教师专业发展的理论基础

一、教师能力理论

(一) 能力视域下的教师能力理论

1. 能力种类视域下的教师能力理论

能力种类视域下的教师能力理论认为教师能力包括各种各样的能力，而不是由一种能力构成的。

(1) 一般能力和特殊能力

心理学中把能力分为一般能力和特殊能力，这是对教师能力研究影响较大的能力划分方法。一般能力是指在各种活动中都需要的能力，如观察力、记忆力、抽象概括力、想象力和创造力等。其中，抽象概括力是一般能力的核心。特殊能力是指在某种专业活动中表现出来的能力，比如音乐家区别旋律的能力、酿酒师品酒的能力等。按照这样的划分方法，教师的教育教学能力也可以分为一般能力和特殊能力。

(2) 模仿能力和创造能力

模仿能力是指人们通过观察别人的行为、活动来学习各种知识，然后以相同的方式做出反应的能力，如新手教师模仿有经验的教师、专家教师的教学的能力。创造能力是指产生新思想和新产品的能力。一个具有创造能力的人往往能超脱具体的直觉情景、思维定式、传统观念和习惯势力的束缚，在习以为常的事务和现象中发现新的联系和关系，提出新的思想，开发新的产品。教师作为教学专业人员，既需要模仿能力，又需要创造能力。

(3) 认知能力、操作能力和社交能力

认知能力是指人脑加工、储存和提取信息的能力，即一般所讲的智力，如观察力、记忆力和想象力。操作能力是指人们操作自己的肢体以完成各项活动的能力，如课堂教学、课堂板书等。操作能力与认知能力是相互联系的，不通过认知能力积累一定的知识和经验，就不会有操作能力；操作能力不发展，人的认知能力也不可能得到很好的发展。社交能力是人们在社会交往活动中表现出来的能力，如组织管理能力、语言感染能力、解决纠纷能力等。心理学中关于认知能力、操作能力和社交能力的分类对教师能力的研究产生了重要的影响。

总之，以上对能力的分类是目前经典的能力分类方法，这些分类影响着对教师能力的分类。教师能力研究者根据能力的种类把教师能力分为不同的种类，比如教师认知能力、教师操作能力以及教师人际交往能力等。心理学中对能力分类的深入研究将进一步促进教师能力研究的发展。

2. 能力结构视域下的教师能力理论

心理学中对能力结构的研究同样在能力研究中占据重要的位置。能力结构研究者认为，能力是复杂结构的各种心理品质的总和。目前较为经典的能力结构理论有加德纳（Gardner）的多元智力理论和吉尔福特（Guilford）的三维结构能力理论。

（1）加德纳多元智力理论下的能力结构

1983 年，美国的心理学家加德纳提出了多元智力理论（Multiple Intelligence）。加德纳把人的智力分为 7 种相对独立的智力结构，即言语智力（Linguistic Intelligence）、逻辑—数学智力（Logical—Mathematical Intelligence）、空间智力（Spatial Intelligence）、音乐智力（Musical Intelligence）、身体运动智力（Bodily Kinesthetic Intelligence）、社交智力（Interpersonal Intelligence）和自知智力（In-trapersonal Intelligence）。自从加德纳提出多元智力理论之后，多元智力理论迅速被教育理论界接受。多元智力理论不仅仅应用于开发儿童的智力结构，还应用于研究教师的能力构成。教师的这些能力构成成为教师教育研究中重点关注的问题。

（2）吉尔福特三维结构理论下的能力结构

吉尔福特提出三维智力结构理论，认为智力可以分为内容、操作和产品。智力内容包括听觉、视觉、符号、语义和行为，是智力活动的对象或材料。智力操作是指智力活动的过程，是由上述各种对象或材料引起的，包括认知、记忆、发散思维、聚合思维和评价。智力产品是指运用上述智力操作所得到的结果。吉尔福特的三维智力结构（Three Dimension Structure of Intelligence）模型充分考虑到了智力活动的内容、操作和产品。这种对智力结构的划分是对能力研究的重大突破，也为研究教师能力提供了重要参考。

总之，对能力种类和结构的研究是能力研究的重要成果，也是能力研究走向深入的标志，为其他领域对能力的研究奠定了坚实的理论基础。教师能力研究即能力种类和结构研究成果在教师教育领域的发展。目前，教师能力理论中的相关概念、教师能力构成等基本上来源于心理学中有关能力研究的成果，特别是能力种类和能力结构研究的成果。

(二)教师能力理论研究的理论派别

1.结构性教师能力理论

(1)国外结构性教师能力理论

国外对有关教师能力结构的研究由来已久，早在20世纪30年代，美国学者就试图寻找"真正教师"的特征。不过，国外往往是通过有效教学（Effective Teaching）、高效能教师（Effective Teacher）或者好老师（Good Teacher）等来表述教师的能力结构。不同学者以不同的方法进行探索，如有的采取实证的手段，通过对优秀教师的个性特征、知识技能和人格品质等方面进行调查分析，提炼出教师应具有的能力结构。各国也都根据本国教育发展的现状对教师素质提出了自己的要求。国外主要从教师的人格因素以及有效教学对教师能力的要求或教师资格标准等角度来研究教师必备的能力结构。

20世纪40年代，国外主要通过研究教师的性格特征（如声音、外表、情绪的稳定性、信任度、热情以及对待工作的激情等）来描述教师的教学能力结构。当时大多数教育工作者和研究人员认为，如果教师具备了这样的品质，那么他们在工作中会做得更好，所以这些品质也就成了教师教学能力评价标准中的重要因素。然而，除了20世纪60年代以来的相关资料显示教师的工作热情与学生的学业成就之间存在着一些联系之外，并没有真实的依据来说明教师的性格与教学好坏和学生学习之间的联系。后来，国外的学者主要通过对"好的教学"（Good Teaching）和"有效教学"的研究来说明教师必须具备的一些行为特征，并以这些能使教师实现"好的教学"和"有效教学"的行为特征来说明一个教师的教学水平、能力以及能力构成，并由此制定相关的教师专业标准。

结构性的教师能力观认为教师的能力是由能力结构构成的，其代表人物有伦弗洛·曼宁（Renfro Manning）、道格拉斯·米勒（Douglas Miller）、罗伯特·雷利（Robert Reilly）、道恩·哈马克（Don Hamachek）以及巴雷特·吉尔（Barrett Jill）等。伦弗洛·曼宁等从1983年开始对教师进行评价研究，到1988年完成，在总结前人研究的基础上制订了一个教师评价系统，其中涉及的教师能力包括制订教学计划的能力、教学活动能力、课堂管理能力和知识传授能力等。道格拉斯·米勒等提出十种教师的个人素质能力：开放的思想、敏感、能移情、客观公正、真诚、积极关注、交流技能、有安全感、信用和勇气。同时，还提出六项教学中的重要能力或技能：思考及计划能力、导入能力、质疑能力、探究能力、鼓励能力和学习能力。罗伯特·雷利等通过对学生的调查研究得出好教师的15条标准：真诚、有耐心、灵活、有控制力、关心帮助人、高期望、善待学生、公平公正、一致、尊重学生个性、热情、理解、有计划及组织、有幽默感和知识渊博。道恩·哈马克则通过研究给出杰出教师的特征，提出在课堂中教师必备的素质能力为：灵活、移情力、个人感觉、实验态度、提问技巧、学科知识渊博、确定的测验程序、帮助学生、欣赏学生及随和。巴雷特·吉尔等通过对有效教学的研究得出其核心的专业能力构成：创设清晰且移情的学习环境的能力（Clear and Empathetic Leaning Environment）、促进学生积极参与的能力、迎合学生学习需要的能力、帮助学生认定（Identify）学习结果的能力、努力进行自我发展（Self-development）的能力。

另外，美国专业教学标准委员会（National Board for Professional Teaching Standards，NBPTS）和美国州际新教师评价和支持联盟（Interstate New Teacher Assessment and Support Consortium，INTASC）提出的能力标准其实也体现了教师的能力结构。NBPTS和INTASC从学生发展需要的角度分别提出5项和10项教师专业能力标准。NBPTS的标准：①教师应致力于学生及他们的学习；②教师具有他们要教的学科知识以及知道如何把这些知识教给学生；③教师有责任管理和控制学生的学习；④教师应系统地反思自己的实践并从经验中学习；⑤教师应是学习社会中的一员。NIATSC的标准：①教师应能理解所教科目的核心概念、结构及调查研究的工具，并能创设一种学习情境使学生对这些学科知识有直观的感受；②教师应能理解学生是如何学习和发展的，并能为他们提供支持智力、社交能力及个人发展和学习的机会；③教师应能理解学生学习方法的异同，并知道如何创造适合不同学生的教学机会；④教师应能理解并运用各种教学策略，以促进学生批判性思维、解决问题及实践操作能力的养成；⑤教师应能运用其对个体与群体动机、行为的认识，创设出有利于积极的社会互动、主动学习以及自我激发的学习动机等机制形成的学习环境；⑥教师应能运用有效的口头、非口头或大众媒介等形式的沟通技术或技巧，鼓励学生在课堂中积极主动地探寻、合作与互动；⑦教师应能在对学科知识、学生、社会及课程目标等认识的基础上对教学实践活动进行规划；⑧教师应能理解并运用正规或非正规的评价策略来评估并确保学生智力、社交能力以及身体的持续发展；⑨教师应是一个能不断对他人（学生、家长及学区中的其他专业人员）行为的结果进行评估的反思性实践者，应是一个能积极寻求专业发展的主观能动者；⑩教师应能与学校同事、家长及社会更多部门建立联系，以支持学生的学习和良好发展。

（2）国内结构性教师能力理论

结构性教师能力理论在国内的教师能力研究中占主流地位，表现为把教师能力分为多种能力结构，或者说多种教师能力维度（素质）共同组成了教师能力。特别是随着素质教育的推进，我国对教师能力结构的研究更加多元。

国内结构性教师能力观的代表人物主要有申继亮、唐玉光、王慧来和靳莹等。申继亮不仅指出了目前中小学教师的能力构成，而且通过实证研究对教师能力结构的重要性进行了排序，最后得出语言表达和组织教学的能力是中小学教师最重要的能力结构。王宪平、唐玉光和王慧来等人探讨了新课程背景下教师的能力素质结构。王宪平和唐玉光对传统教学进行了分析，指出了传统教学的弊端，即传统教学的统一化、知识化、灌输化和教条化，而新课程中的教学特点是不确定性、选择性、民主性和创新性。因此，他们提出在新课程背景下教师的能力结构应该包括教学选择能力、教学设计能力、教学实施能力、教学评价能力和教学创新能力五个维度。王慧来等指出教师能力素质结构是由创新能力、课程开发能力、运用信息技术能力、合作能力、反思能力和教育科研能力构成的。这些能力结构相辅相成，是新课程背景下教师不可缺少的能力。靳莹把教师的能力体系分为基本认识能力、系统学习能力、调控与交往能力、教育教学能力和拓展能力，见表1-1。

表1-1　教师的能力体系

一级能力	二级能力
基本认识能力	观察力、注意力、记忆力、想象力、思维力
系统学习能力	自我能力、专业能力、信息资料加工利用能力、外语能力
调控与交往能力	行为与心理调控能力、人际交往能力
教育教学能力	组织管理能力（教学内容组织加工能力、课堂教学组织实施能力、教育管理能力），表达能力（语言及非语言表达能力、书面表达能力、板书表达能力、情感表达能力），现代教育技术运用能力
拓展能力	教师自我发展的规划能力、教育教学知识的扩展运用能力、开展创造性教学的能力、教育教学科研能力

　　总之，国内外关于教师能力的研究流派以教师能力结构流派为主流，这些流派分布较为广泛，其实质是试图探究教师能力结构组成。可以看出，随着时代的发展和社会对教师能力要求的不断变化，结构性的教师能力理论观也会不断发生变化。

　　2. 教师能力三维度理论

　　学者们对教师能力的研究十分丰富，基于不同的理解把教师能力分为不同的维度。其中影响较为深远的是心理学领域中的三维度理论，即把教师能力理解为由三种维度构成，包括教学认知能力、教学操作能力和教学监控能力。代表人物主要有林崇德、申继亮等。

　　最早提出教师能力三维度的是林崇德，他把教师能力看作教师的素质，指出教师的能力由教师自我监控力、课堂教学基本功和学科能力构成，这是教师能力三维度理论的雏形。其中，教师自我监控力是指教师为了保证教学的成功、达到预期的教学目标，在教学的全过程中，将教学活动本身作为意识的对象，不断地对其进行积极、主动的计划、检查、评价、反馈、控制和调节的能力。这种能力可分为三大方面：一是教师对教学活动的事先计划和安排；二是对实际教学活动进行有意识的监察、评价和反馈；三是对教学活动进行调节、校正和有意识的自我控制。课堂教学基本功是指"讲、写、作、画、演"。林崇德认为，教师的自我监控能力是教师能力的核心组成部分。虽然林崇德的教师能力观还没有形成系统的教师能力三维度理论，但为教师能力三维度理论的形成奠定了基础。

　　申继亮等在林崇德研究的基础上进一步对教师能力的构成维度进行了系统研究，明确地提出了教师能力的结构模式，即教师能力由教学认知能力、教学操作能力和教学监控能力三个维度构成。这一研究对后来教师能力维度的研究产生了深远影响。

　　其中，教学认知能力是指教师对教学目标、教学任务、学生特点、教学方法与策略以及教学情境的分析判断能力，主要表现为分析掌握教学大纲的能力、分析处理教材的能力、教学设计能力、对学生学习准备性与个性特点的了解与判断的能力等。在教学能力结构中，教学认知能力是基础，直接影响到教师教学准备的水平，影响到教学方案设计的质量。教学操作能力主要是指教师在实现教学目标的过程中解决教学问题的能力。从教学操作的手段（或方式）看，这种能力主要表现为教师的言语表达能力，如语言表达的准确性、条理性和连贯性等；非言语表达能力，如言语的感染力、表情和手势等；选择和运用教学媒体的能力，如运用教具的恰当性等。从教学操作活动的内容看，这种能力主要包括：呈现教材的能力，如恰当地编排呈现内容、次序，选择适宜的呈现方式等；课堂组织管理能力，如学生学习动机的激发、教学活动形式的组织等；教学评价能力，如及时获取反馈信息的能力、编制评价工具的能力等。教学监控能力是指教师为了保证教学成功，达到预期的教学目标，在教学的全过程中，将教学活动本身作为意识的对象，不断地对其进行积极主动的计划、检查、评价、反馈、控制和调节的能力，这种能力是教学能力发展的内在机制。

　　教学认知能力、教学操作能力和教学监控能力三者相互影响，密切相关。教学监控能力与教学认知能力、教学操作能力直接相关，而教学认知能力与教学操作能力的联系往往是通过教学监控能力来实现的。

(三) 教师技术能力理论分析

1. 教师技术知识结构

(1) 知识与教师专业知识

　　"知识"是教育心理学中的一个核心概念。近20年来，随着信息加工模式的提出，人们将认知领域的知识分为三大类：陈述性知识（Declarative Knowledge）、程序性知识（Procedural Knowledge）和条件性知识（Conditional

Knowledge）。陈述性知识包括事实、信仰、观点、一般性原理、理论、假设和态度等。程序性知识是有关认知过程的知识。条件性知识指的是理解何时和为何应用各种形式的陈述性知识和程序性知识。

与人们解决问题时经常回答的"5W""1H"问题相对应，陈述性知识用于回答"世界是什么"的问题，对应于"who"和"what"问题；程序性知识用于回答"怎么办"的问题，对应于"how"问题；条件性知识用于回答"何时、何地以及为何"的问题，对应于"when""where"和"why"问题。

上述三种知识无论是在知识的表征、获得方式，还是在知识的存储、提取和应用上都存在一定差别。比如，安德森（Anderson）提出的ACT-R（Adaptive Control of Thought-Rational）网络模型描述了命题结构的长时记忆。陈述性知识用含有基本信息加上相关类别的组块来表征，学习的内容转换成新的命题，通过激活扩散过程与工作记忆中的有关命题建立联系。随着学习过程的推进，学习者会衍生出另外的命题。最后，所有的新命题一起存储在长时记忆中。ACT（Adaptive Control of Thought）理论假设，程序性知识用"条件—行动步骤（规则）"的网络进行存储。在这个网络中，条件是一组激活系统的情况，行动是所进行的一组活动。

从认知论的角度分析，知识可分为隐性知识和显性知识。通常以书面文字、图表和数学公式加以表述的，称为显性知识；而未被表述的知识，像我们在做某事时所拥有的知识，称为隐性知识。显性知识可以较容易地通过某种媒体、途径和方式进行交流和传播，也便于学习、研究、继承和存储使用。然而，人类知识有许多是从实践中摸索出来的经验，难以用语言和文字表达出来，只能通过人与人之间的相互接触和交流，实现传情达意的知识传播效果。这种只可意会、不可言传的经验知识即为隐性知识。由此可知，隐性知识是个性的，通常隐藏在个体的经验、价值观和文化中，要依赖自身的体验、直觉和洞察力才能获得。它是个人长期积累和创造的结果。因此，获取、编码、存储和共享隐性知识就相对困难。

根据上面的分析可以发现知识的复杂性和多样性。那么，对于教师这个专业群体，他们的知识又具有哪些特性呢？

教师的专业知识是教师研究中较早开始的一个研究领域，但对于教师到底应具有哪些方面的知识，学者们还存在不同的看法。其中比较有影响力的就是舒尔曼（Shulman）的教师专业知识分析框架。他认为教师必备的知识至少应该有七个方面：①学科内容知识；②一般教学法知识，特指超出学科内容之外的有关教师组织和管理的主要原则和策略；③课程知识，特指掌握适用于教师作为"职业工具"的材料和程序；④学科教学法知识，指学科内容知识与教育专业知识的混合物；⑤有关学生及其特征的知识；⑥有关教育脉络的知识，包括班级或者小组的运转、学区的管理和财政、社区与文化的特征等；⑦有关教育的目标、价值、哲学和历史渊源的知识。后来的研究者给教师知识分类赋予了不同的名称，认为教师知识中重要的是学科内容知识（Content Knowledge）、一般教学法知识（General Pedagogical Knowledge）和学科教学法知识（Pedagogical Content Knowledge）等。这样的研究取向形成了科学基础知识的教师知识研究范式，为后来的教师教育提供了理论上的指导和实践依据。

尽管基于科学知识的教师知识研究揭示了教师胜任教学工作需要哪几种教师知识的支撑，但上述的研究角度无法说明教师学科内容知识——教学知识研究的"核心"如何指导实践并被实践所检验，而教师知识研究的第二种范式——教师实践知识的研究对这一问题给予了较为全面的阐释。

教师实践知识的研究主张应该研究教师自己在教学实践中形成的、运用的知识，即"教师实践知识"（Teacher's Practical Knowledge）。其理由是：首先，教师的学科知识分类过于抽象，难以与教学实践相结合；其次，各类教师知识在教学实践中往往是交织在一起的，教师在实际的教学实践中并不是根据各类教师知识来处理教学事务的；最后，虽然学科教学知识对教师教学有影响，但它是通过对教师教学策略、教学信念的影响来发挥作用的，即教师在教学实践中真正遵循的教学理论和原则——教师实践知识才是影响教师教学实践的终极知识。

这种取向的教师知识研究者有施瓦布（Schwab）、艾尔巴兹（Elbaz）、舍恩（Schon）等，他们用于突出教师知识实践性的名称也不尽相同。施瓦布是对教师"实践性知识"进行研究的鼻祖，他提出了"实践性样式"的术语，将波兰尼（Polanyi）关于显性知识和缄默知识的分类（用"知"来指知识的理论和实践成分，用"缄默知识"来强调实践知识具有缄默性）引入教师知识概念；艾尔巴兹使用"行动中的知识"（Knowing in Action）来强调教师实践知识来自教学实践；舍恩使用"实践性知识"（Practical Knowledge）来强调教师实践知识形成于理论知识受实践检验的过程中，强调教师实践知识是教师对于教学情境的具体行动和决定。与舍恩不同，康奈利（Connelly）和克兰迪宁（Clandinin）并不认为教学就是对教学理论的实践和检验，而是认为教学是理论和实践的统一，并称之为教师体验的"叙述性统一"（Narrative Unities），认为对教师信奉的个人实践知识可以通过教师自己讲述的教学故事来理解，认为教师实践知识反映了教师个人的知识并承认教师知识的情境特性，是情境下的被情境刻画的知识。

石中英认为，教师的教学行为要受到显性教学知识的影响，但更主要的是要受到缄默教学知识的指引，因为缄默知识比行动和信念更具"亲和力"。申继亮的研究表明，教师的实践性知识（与课堂情境相应的知识）随着教龄的增加呈逐步上升的趋势。石循忠认为，在教师的个人知识结构中，显性教学知识只占较小的比例，而大量的是缄默教学知识，缄默教学知识是显性知识的载体。刘雪飞提出，为了使缄默教学知识能够更好地发挥作用，应该努力使缄默教学知识"显性化"。

林崇德等从知识的功能出发，将教师知识分为三类，即本体性知识、条件性知识和实践性知识。本体性知识是指教师所具有的特定的学科知识，如数学知识、英语知识等；条件性知识是指教师所具有的教育学和心理学知识，主要包括"教"与"学"的知识、学生身心发展的知识和学生评价的知识等；实践性知识是指教师实现有目的的教学行为所必需的课堂情境知识以及与之相关的知识。

申继亮从教师认知心理学角度进行的研究指出，教学活动是一种认知活动，教师知识作为教师认知活动的一个基础，在前述分类的基础上，又增加了文化知识，即教师知识可以分为四个方面的内容：本体性知识、条件性知识、实践性知识和文化知识。

笔者认为，心理学中知识的三大分类——陈述性知识、程序性知识以及条件性知识与教师的专业知识可以形成对应关系。例如，李·舒尔曼（Lee Shulmen）的教师专业知识分析框架主要论述了教师专业知识中的陈述性知识；教师实践性知识的论述则侧重教师专业知识中的程序性知识；而林崇德等将教师知识分为本体性知识、条件性知识和实践性知识，似乎可以与陈述性知识、条件性知识以及程序性知识一一对应。

教师实践性知识对于教师培训内容的设计具有指导意义,能有效地增加教师"实践知识"的培训方法。对此,文献没有进行充分的论述,需要学者、专家以及从事教师培训的研究者和实践者进一步探索。

(2) 技术知识与教育技术知识

技术在当今时代已然成为一种极为重要的元素,从"科学技术就是生产力"的论述中,人们可以领略到技术的重要性和意义。为了清晰了解技术的含义,需要将其与科学的概念一起考察。

科学与技术总是共同存在于一个特定的范围内,这是因为两者之间有不可分割的联系。科学提供知识,技术提供应用这些知识的手段与方法。科学与技术的进步会带来社会的整体性变化。

当然,科学与技术还是存在差异的。首先,科学的目的和任务在于认识和揭示客观世界的本质和发展规律。它侧重回答自然现象"是什么""为什么"和"能不能"等问题。技术的目的和任务在于对客观世界的控制、利用和改造,发明世界上原本没有的东西,协调人和自然的关系。它侧重回答社会实践中"做什么""怎么做"以及"有什么用"等问题。其次,科学活动的目的是逐步建立知识体系,对某种现象做出解释,对一些事件进行真实的描述,判断一些状态的性质;而技术活动的目的是为实现人类的愿望提供便利,解决一些实际问题,使知识得到应用。

科学和技术总是有着不可分割的紧密联系。两者相互依存、相互渗透、相互转化。科学是技术发展的理论基础,技术是科学发展的手段。

随着现代科学革命和技术革命的兴起,科学与技术越来越趋于一体化,两者之间的联系更加紧密。许多新兴技术尤其是高技术的产生和发展,就直接来自现代科学的成就。科学是技术的基础,技术是科学的延伸。科学与技术的内在统一和协调发展已成为当今"大科学"的重要特征。

张斌认为,技术有五个组成部分:①作为物质工具的技术;②作为一种能力的技术;③作为意志的技术;④作为活动的技术;⑤作为知识的技术。

因此,对于技术的理解将不再仅仅局限于一系列的硬件,技术也包含规则、系统和处理方法等软件。技术的一个明显特征是与解决实际任务有关,包括对非科学类知识(设计、管理、手工艺和特殊技艺)的应用。

如果把反映、解释、说明客观事物的感性认识和理性认识看作科学知识，那么就可以把改造事物、改善过程的知识看作技术知识。科学知识是对客观事物的反映、描述、解释或说明，而技术知识则是根据实践或过程中遇到的问题，对认识事物的知识进行分解或重新组合，并产生所需要的观念，再依据这些观念来指导实践。

刘美凤通过对技术本质的分析，确立了教育技术的广义定位，并分析了教育技术知识的内涵。她认为，教育技术知识如何理性并有效地推动教育、教学实践观念的发展，是人们对教育的认识向教育实践转化的中间环节或特殊认识方式。教育技术知识不是关于学习过程的知识，而是关于改进教学过程的知识，它以促进学习的发生为目的。教育技术知识具有技术知识的特征，它不是单纯对已有教育、教学实践的反映、解释、说明，而是对应有的教育实践的探索和思想创造；不是要认识教育实践或教育过程的客观属性，而是要赋予最能促进学生学习的教育实践方式或教育过程以真实的实践。

刘美凤将教育技术知识分为三类：①根据教育、教学实践中的问题，寻找并依据或利用和转化与"教"和"学"相关的科学与技术理论知识和经验知识，通过研究、实验或探索，创造性地形成解决教育、教学实践当中的问题的原则、操作程序、方式或方法、技能或技巧以及对所需资源的要求（媒体、环境和相应的支持系统）等方面的知识。这个方面的知识是一个观念模型，是解决问题的方案，它的生产需要很强的创造性。②对实现以上问题解决方案的过程和所需要的资源进行设计、开发、应用、管理和评价等的知识。这个方面的知识是对实现前一类知识中的观念模型过程和所用到的资源进行设计、开发、应用、管理和评价方面的知识。③给予行动研究的系统方法和形成研究性方法的指导思想、应用模型、实施程序等的知识。这个方面的知识是教育技术的方法论性质的知识，它不是具体的方法，而是教育技术思考问题、解决问题或者形成教育技术知识的思维方式，以及方法论层面的指导思想。

刘美凤对教育技术知识的分类，主要是从学科发展和专业研究人员的角度进行的。按照对技术知识的理解，教师教育技术能力的知识具有怎样的特征和结构呢？

（3）教育技术能力的知识

前面对相关的知识，如心理学对知识的分类、教师专业知识的分类、技术知识的特征以及教育技术知识的界定等进行了分析，这些内容共同构成了教育技术能力相关知识的分析基础。那么，教育技术能力的知识包括哪些？结构又是怎样的呢？

笔者认为，教育技术能力的知识指的是与技术相关的"教"与"学"的知识，是满足技术知识特征要求的技术知识，是信息技术对教育教学影响的表现，更多地体现为条件性知识和实践性知识，是教师掌握信息技术的相关知识后，在教学实践中选择并应用技术优化教学过程的知识，符合艾尔巴兹"行动中的知识"的表述，符合刘美凤教育技术知识"是关于改进教学过程的知识，它以促进学习的发生为目的"的表述。

①知识的组成。对于高校教师的教育技术能力，依据心理学对知识的分类，我们认为需要的附加知识有：信息技术的学科知识、信息技术应用于教学的程序性知识和信息技术应用于教学的条件性知识。

信息技术的学科知识指的是与教师教学实践密切相关的信息技术知识，比如教学中常用的计算机软件是什么，这些软件有什么功能，在教学中这些软件的作用是什么，等等。而那些与教师的教学无关的信息技术知识，比如信息技术的发展过程、计算机的体系结构等，与教师利用技术改善教学的知识无关。

信息技术应用于教学的程序性知识指的是与教师教学实践密切相关的信息技术技能，比如教学中常用的计算机软件应该怎样操作，怎样利用这些软件功能进行教学，在教学中如何使用这些软件，等等。

信息技术应用于教学的条件性知识指的是教师在教学实践中为何选择、何时选择技术优化教学过程的知识，比如在教学中使用计算机软件可以达成什么目标，在什么时候、怎样的情境中使用这些软件可以促进学生的学习，等等。因此，这些条件性知识是将教育理念与信息技术进行整合的产物，不仅需要了解技术的特征，还要明确教育的需求和目标，在此基础上整合分析，最终决定是否选择以及何时选择使用技术。

②知识的结构。前面按照心理学对知识的分类，我们分析了教师教育技术能力的知识组成，这样的表述可以帮助我们厘清思路，了解相关内容，

但对于能力培养的参考价值不大。参照教师在教学实践中选择并应用技术优化教学所需要具备的知识，我们将这些知识进行整合，分为以下三类：具体知识、原理性知识以及条件性知识。

具体知识指的是信息技术的知识，比如什么是计算机软件，计算机软件的功能是什么，当然也包括具体的软件操作技能，比如如何利用浏览器下载所需的文件。对具体知识的掌握，使教师能够了解技术的功能和技术操作，从而具备利用技术改善教学的基本条件。因此，具体知识中既有属于陈述性知识的部分，也有属于程序性知识的部分。

原理性知识指的是信息技术的结构特征以及技术普遍遵循的原理。信息技术知识和技能具有自身结构，对于一般的软件来说，有操作的对象、操作对象的特征处理、操作对象的存储和显示等。比如，对字处理软件来说，有文件操作、编辑操作、格式操作等。原理性知识的学习使教师能够对信息技术的知识结构有一定的了解，以便其在今后的教学工作中可以利用知识的结构特征和原理解决遇到的新问题。

具体知识和原理性知识中都有属于陈述性知识的部分，前者指的是学科的概念、事实等，后者指的是学科知识的结构和原理。这样分类，对于教师能力的培养具有更多的参考价值，同时也具有更好的可操作性。从教师利用技术改善、促进教学这个具体问题来分析，陈述性知识与程序性知识是融合在一起的，生硬地把两者区分开来，不利于培养课程的设计。这个分类方法还突出强调了原理性知识，因为原理性知识在学习迁移中具有重要作用。通过研究发现，结构不仅包含知识，也涉及意义，学习者只有在知道并理解知识背后隐含的原理时迁移才能发生，因为原理能够用来解决新情境中的问题。

针对教师教育技术能力，条件性知识指的是为什么和什么时候在教学中使用技术，与林崇德、申继亮等论述的教师条件性知识并不完全一致。如果技术是教师不可缺少的教学工具，是实现教学优化的新型工具，那么可以认为此处的条件性知识是对他们所论述的教师条件性知识的扩展。

信息技术对于教学具有很大的帮助，例如用语言无法表述清楚的问题、现象等，可以利用技术直观地表现出来。条件性知识的学习使教师能够对信息技术有更加深入的理解，了解为了更好地达成教学目标，何时以及为何选择和使用技术。

2.教育技术能力培养理论

(1)成人学习理论

教师学习是一种典型的成人学习。成人学习理论为教师教育提供了理论基础。目前，较有影响力的成人学习理论有马尔科姆·诺尔斯（Malcolm Knowles）的成人教育理论、嬗变学习理论、情境认知理论、科尔伯（Kolb）的经验学习模型以及实践社区理论。以下将简要评述与本研究有较大相关性的理论。

①成人教育理论。1968年，诺尔斯（Knowles）提出了成人教育学这一全新的概念，对成人学习研究领域起到了开创性的作用。他总结了成人学习者的五大特点：第一，具有独立的自我概念，能够指导自己的学习；第二，积累了丰富的生活经验，这些经验是其后续学习的资源；第三，具有学习需要，这些需要与改变自我的社会角色密切相关；第四，以问题为中心，希望能立即运用自己所学的知识；第五，学习为内在动机所驱动，而非外在因素。同时，开发出了成人教育项目发展模型、学习契约技术等成人教育实用工具。对于参与教师教育技术能力培养的教师来说，基本符合这五个特点，其中第二和第四个特点尤为突出，将在后面做详细分析。

②嬗变学习理论。嬗变学习理论对成人阶段独特的学习特征进行了分析，即成年人如何通过一系列的学习、反思和实践过程来实现自身角色的重大转变。这里的嬗变强调的不是一般知识的积累和技能的增加，而是一个学习者的思想意识、角色、气质等多方面的显著变化。嬗变通常由人生中的重大事件引发。成人教育者可以使用批判式反思、与处于同样困境的人交流新认识、采取行动这三个步骤来引导成人学习者走出迷茫、完成嬗变。很多参与培训的教师正面临着一个困境，即他们不知道怎样在教学中有效地使用技术。培训试图通过这个学习机会，促进教师的这种转变。

③情境认知理论。情境认知或情境学习理论与前面几个理论仅仅着眼于个体差异不同，而是充分考虑到了环境因素对成人学习的影响，提出一种全新解释。情境认知理论认为学习是特定环境下的产物，是个人与其他人在一起探索，并依赖于环境中的工具（书本、资料、计算机等）的社会性过程。情境认知的一个理论扩展，就是温格（Wenger）的实践社区理论。实践社区指的是，同一领域的人自发聚集起来，一起分享知识经验，共同参与学习和

实践活动。培训试图通过合作学习的方式，促进教师之间实践经验的分享。

④经验学习模型。科尔伯提出了一个四阶段经验学习模型来分析成人的学习过程：第一，获得新的具体性经验和知识；第二，从不同角度对经验进行解释和反思式观察；第三，形成一个抽象概念框架，用来解释经验和反思理论；第四，积极试验新理论以解决实际问题。通过这样一个过程，成人将学到的新知识转化成解决现实问题的理论和技能。经验学习是一个螺旋式的学习过程。

四个阶段一起构成了成人"体验式学习"的循环。本研究中教师的学习过程设计，基本遵循了这个学习模型。本节将按照经验学习模型详细描述培训设计。

⑤实践社区理论。由美国国家研究院行为科学、社会科学和教育委员会学习科学开发项目委员会主持的课题报告《人是如何学习的——大脑、心理、经验与学校》(*How People Learn : Brain*，*Mind*，*Experience and School*)认为，有关学习的研究在五大领域产生了新的学习概念。其中，与本研究相关的四个概念为：

第一，记忆与知识的结构。记忆不再被看作简单的联想，事实表明结构不仅包含知识，也涉及意义。

第二，问题解决与推理分析。当代最具影响的学习理论之一是对专家、学习者的基本研究。学习理论现在能够解释学习者如何获得寻找问题空间的技能，以及在很多问题解决情境中，他们是如何使用这些一般策略的。

第三，元认知过程与自我调节。个体能够学会控制自己的行为，这些控制活动促使自我监控和对个体行为的总体控制。

第四，文化体验与社区（共同体）参与社会实践是学习的一种基本形式。学习包含与已有资源、约束、限制、可能性等保持一致，这些都存在于共同体的实践之中。

从上述的多个学习理论可以看出，通过对学习的进一步研究、认识，人们已经不再将知识局限于简单的记忆、存储和提取，开始更多地关注问题的解决、推理分析等高阶思维技能，除了关注个体对学习的影响之外，开始更多地关注他人、社会对学习的影响。尤其是成人学习者，已有的经验、学习动机以及对于学习的看法，明显影响了他们的学习需求和学习方式。在分析这些理论的基础上，针对教师教育技术能力培养，本书试图进行一种培训方式的尝试。

（2）学习迁移理论

在教师专业发展的培训阶段，普遍关注的问题之一就是学习迁移能力。培训的目的是使学习者具备良好的知识储备和专业技能，并将其应用在日常教学工作中。但有学者认为，如果在培训过程中所掌握的专业知识和技能，没有在短时间内迁移到日常工作中并维持培训时的状态，那么培训创造的价值就是有限的。想要具备知识迁移和实际应用能力，不是简单地参加一次培训活动就能实现的，还要在日常工作中时刻保持和维护培训过程中的氛围和状态。

大量科学实验证明，对于学习者来说，要搞清楚自己具备的知识技能能够应用在什么实际场景以及应用的实际条件。学习者是否具备知识迁移能力在一定条件下是由其知识储备情况决定的。学习者应当具备概括的基础理论，并在此基础上扩大知识储备，不能依靠死记硬背的方式来扩大知识储备，而是要明白知识之间的逻辑关联，这样在遇到实际问题时才能将所学的知识串联起来，找到解决问题的方法和思路。

一项关于研究培训效果的实验证明，大多数参与培训的人员在三个月内基本上会遗忘掉培训所学的知识内容，原因就在于这些培训课程大多是理论学习，缺乏实践。在回归正常工作以后，培训无法持续进行，所以培训时记忆的内容就会随着时间的推移逐渐变得模糊直到完全遗忘消失。

美国学者巴里·斯威尼（Barry Sweeny）在其研究中认为：受训者在对所处的培训环境和内容有一定认知和理解的前提下，会尝试建立属于自己的培训任务管理计划，此时对受训者进行指导和帮助，就能极大地促进其成长与进步。

王海双从学习的内容、知识的表征、学习的控制以及学习的情境等方面分析了学习迁移发生的条件。他认为，新旧知识间的联系和共同要素是学习迁移的基本条件，学习迁移需要通过对新旧学习中的经验进行分析，抽象地概括出共同的经验成分才能实现，学习者能否分辨新旧经验间的异同，是制约学习迁移范围大小和效率的重要因素；具体、抽象表征的相互配合是学习迁移的基本途径，超越具体情境和例证在抽象层面表征经验是十分有益的，抽象层面表征的基本原理能提高迁移能力。诸多实验证明：知识的抽象表征是通过多次观察不同事件的异同而建立起来的，具体的经验和使用经过挑选的对比案例对于迁移的产生是非常必要的，而且正迁移往往随着练习中提供的具体事例的增加而增加；元认知是促进学习迁移的关键，迁移的形成过程有赖于个体学习行为的参与，学习者在学习知识的情境中了解自己的元认知以及运用元认知对学习过程进行监控，也能够极大地促进迁移。在元认知的调控下，学习者对学什么、为何学、如何学、学习受哪些因素的影响及各因素的关系有着清晰的认知，在此基础上获得学习和理解的洞察力，从而能够有效激活、监控、调整、反思自己的学习和理解过程；增加学习情境的多样性是提高迁移效率的重要手段，仅在单一的情境中接收的知识与在多样化情境中学到的知识相比更不利于弹性迁移。研究表明，当一个科目的知识在单一情境中传授时，情境间的迁移就相当困难；当一个科目的知识在复合情境中传授时，学习者更可能抽象出概念的特征，形成弹性的知识表征，促进大范围的学习迁移。

孔林认为，教师的个人特征、培训的设计以及学校的迁移气氛是影响教师培训迁移的主要因素。接受培训的教师是培训的主体，培训的效果只有通过教师的实践才能对教学产生作用。教师的个人效能、动机以及能力都会对培训迁移效果产生影响。培训设计是指教师培训过程中培训内容的安排及培训形式的设计。可以说，培训设计直接决定培训是否可以迁移。教师培训不能局限于知识传授，更要注重教师技能的培养和迁移，这样可以充分调动教师参与培训的积极性。学校的迁移气氛指学校在较长的历史时期内形成的对于教师知识迁移的期望、态度以及相关评价。具有良好迁移气氛的学校会鼓励教师在教学实践中运用培训所学，并为新技能的运用提供可能的条件。

基于孔林分析的三方面因素，马忻认为，要有效提高教师培训成果转换，实现培训迁移，应从正确引导动机、优化培训设计和营造迁移气氛三个方面着手。要卓有成效地开展培训，必须了解受训者的文化背景，了解他们对学习、教学方式的偏好，协助他们进行目标设置，了解其动机并正确引导。整个培训过程都应关注教师的需要。培训的形式包括开展学术交流会和其他学术活动、实例研讨、利用网络组织学习交流等。

二、教师知识理论

西方国家对教师教学的研究经历了一个从对教师行为研究到对教师认知研究的过程，而对教师认知的研究也经历了从对教师决定、感知和思维等的研究转向对教师知识的研究的过程。

(一) 教师知识理论的萌芽期

关于教师教育培训方面的研究工作，最早是由西方国家提出并开始的。在 16—18 世纪，对教师教育培训的理解就是认为教师应该具备学科专业知识。从 19 世纪开始，教师的教学知识储备和教学技巧受到关注。直到 20 世纪 50 年代，心理学行为主义进一步促进了教师教育培训的研究工作。当时认为学生的学习成绩在很大程度上会受到教师教学行为有效性的影响，由此找到了影响教学成果的关键因素。随后开展的研究工作，都是以影响教师教学行为因素为出发点，提出研究教学过程、教学结果和教学方法等观点。有学者认为，如果教师对教学理念和概念有一定的认知和理解，并具备一定的教学实践经验，他就敢于尝试设计自己的教学方法和教育理念。这说明教师对自己具备的知识技能是非常有信心的，有把握能够通过自己的创新方式来提高学生的学习成绩。这些研究结论没有涉及与教师知识有关的研究成果，但在影响教学行为因素方面强调了教师对教学知识的理解，为后续形成教师知识理论打下了坚实的基础。

(二) 教师知识理论的形成与发展

20 世纪 80 年代以前，对教师知识的研究只注重寻求与学生成绩或成绩提升相关的教师知识，而不关心教师知识的结构或维度。80 年代以后，研究者对教师的知识进行了较为系统的研究。此时，有关教师知识的理论也逐渐形成。这时的研究沿着两条轨迹不断深化：一是以舒尔曼为代表、以教师知识的内容指向为分类依据提出教师知识结构框架；二是以教师的个人知识或实践知识为立足点。

美国卡内基促进教学基金会主席舒尔曼对行为科学的教学研究进行了根本性批判，认为"过程—结果"的研究缺乏"3C"，即内容（content）、认知（cognition）和语境（context）。舒尔曼认为，既往的研究忽视了教师知识，教师学科教学知识成了"遗漏的范式"（missing paraigm）。他指出，要推进教师专业化，就必须保障专业属性的"知识基础"，阐明教师职域里发挥作用的专业知识领域和结构。舒尔曼在这一时期的一系列研究，对这一领域做出了很大的贡献，他的多个研究共同形成了他关于教师知识的理论，并首次提出了教学内容知识（Pedagogical Content Knowledge，PCK）的概念，将教师的学科内容知识和一般教学法知识融合起来。在此基础上，另有学者又做了进一步的研究。教师教学内容知识的提出，可以看作一般教学法知识的实践化。

同时，关于教师知识研究的另一条轨迹——对教师实践知识的研究也在进行并不断深入。埃尔贝兹（Elbaz）发现教师以独特的方式拥有一种特别的知识——"实践知识"。至此，学界对教师知识的关注从一般的教师知识转向教师个体知识或实践知识，埃尔贝兹的研究可谓是教师实践知识探索取向的肇始。沿着这条轨迹，学者们逐渐形成了有关教师知识特征的理论、教师知识生成的理论和教师知识影响因素的理论等。

（三）教师知识理论基础

教师知识理论的形成和发展，离不开其他领域知识理论的发展。其他领域中形成并发展起来的知识理论为教师知识理论的研究奠定了基础，其中，哲学领域中的隐性知识理论和管理学领域中的知识转化理论分别对教师个体实践知识理论和教师知识转化理论的形成和发展产生了很大的影响。

1. 隐性知识理论

对隐性知识的研究始于英国的物理学家、哲学家波兰尼（Polanyi）。波兰尼认为人类有两种知识。通常所说的知识是用书面文字或地图、数学公式来表示的，这只是知识的一种形式。还有一种知识是不能系统表述的，例如有关自己行为的知识。如果将前一种知识称为显性知识的话，那么就可以将后一种知识称为隐性知识（缄默知识）。与显性知识相比，隐性知识有不能通过语言、文字或其他符号进行逻辑的说明、不能以正规的形式传递，以及不能加以批判性地反思三个特征。波兰尼认为隐性知识是非常重要的一种知识类型，其重要意义在于它们事实上支配着整个认识活动，也包括科学认识活动，为人们的认识活动提供最终的解释性框架以及知识信念。波兰尼提出的隐性知识概念引起了知识界的巨大反响。近年来，有关教师知识的研究逐渐发现，教育教学工作并不是通过一些教育模式或程序简单地使学生掌握学科知识的工作，而是有着鲜明的实践性，需要实践性的、非系统化的知识。

2. 知识转化原理

20世纪90年代，随着知识经济的兴起，隐性知识显性化问题开始受到关注，许多学者都阐述了将隐性知识转化为显性知识的重要性。如日本知识管理专家野中郁次郎认为，将隐性知识显性化意味着寻找一种方式来表达那些只可意会不可言传的知识。他提出了一个"联合化、内在化、外在化和社会化"的知识转化模式。继野中郁次郎之后，越来越多的学者投入了促进隐性知识显性化的研究。德裔学者科若赫（Koroch）出版了题为《使知识创造成为可能：如何揭开隐性知识之谜与释放创新的力量》一书，其中提出了促使隐性知识显性化的五项主要策略：分享隐性知识、创造新的概念、验证提出的概念、建立基本模型和显现与传播知识。与这五个策略相对应，科若赫还介绍了如何在社会组织、单位企业和学校机关中促使个人的隐性知识转化为组织的显性知识的五个步骤：形成知识愿景、安排知识谈话、刺激知识活动、创造适合环境以及个人(本单位、本土)知识全球化。

3. 教师知识外显化理论

在教育学界，一些学者也指出了将教师隐性知识显性化的重要性。张民选认为，在教育领域认识和显性化隐性知识，一方面有助于教师的专业发展；另一方面，显现和表述隐性知识是普通教师成长为学者型、专家型教师的关键。他认为，教师专业发展的核心是教育知识的增长和教育才能的提高，而认识、发现和显现自己在教育实践活动中获得的隐性知识才能交流和分享同行在教育实践中获得的经验和感受，是教师增长知识和提高教育才能的重要途径。而对于学者型、专家型教师来说，不仅要教好本班、本校的学生，还要将自己成功的教育教学经验和知识传授给更多的教师。所有的专家型教师都不应该只是教育知识的运用者，而更应该是教育知识的发现者和创造者。认识和显现隐性知识是建构教育学知识的重要途径。

在此基础上，张民选提供了实现专业知识显性化途径的三条信息：一是建立"习得性、发展性和交流性学习三位一体的教师专业发展模式"，为隐性知识显性化提供可能和空间；二是"课后小结与札记"，积累教育教学经验教训，为专业知识显性化留下素材；三是"教师专业生活史研究"，通过教师对专业成长的回顾，发现自己的人格、认知特性、知识结构，对自己成长的决定性影响、自己常用的教学方法、成功案例和诀窍等进行编码，加以格式化，既可供自己所用，也可与其他同行共享。

奈特（Knight）也提出了将教师隐性知识显性化的方法。他主张教师应通过个人及群体之间的交流进行知识的交换，同时也通过"反思"将知识不断做隐性化及外化的转换。具体步骤如下：第一，教师利用"反思"将个人的隐性知识显性化；第二，教师通过知识管理策略或实践共同体将个人的知识传递到团体中；第三，团体将所接收到的新知识加以内化；第四，教师再从团体中接收到新的知识。

4.教师知识可接受化理论

有学者从教师显性和隐性知识的角度提出了研究知识转化的观点。舒尔曼以学生的角度为出发点，分析研究了教师知识转化问题。在教学实践过程中，许多教师并非按照大脑中记忆的学科知识进行授课，而是将其转化为自己的理解和认识，再以通俗易懂的语言讲解给学生听。如果教师能够以不同的方式表达和传授学科知识，就能在传授过程中发现学生可能遇到的难题，就会注意到学科知识的转化问题。舒尔曼在其研究中认为教师要注重提高自身的知识转化能力，并将抽象的学科知识概念转化为具象化的理解，这样能够有效地降低学生学习理解学科知识的难度，相当于教师具备了将学科知识转化为教学知识的能力。此外，教师在对学科知识进行转化的过程中，要秉持批判性思维，探索出更适合学生学习和理解的表达学科知识的方式。舒尔曼将学科知识转化为学科教学知识的过程分为三个阶段，首先是解释阶段，其次是表征阶段，最后是适应阶段。在这三个阶段中，教师对学科知识进行分类和解释，找出最佳的表征方式，并根据实际教学需求进行旋转，以此来满足学生学习和理解学科知识的需求。

首先是解释阶段。在这一阶段中，教师会对需要传授的学科知识内容进行分类和解释，识别筛选出其中的重点和难点，以及核心的理论概念，然后尝试构建学科知识组织结构，进一步加深对学科专业知识的理解和认识。

其次是表征阶段。在这一阶段中，教师会将所具备的学科知识转化为自己的理解，并以通俗易懂的方式表达给学生听。针对单一的学科知识，可以不同的方式表达其表征结构，比如隐喻、举例、类比和图解等。

最后是适应阶段。教师会对学生的学习能力和知识储备情况等进行分析研究，结合学生的认知需求和特点，制订针对性的教学课程，便于学生理解和掌握学科专业知识，帮助学生构建知识体系。

三、教师教学专长理论

专长指的是专门知识或技能（尤指在某一领域）。对专长的研究在各个领域中展开以后，"教师教学专长（teaching expertise）"这一概念已被广泛地用于对教师知识和技能的研究中。对于这一概念，学者们并未做过多描述，而直接将其运用到各类研究中。然而，这些研究中提及的教学专长，有时也被称作教师专长，通常被用来指代专家型教师区别于其他教师的杰出知识和技能。

（一）专长发展理论

德雷福斯兄弟（Dreyfus & Dreyfus）提出的专长发展五个阶段分别为：新手阶段（novice）、熟练新手阶段（advanced beginner）、胜任阶段（competent）、业务精干阶段（proficient）和专家阶段（expert）。他们认为，个体的专长发展在每一阶段都有不同的特征。在新手阶段，个体的特征表现为：缺乏实践经验，处理问题时更多地依赖书本知识；刻板地依赖规则和计划；缺乏对问题情境的知觉能力；缺乏对问题的辨别和判断能力。在熟练新手阶段，个体的特征表现为：能够细致地观察和处理实际工作情境中的各种细节问题，能够对问题情境中的重要信息和无关信息进行辨别和区分；以品德和态度作为行为的准则；对情境的知觉能力还十分有限；对问题的各个方面同等对待，不能对问题的重要和非重要方面进行很好的区分。一般在工作五年左右的时候，个体的专长发展达到胜任阶段。这一阶段的特征表现为：能够对从事的工作或活动进行周密的计划和安排，并能对工作或活动过程中不可预期的事件进行有效的处理；能够从长远的角度正确地审视解决问题所采取的策略、方法和手段；建立起了标准和规范的行为方式和解决问题的系统方法；有能力应对专业领域的各种复杂的问题和情境。到了业务精干阶段，个体的特征表现为：能够从整体上观察和处理问题；能够对遇到的各种问题的重要性予以合理的区分和处理；能够根据一般的模式判断问题的发展和变化趋势；解决问题不需要付出太多的意识努力；能够视情境的变化灵活、随机应变地处理问题。而到了专家阶段，个体的特征则表现为：对问题情境的观察和处理已经达到了自动化的程度，通常在观察问题时只需付出很少的意识努力，观察过程是直觉性的和下意识的，甚至无须有意识地努力，并能够运用丰富的经验对问题进行恰当和有效的处理；不再依赖固定的规范和准则来处理问题；能够通过丰富的经验和对问题的深入理解，直觉地把握问题的关键所在，并对问题进行有效的处理；只有在遇到陌生的问题和情境时才对问题进行反省和分析，并寻找和采取有效应对策略；具有敏锐的洞察力。

这一专长发展五阶段理论从个体对知识和技能的掌握程度来理解专长的发展，对教师教学专长的发展理论产生了很大的影响，并成为后来伯利纳（Berliner）提出的教师教学专长发展五阶段理论的理论基础。

（二）专长训练论

一些学者认为，专长的获得必须依靠大量的训练来完成，并构建了专长的训练模式。例如，要发展运动专长，就要通过以下的训练步骤来完成：安排时间进行集中训练；确定特定的能够被测量的技巧或目标；制订能够实现的目标；逐步提高成绩；寻求指导教师的反馈；观察并模仿专家的行为。

然而，研究者们强调这种训练应是刻意的，而不像传统训练论所说的个体只要有足够的训练便可达到最高行为水准，以及一旦通过训练掌握基本知识和技能便可很快达到杰出水平。一方面，如果仅通过简单重复训练，技能的发展只能限定在一个相对较高的水平而达不到最高水平。技能的持续提高需对技能进行有意识的重新建构，如果练习者不知道如何指引自己的训练，或因为不够在乎获得改进，就不能达到最好的水平。另一方面，从新手到专家的专长形成是一个长期的过程，需要在特定领域长时间地学习和不断地实践。国际象棋、物理、数学、音乐、历史和医学等领域对专长的研究都证明，任何一个专业领域内的新手要成长为专家都至少需要10年的实践。因此，埃里克森（Ericsson）提出了专长的刻意训练论，认为早期一些研究发现的训练和行为水平间存在极弱的相关性的原因在于这些研究者没有意识到训练的长期性与特殊性，而是将一些"类似训练"的领域的相关活动置于实验室情境中进行短期研究。埃里克森强调，个体的最终成就是通过刻意努力的训练获得的，研究者应当将这种有意识的、需付出努力的训练活动与其他领域的相关活动区分开来。

(三) 教师教学专长知识构成理论

文章的开篇提到，教师教学专长是指杰出教师(通常指专家型教师)所拥有的知识和技能。因此，在教师教学专长的构成上，研究者多从知识的角度探讨构成教师教学专长所需要具备的知识，以舒尔曼和特纳·比塞特(Turner Bisset)的理论为代表。下文将对这两个理论进行介绍。

1. 舒尔曼的教师教学专长知识构成理论

舒尔曼将构成教师教学专长的教师知识分为三类：学科知识、学科教学法知识和课程知识。

第一类是学科知识。在这一方面，舒尔曼强调，教师不仅要掌握其专业领域内已被公认的事实，还必须能够解释一个特定的观点被认为正确的原因，为什么需要掌握这个事实，以及它如何与这一领域中的普通理论和实践相联系。

第二类是学科教学法知识。这类知识在以往的研究中没有引起太大的重视。自从学科教学法知识被舒尔曼提出后，研究者才意识到，除了学科知识和普通教学法知识外，学科教学法知识也同样是构成教学知识专长的一个方面。学科教学法知识是有关这一学科中什么是重要的，学生在学习过程中会遇到什么样的困难、产生什么样的误解，什么样的课程材料是有用的以及如何将具体学科知识向学生展示的知识。

第三类是课程知识。这类知识是指对教学中不同课程选择的理解。舒尔曼认为，教师教育项目中很少涉及后两种知识，即学科教学法知识和课程知识。

2. 特纳·比塞特的教师教学专长知识构成理论

特纳·比塞特根据舒尔曼的知识分类建立了一个教师两年学习模型。除了舒尔曼提及的学科知识、学科教学法知识和课程知识外，这一模型中的教师教学专长知识还包括普通教学法知识，教学模式和理论知识，学生知识，自我知识，教育情境知识、教育结果、教育目的和教育价值知识，以及如何通过完成近景目标来实现远景目标的知识和意识。

第三节 高校教师专业发展的评价

一、高校教师专业发展的评价及意义

教师专业发展评价的目的在于提高教师的综合素质能力，帮助教师实现自我价值。高校可以根据现代教育评价理论和方式，对教师的专业发展水平进行客观公正的评价。教师专业发展评价的核心理念在于促进教师的专业发展，对高校教师专业水平的发展性进行综合评估，帮助教师成就更好的自我，提高专业知识技能和职业素养，给教师提供力所能及的支持和帮助，帮助他们实现预期的专业发展目标。

对于教师专业发展来说，评价是非常有必要的，能够帮助教师对自身的教学模式和教育理念进行反思，从而提高教师的教学创新意识和能力。从长远的角度来看，评价方式以奖惩性评价为主，通过量化考核的方式对教师专业发展水平进行评估，但没有考虑到教师的未来发展潜力和空间，很容易给出结论性的评价结果，这不利于促进教师专业的可持续发展。

二、高校教师专业发展评价体系的构建

要评价教师专业发展，首先要制定明确的评价指标体系。本节基于高校教师专业发展现状，参考借鉴国内外研究成果，确定了教师专业发展评价指标体系和相关内容。

（一）评价体系建立的原则

1.科学性

基于现代教育评价理论，结合高等教育发展的客观规律，尝试构建高校教师专业发展评价体系，明确评价指标和相关内容，确保其具有一定的科学性。

2.导向性

开展评价活动之前，首先要明确评价的目的。构建高校教师专业发展评价体系的意义在于帮助教师更好地成长和发展，为促进教育改革做出应有的贡献。所以，必须以最先进的教育理念为指导，为教师专业发展指明前进的方向。

3.可操作性

开展评价活动的前提条件是构建评价指标体系，所以要明确指标体系的详细内容，为开展评价活动创造有利的环境和条件。本书在尝试设计教师专业发展评价指标体系的过程中，是根据被评价对象的实际水平和能力来制订相应的评价指标的。

4.完备性

教师专业发展本身就是一个非常复杂的过程，在构建评价指标体系的过程中，要全面地考虑教师专业发展的实践经验和基本理论，这样才能构建出全方位的，能够体现教师专业发展现状的评价体系，才能让指标体系具有一定的逻辑特征。

5.发展性

对于教师专业发展的相关理论和概念，必须从发展的角度来综合评价。所以，评价体系必须具备一定的延展性，即综合考虑教师的专业水平、工作能力和工作状态。

(二) 评价体系建立的步骤

本节在对教师专业发展评价相关研究成果进行分析的基础上，结合高等教育的发展实际及高校教师的职业特点，并借鉴我院多年来教师专业发展的实践经验，创建了具有发展性的高校教师专业发展评价体系。体系的建立经过如下五个步骤。

1.确立评价目标与对象

本项研究建立的评价体系旨在对高校教师专业发展水平做出合理的判断，评价的客体为高校教师。

2.文献研究，收集指标

通过对教师专业发展相关文献进行研读，深刻掌握其内涵，参考国内外有关教师专业发展评价内容、要求的相关文献，结合高校教师的职责、使命，初步提出高校教师专业发展评价的维度、指标及指标描述内容。

3.调研访谈，确立指标

通过文献研究确立的维度和指标，往往过于理论化和理想化，与实际的评价需要存在一定距离。因此，我们在指标确立的过程中，进行了充分的调研，通过问卷或访谈的形式与教育管理部门、教师、学生等相关群体进行了商讨，最终将文献研究提出的指标设想与调研结果相参照，确立了评价指标及其内容。

4.专家咨询，确立评价体系

通过上述步骤，已确立指标项目和范围，接下来我们又找相关专家进行进一步咨询，将指标项目和内容合理调整，使其结构合理、逻辑顺畅，形成完备的评价体系。

5.预试检验，修正完善

为了确保所建立的评价指标体系科学合理，我们在正式推广之前，先选择2~3所高校，对教师专业发展能力进行了评价测试。在测试环节，注意观察评价指标体系的实用性及反映出的问题，然后进行指标修正、调整和完善。

通过上述几个步骤建立起的高校教师专业发展评价体系，具有较强的实用性和科学性，能够对教师专业发展情况进行有效的评价。

（三）高校教师专业发展评价体系的结构与内容

经过大量的基础研究工作，本节建立的高校教师专业发展评价体系由五个维度、14项指标组成。

维度一：高校教师应具备良好的思想政治素质和职业道德。

指标1：坚定正确的政治方向，思想觉悟高。

指标描述：a.坚持四项基本原则，热爱祖国、热爱党；b.有正确的人生观、价值观和世界观；c.遵纪守法，具备高尚的道德情操。

指标2：恪守教师职业道德，爱岗敬业、为人师表。

指标描述：a.忠于人民教育事业，坚持育人为本，立德树人；b.关爱学生、无私奉献、以校为家；c.团队意识强，具有协作精神；d.具有健康的心理、健全的人格；e.廉洁从教、依法执教、为人师表。

维度二：高校教师应具备渊博的知识、学识。

指标1：具备广博的知识面。

指标描述：a.具备起码的社会科学和人文知识；b.广泛涉猎自然科学和思维科学的相关知识；c.熟练掌握一门以上外语；d.具备电脑操作能力、熟练使用办公软件；e.具备自学能力。

指标2：具备精深的专业知识。

指标描述：a.精通专业理论和知识；b.具备扎实的教育学理论知识；c.熟悉管理学理论；d.具备心理学知识。

维度三：高校教师应具备高超的教学能力。

指标1：要保证一定的教学工作量。

指标描述：a.完成教学计划内课时；b.完成实践教学课时；c.完成校外兼职课时。

指标2：要具备良好的教学技能。

指标描述：a.掌握教材分析、教学设计、教学组织、命题组卷等基本能力；b.良好的语言表达能力；c.思路清晰、逻辑性强，重点突出；d.具备指导实践教学的能力；e.课堂组织管理能力。

指标3：善于教学创新改革。

指标描述：a.教学观念适时更新；b.教学知识内容持续更新；c.教学方式方法不断更新；d.教学管理要更新。

指标4：取得较好的教学质量与效果。

指标描述：a.将精品课作为课程建设目标；b.学生接本、考研成绩是教学效果的反映；c.学生各类竞赛获奖是教学质量的表征。

维度四：高校教师应具备较强的学术科研能力。

指标1：具备科研创新意识。

指标描述：a.有敏锐的科研意识和学术敏感性；b.结合专业和教学进行科研创新；c.主动参与校内外各类科研活动。

指标2：主动申报科研立项。

指标描述：a.申报国家、省、市各级科研项目；b.申报各类教改课题；c.协同申报横向交叉课题。

指标 3：有突出的科研成果。

指标描述：a. 出版有影响力的专著；b. 发表 CSSCI 或核心期刊论文；c. 科研成果取得良好的经济和社会效益；d. 科研成果获得各级奖励和表彰。

指标 4：具备学术交流意识与能力。

指标描述：a. 参与学术讲座；b. 访学进修、攻读博硕学位；c. 参加学术会议。

维度五：高校教师应具备服务社会的能力与贡献。

指标 1：高校教师校外学术兼职与行政兼职。

指标描述：a. 校外学术兼职的数量、档次；b. 校外行政兼职的级别和影响力。

指标 2：高校教师应主动服务社会。

指标描述：a. 参与社会实践，自觉承担社会义务；b. 学术研究成果应用到社会事业中。

三、高校教师专业发展评价的生态维度分析

（一）系统联系的维度

实际上，每一个生态系统均是开放的，在发展中可以与外界环境产生能量上的转换以及物质的循环，同时可以为自身的特性以及新的发展提供良好的导向。美国有学者认为，大自然与生物是相互作用、相辅相成的关系，通过相互之间的关系构建了生态系统。因此，生态系统中的个体均与周围的环境、其他个体产生密切关联，且是逐步完成相互之间的动态关联的[1]。通过系统来看生命，其鲜明特征就是各生态系统里的生物之间的相互影响与相互作用。世界上的事物普遍存在相互依存的关系，人与人之间也是如此，人是借助与其他生物之间的关联而不断发展的。从生态角度进行研究，就可以将教师的发展置于生态系统进行探讨。如此，可以促使教师在群体、自身与个体的发展中相互影响、相互依存、相辅相成。

根据上述分析发现，从教师层面来看，教师相互之间具有十分紧密的

---

[1] 宁虹，杨小微，等. 实践意义与深度介入："U–S"合作的京沪对话 [J]. 基础教育，2010 (2)：3–14.

关系，借助平等的协作与沟通互动进行竞争与合作。在专业发展的生态系统中，教师可以突破历史的视角，可以打破惯性思维，使自身跳出以前固有的研究层面，既可以借助相互之间的关系推动不同个体之间的沟通互动、形成特定现象，还可以借助相互之间的交流来实现共赢目标，完成协调发展的任务。所以，教师个体层面和环境之间也存在相互作用的关系。在专业发展的生态系统中，教师要通过独立的教学实践活动，展开协作并进行及时反思，如此可以形成氛围浓郁、有效的专业发展环境。在专业发展的过程中，教师可以通过自己的奋斗与努力，有效利用当前的模式与环境。

从系统联系看，将发展视作群聚作用进行研究，需要教师之间进行沟通，展开合作学习。从生态系统层面分析教师专业发展，需要教师将重点放在自身的发展上，合理对待自身与学生、与其他教师、与周围环境等之间的相互作用、相互融通的系统关系。由此可见，对生态化发展进行思考与分析，组织、个体、群体之间均有和谐共生、互惠互利、互相作用的关系。基于生态角度的教师专业发展，实际上也是动态的，需要教师进一步强化、增加自身的专业知识，对教学知识进行梳理与掌握，快速适应周围的环境，并根据环境的改变适当进行调整，从而实现动态平衡的发展目标。

从生态的角度对教师专业发展进行分析，需围绕专业发展多样性的特征来展开。从个体的视角来看，教师应当全面展现技能与才艺，逐步提升教学水平，改进教学模式，制订有效的策略。这体现了教师与教师之间的个体差异，对学生的不同表现也呈现求同存异的态势。教师应合理引导学生不断提升创新意识，实现全面发展。

教师应在专业发展要求的引领下，促进各个层面协同发展，实现百花齐放的目标。在专业与知识上的深入思索，可以让师生变成知识的应用者与见证者，还可以对知识进行不断加工与生产。教师在课堂教学中灵活、合理地应用知识，可以有效加工知识信息，从而对课程知识进行明确与内化。对于学生而言，再次加工与掌握教师讲解的知识内容，对知识结构进行重塑，可以实现动态平衡与科学发展。因此，如果师生之间逐步适应与调整，知识流会逐步呈现平衡的态势。

教师加工处理知识、传递知识内容之后，可以充分调动学生的学习积极性与主动性。而且在教学过程中，可以发挥督促学生及时完成任务的作用，其扮演的角色就是学习激发器。对于师生而言，为了快速靠近目标，可以迎合教学的要求，这就需要采用彼此之间都认可的教学模式与态度，以此促进双方不断提升自我、全面发展。在教师专业发展中，可以研究各个生态因子和内部因子之间的关联，从而引导教师逐步改进、调整自己当前的工作内容，为教师专业发展提供强大支撑。

(二) 竞争发展的维度

基于生态角度探讨教师专业发展，就是将教师视作共生、互惠的群体分析相互之间存在的制约性。从这里可知，在生态学原理下，从生态角度来研究教师专业发展，是对其可持续发展的状况进行分析，是深入、全面发掘其可持续性与发展性。在生态演变的模式中，各个个体之间均是相互作用、相互依存的关系，彼此之间的关系是动态的，并非静态的。所以，这需要个体之间互帮互助、相互信任。教师也需对这种关系有一定认知，这样才可以通过多样化的协作、多个层面的沟通，互相弥补、互相作用、共同发展。竞争就是个体生态位的分化。从自身来看，个体可以突破发展的环境，突破生态位重合的范围，从而为和谐共生的实现夯筑基石。

在生态视角的基础上对教师专业发展进行研究，可以展现教师在发展中的生成性。对于生态系统而言，生态被视作有机体，是固定的，也是在形成的境遇中逐步发展变化的。因此，通过生态视角探讨分析教师专业发展，实际上就是将教师当作有机体，对其特征进行研究，促进教师生成性发展。生成性实际上就是一种动态演变的过程，要求教师围绕现实，跟上时代发展的脚步，提升创新的意识，激发创新的积极性，及时转变思想，优化教学决策，以让自身学科知识更加丰富，逐步拓展教学知识，最终实现动态的发展，使境界得到显著提升。

大学通过制订、贯彻实施一系列可行性强、与学校发展现状相符的、具有预见性的战略目标，以激发学生与教师的创造热情以及主观能动性。如此可以全面展现目标的激励作用与引导作用，构建有效的情感向心力、思想凝聚力以及组织向心力。当前一些大学制订了建立全球一流大学的目标，即拥有了该导向的作用。

在系统的内部，生物和环境、各种生物之间的发展具有一定关联，彼此之间互相影响、互相依存。同时，在信息转换与能量交换中，进行智能与物质的循环。基于此，生态因子凸显了丰富性与烦琐性的特征，不仅可以预防因为物种太少而引起的现象，例如生态圈太脆弱，抑或没有足够的生态因子，还能使少数因子因为内部存在相应问题而导致碰撞状况出现[①]。因此，从生态角度来研究教师专业发展，竞争的演变特性要求借助教育生态因子的彼此作用与影响，推动教师稳健、良好发展。生态因子是相互作用、相互制约的，还有交互作用与全面发展的可能性存在，这是因为从主体来看，生态系统是多样性演进的，并且各个个体还存在自身的特性。因此，对于专业背景与年龄段都有差别的教师而言，其专业发展呈现多元化态势。由此可见，对教师专业发展的优化具有积极作用，同时还可以整合个体差异，推动教师群体不断奋斗，在生态系统中创建基于其专业发展活动的共同体。

针对各个学科，在相应的年级中，教师可以构建生态圈，在经验与认识观等层面，形成多种视角、多个维度与多种层次的协作，并传递和探究知识内容。例如，可以在共同分享教学资源的过程中，对个体的教案与课件进行共享，如此可以在专业与能力上相互弥补、相互作用，从而获得满意的教学效果。

(三) 平衡共生的维度

从生态角度来研究教师专业发展的平衡性，本质就是借助平衡性来达到和谐发展的目的。教师专业发展的特征包括生成性、整体性与制约性，这些特征促成了教师发展的平衡性。平衡性大致展现如下层面：首先，教师发展的平衡性，需要教师在积极推动自身全方位发展的基础上，实现全面发展的目标，不能只做有专业知识但缺乏道德的人。其次，从整体来看，教师专业发展也呈现了相应的平衡性。教师与教育管理部门需关注构建团队合作精神，合理解决师资与教学资源的配置问题，最大限度解决教师群体中存在的不平衡问题。

因此，从生态角度分析教师专业发展的平衡性特征，实际上还需展

---

① 汪明帅. 从"被发展"到自主发展—教师专业发展的现实挑战与可能对策 [J]. 教师教育研究，2011(4)：1-6.

现出教师发展的多样性①。生态环境中的各个有机体的多样性以及差异性，赋予了生态系统丰富性的特征，教师也被视作社会环境的有机体。所以，在专业发展上教师也需要有各种才艺。并且，作为特定群体的教师，要积极创造出与自身发展相匹配的教学特征与特色，逐步调整自己的教学模式与讲解风格，兼顾到师生之间的差别，对学生的创新意识与超越意识进行培养，鼓励学生大胆说出自己的观点与意见，构建科学发展的教学生态系统。

毋庸置疑的是，教师和谐共生凸显的平衡性是非常关键的，也是让教师十分期待的。其中，共生指的是两个机体之间互相关联、互相帮助、互相弥补、通力合作的关系。共生已逐步向共生哲学的思想靠拢，不再是以往的生物学概念。共生还属于特定的思维模式，是肯定自己、认可他人、彼此相互依赖的关系。所以可以说，共生与万物并育而不相害、道并行而不相悖的局面是相符的。共生包含如下含义：首先，人与自然共生共存。让教师和学生走入自然，接触自然，在青山绿水之间，在日月星辰之中，叩问历史、探索宇宙，与万物为友、与自然为伴，这也是最基本最基础的共生。其次，人与文化的共生。人应当认可、遵循各种文化形成的不同价值，认可文化之间的差异，并关注教育中因为阶级、性别与地域等层面导致的差别。再次，个体之间的共生。在实施教育活动时，各个主体之间是平等的关系，是相互作用的。所以，作为该平等团体中的引导者，教师应当用适宜的方式指引学生，鼓励学生构建民主、和谐、良好的氛围，还应尊重各个主体不同的表述与观点。最后，群体的共生。应当了解各种社会关系，将人看作世界的组成部分。在相互交流的环境中，教师能在共同体中不断发展，并获得相应的养分。

共生，主要表现为共为、共存与共荣，三者之间互相依赖、相辅相成。共生不仅是特定思想的引领，还是特定实践与模式的共存，代表着教育的开放性。在教育的发展过程中，应当尊重、认可不同因子形成的差别。这不是冲突问题形成的深层原因，而是人们对包含在其中的潜在资本、无限价值的肯定与应用。正是这些因子的存在，才能指引教育获得良好的源头活水，变成源远流长的历程。因此，共生中的共为实际上就是该历程的特定表现。对

---

① 王卫东.教师专业生活的理论阐释：以日常生活批判理论为参照 [J].教育学报，2013(2)：21-28.

于共为而言，教师是生态系统中不可或缺的一个因子。系统的稳定、和谐发展，是系统中不同要素一同奋斗的结果；同时，还是各个要素在合作交流中展现系统稳定运作的关键过程与可靠支撑。

详细来看，共为主要涉及过程前的共同存在、过程中的共同运行、过程后的共同反思，这些都是十分重要的方面①。其中，过程前的共同存在，代表现阶段的所有策略均要在各个主体在场的情况下形成。这种存在不只是指形式上的存在，重点是需存在相应的话语权，即可以参与决策，并对最后的抉择发挥重要的作用与功能。过程中的共同运行，指系统作为共同体在实施行动。也就是说，共同体中的成员，通过相同愿景的引导，采用对话的方式，一同享用相应资源，能够构建正向的、相互依赖的关系，借助真诚的协作进行工作。过程后的共同反思属于协作反思的特定过程。应当倡导在个体内部及时反思，旨在根据团体的梳理沟通实现资源共享的目的，促进经验的再生成。

共荣，即面向管理结果的规定，要求管理是相关方都获益的过程，而不是单方面受益。这可以展现道德的功能与特征。

对于教师专业发展而言，要在发展过程中应用共生相应思维。教师选择应用共生的思维与方式，可以充分认识到与同事、社会共荣发展与融合的理念，通过共处感受到共生的作用。这反映了教师在发展过程中的共生价值。借助共生的理念，可以促使教师以学校文化构建与发展为出发点，将教师共生文化的创造作为根基。原因是对于教师而言，竞争可以展现其实际地位与价值。教师应当扭转因循守旧的态度，规避或者减少因为生态位的重叠而导致的不利影响，以此与他人实现共存。从教师的层面来看，向他人提出自己的理念、与他人进行互动，促进了自身理念与态度的转变与改进。最终，实现相互激励，获得共生发展。将共生视作指引教师专业发展的共同体，实际上是通过共生机制的导向，在教师之间建立可以密切协作、默契配合的平台，这也是推动教师专业发展的有效途径，是教师共生发展的良好策略。借助高校这一空间范围，教师将学生的需求当作自身不断发展的基本条件，这样的教学态度与方式也会对学生形成相应的影响。师生在高校中是互相弥补、共生的生态关系。无论是教师的生存活动，还是教育教学活动，师

① 王袁霞.论教师专业发展的内涵及实现路径[J].继续教育研究，2016(2)：103—105.

生之间均是正相关的影响。

(四) 三个维度之间的关系

在大自然中，生物普遍有群聚的习惯与行为，这对生物的发展模式产生了一定影响，在生物界该现象被视作种群。对生物而言，种群与群体在彼此适应以及相互协调方面，达到了动态平衡。这种动态平衡是一种有联系、有竞争的态势，根据个体的发展促进群体的演进，以此推动整体不断演变[①]。人是最高级的生物，同样存在群聚的特征，并且人类的群聚已超越了自身对生存的需求，是在特定目的之上的社会性群聚。因此可以说，人的基本特性就是社会性或者群聚性，是远超生存的需求的。

人是社会的成员，在群聚中互相作用、互动交流、互相影响、一同发展。从生态角度研究分析教师专业发展，需将生态学理论引入进来，重视将教师视作群聚的成员纳入教师团队之中，团队就是教师与学校文化相结合的特定模式。在目标一致、追求相同的教师群体中，各个教师借助紧密的协作与互动，构建了良好的团体伙伴关系。各个教师是以群体存在的，并非以个体身份存在的。对于教师群体这一生态系统而言，根据资源共享，群体成员沟通互动、共同创造、共同进步、密切配合，从而营造和谐、有效的协作气氛，构建教师合作文化，减少或者规避教师与教师之间的孤立文化、离散文化以及人为文化。

从这里可以发现，需坚定不移地把平衡共生、系统联系与竞争发展的理念渗透贯彻至高等教育生态理念之中，借助高等教育对生态系统的稳健有序发展等要求，对教师专业发展进行分析。本质上，高等教育不断地发展只是关键，在质量与数量的结构关系和获得的效益上，能够看到以上因素并非独立存在的，彼此之间是互相影响、互相依存、相辅相成的关系。因此，倘若仅仅单一地看待特定层面的发展，实际上不利于推动高等教育向好发展。在可持续发展上，高等教育应当将焦点置于如下层面：一方面，为所在区域的社会发展、经济发展以及文化发展的生态提供良好的、落实可持续发展策略的助力；另一方面，高等教育应当通过可持续发展思想，逐步进行革新，同时为革新的不断推进提供可靠支撑。

---

① 朱旭东，宋萑.论教师培训的核心要素 [J].教师教育研究，2013(3)：1-8.

四、高校教师专业发展评价的实施及建议

(一) 教师专业发展评价的实施过程

构建教师专业发展评价指标体系的目的在于为开展评价活动提供一定的依据和参考，所以，开展评价活动需要经历以下几个环节。

1. 评价准备工作

先要明确被评价对象和评价的范围，然后找出评价活动的重点和目标，组建评价活动领导小组，明确小组成员的职责和义务，设计评价活动程序和计划，为开展评价活动打下坚实的基础。

2. 评价实施开展

根据既定的评价计划和目标，制定合理的评价指标，以科学合理的评价方式全面评估被评价对象。针对高校教师专业发展现状的评价过程主要分为三个方面：首先是针对其课堂教学能力进行考核评估，其次是针对其科研能力进行评价，最后是教师自我评价和定位。评价方式主要分为四种类型，即小组讨论、座谈访问、复查面谈、查阅资料。

3. 评价总结工作

在完成评价工作以后，要对被评价对象的状况和水平进行评级，并对整个评价过程进行归纳总结，为后续开展评价工作积累经验和教训。

4. 评价反馈工作

根据评价反馈的结果，给出整改的意见和建议。

(二) 改进教师专业发展评价的建议

要想有序地开展教师专业评价活动，应该注意以下三个方面。

1. 加强评价的宣传工作，重视评价的意义

开展教师专业发展评价工作与每个教师的切身利益是息息相关的，因为其目的就是帮助教师提高综合素质能力。但一些教师对评价活动存在一定的误解和反感，无法正确、理性地看待开展评价活动的目的和作用，很容易产生抵触心理。所以，在开展评价活动之前要做好前期的宣传铺垫工作，为有序开展评价活动打下一定的基础。

2.转变评价理念，坚持发展性评价

教师专业发展评价理念应该随着时代的发展进行创新，不能以奖惩的评价方式为主，而要考虑评价的发展性问题，防止出现为了评价结果而开展评价活动的情况，要坚持以评价促进教师专业发展的理念。广大教师要积极参与到评价理念和评价方式的创新实践中，以此来激发自我的创新意识和能力。

3.创新评价手段，坚持多元化评价

教师专业发展本身就是一个长期且复杂的过程，想要对其进行客观公正的评价，就必须以多元化的评价方式从不同的角度来评价。比如学生点评、领导测评、教师互评等，都是对传统的奖惩性评价方式的优化和完善，这样才能真实地体现和反映教师的实际教学水平和能力。

第二章　高校教师专业发展的机理与机制

第一节　系统联系：高校教师专业发展的内在机理

从整体的角度来看，需要将发展当作群聚效应来进行分析研究，强调教师之间要相互协作、互动交流学习。在研究中，将教师专业发展视为教师自身的发展，建立互惠互利、和谐共处的系统性关系，以此来帮助教师处理好自身与同事、学生、学校以及周边环境之间的关系。

一、学术环境与知识在高校教师专业发展中的作用机理

想要进一步提高高校教师专业发展素质，就必须帮助其构建良好的专业知识体系。首先要在专业实践教学中融入所学的专业知识理论。从教师专业发展的角度来看，教师要在发展过程中利用校园的平台学习更加全面的专业理论知识，并在教学实践中尝试应用专业知识，通过反思和评价查漏补缺，从而构建自己的专业知识体系。在这种构建过程中，外界的输入和引导存在一定的差异性。构建专业知识的过程本质上就是在教学实践过程中不断地反思和评价已经具备的认识和思想。因此，从获得实践知识的角度来看，教师需要注重对实践教学进行反思评价。但考虑到教师之间、个人工作能力和工作安排之间存在差异性，一些教师可能无法立即投身于实践教学之中。所以，教师之间构建专业知识体系的方式存在一定的区别。针对这一问题，教师首先要具备发展专业知识体系的意识，以共同成长为最终目标，消除相互之间的分歧，相互关心和帮助，共同进行实践反思和评价，构建各自的专业理论和实践知识体系。

(一) 学术环境→专业知识→教师专业发展

所谓学术环境，指的是根据学科资源的优化配置融合不同的学术生态

因子，在团队领导下将其有机地结合在一起，进一步营造出提高教师学术专业素质的氛围和环境。在营造学术氛围和环境的过程中，要注意以下四个方面。

1. 组建能开展学术活动的群体

从实践的角度出发，开展学术研究活动必须邀请不同的专业人士参与其中，所以具有明显的群体性特点。想要更好地开展学术活动，必须明确学术研究的群体。群体之间是相互合作、相互竞争的关系，这种关系也是营造良好学术研究环境的关键因素。总而言之，高校在开展学术研究活动时应该将目标设定为提高整体的学术研究水平和学科实力，这是一项长期且复杂的综合性工作。所以，需要各学科学术研究领域的领军者发挥积极的引导作用，统筹规划营造出良好的学术研究氛围，这样才能达到预期的目标。综上所述，必须成立一支专业的学术研究团队并指派一人充当领军者。

2. 引导学术人员开展自发组织活动

除了学校组织的群体性学术研究活动以外，学校内部还存在许多学术研究团体，只不过它们属于非正式研究群体，但对开展学术研究活动同样能产生一定的影响。一般情况下，这些自发组织的群体都是依靠行政力量成立的，导致其没有明确的学术研究目标。高校在管理学术研究活动的过程中，要注意参与学术研究的组织成员是不是完全按照个人意愿自发参与其中的，不能用行政力量强迫个人去参与学术研究活动。

3. 支持学术的多元发展方向

对于普通高校来说，资源的优化配置和组建在很大程度上是由行政力量决定的。高校本身就是由多个学术研究团体构成的，各团队内部成员负责对应的学术研究工作，成员之间只需明确分工和职责即可，但在学术研究活动管理方面很容易出现分歧。从管理者的角度来看，需要将专业的人力资源和研究资源进行优化配置，这样才能达到预期的学术研究目标。

4. 支持学术人员再创造

从高校的发展角度来看，其自我创新精神和能力决定了未来的发展潜力和发展方向。尽管负责从事学术研究的专业人员在实践过程中可能受到各种不确定因素的影响，导致不断地经历失败的风险和考验，但仍需坚持不断地进行大胆的研究尝试。所以，高校要为这些专业的人员营造出一种包容和轻松的学术研究氛围，为他们解决后顾之忧，这样才能激发他们创新的精神和潜力。

(二) 教育科学知识→专业知识→教师专业发展

在教师专业知识体系中，教育科学知识占据着非常重要的地位。从宏观的角度来看，教师获取专业知识的途径大致分为两种，一是在个人工作实践中获取，二是参加专业社群来学习和获取专业知识。所以，在促进教师专业发展方面，应该要求教师在实践过程中将主体性和互动性融合在一起。简单来说，就是教师在发展专业知识的过程中，以学习理论知识为指导，针对学习过程中遇到的难题，以学术研究和分析的方式找到解决问题的方法，并在教学实践中研究解决问题方法的可行性，对研究结果进行反思和评估。如此一来，教师在不断学习的过程中就能提高并丰富自己的专业知识。

(三) 实践知识→专业知识→教师专业发展

通常情况下，教师要想发展专业知识，必须建立在原有专业知识理论的基础上才能实现，即根据现有的知识体系，与教育环境相结合，在实践过程中反思和验证所具备的知识体系，并对其进行重构。重构知识体系与外界输入方式存在本质上的区别，前者是指教师在教学实践过程中通过不断的互动和反思获得专业知识。对于教师而言，要想更好地发展专业知识，首先要具备发展的理念，设定共同成长的目标。教师之间要建立信任关系，相互帮助、相互关爱，共同进行反思和评价，这样才能提高教师整体的专业发展水平和能力。

(四) 文化知识→专业知识→教师专业发展

对于高校而言，其最关键的功能在于传承和创新传统文化，这就要求教师以身作则，为学生树立传承和创新文化的典范。高校要重点关注教师之间、师生之间开展的学术研究活动，要给他们充分的自主开展学术研究活动的权利。高校要为教师自主发展解决后顾之忧。首先，要为教师营造出良好的学术研究氛围和环境，提供更多发展的机会和平台。这样，教师才能充分发挥主观能动性参与学术研究。同时，通过这种方式还能够提高教师的学术职业道德。其次，对于从事学术研究的人员来说，必须不断提高自身的修养和专业能力，给自己设定一个自我激励机制 ①。再次，学术人员要明确自己最擅长的学科和专业，确定自己学术研究的目标和方向，然后积极组建学术研究团队。最后，团队成员之间要明确各自的分工和责任，强调个人学术研究自由的权利，鼓励成员积极地参与学术研究活动，提出自己的创新观点和看法，为传承和创新传统学术文化做出自己应有的贡献。

由此可见，影响教师专业发展的重要因素之一就是专业知识水平。专业知识水平与教师专业发展之间呈现出正向关联。

提升专业知识技能，主要是通过专业态度、授课技巧和专业情意等方面实现的。教师在传授学生知识的过程中，要融入育人和服务的理念。教师本身就是学校的重要组成部分，有责任、有义务为学校组织提供服务和帮助。因此，从高校职能的角度来看，教师的服务对象主要指的是学生、学校和同事。但教师在发展专业知识的过程中，受到各种制度和考核的限制，导致无法真心实意地为服务对象提供服务和帮助。

此外，影响和促进教师专业发展的另一关键因素是教师的专业情感和治学态度。从某种程度上来说，教师的执教精神理念就相当于对教师职业的认同感，教师对教育职业的心理状态通过思维活动来体现，即教师的专业思维、意识、活动和状态。从专业精神来说，教师必须要关注国家、民族和时代的情感和期望，自身要具备一定的爱国主义精神和改革创新的信仰，要对教师这个职业有敬畏之心，要清楚教师担负的历史使命和责任。只有具备了发展专业的精神和意识，才能增强对教师职业的认同感和归属感，才能够全身心投入日常教学工作中。教师的专业能力主要分为两个方面，一方面是学科能力，另一方面是专业能力。学科能力指的是利用学科知识解决实际学科问题的能力，专业能力指的是传授学生专业知识和引导学生自主学习的能力，并逐渐上升到为社会提供专业服务的能力。因此，教师应当具备的重要专业技能就是传授学生学科知识和精神，引导学生正确看待和审视学科思想，帮助学生利用学科知识解决学科问题②。在教师专业能力素质考核方面，一个重要的评价指标就是教师是否具备学以致用的能力，这也是判断教

① 吴小丁.现代竞争理论的发展与流派 [J]. 吉林大学社会科学学报，2001(2)：67–72.
② 何伟.新 7S 与超强竞争理论 [J]. 河北企业，2005(10)：6–7.

师是否具备专业技能的重要参考，是体现教师专业发展外在生态因素的有效途径。

师德是教育工作者必须具备的道德规范。教师要全身心地投入教育事业，在教育过程中不能对学生个人成长和智力水平抱有歧视和排斥的态度。教师的本职工作就是培养和教育学生。简单来说，如果教师的日常工作没有以育人为最终目的，那么开展的一切教育工作都是毫无价值和意义可言的。育人是一个相对完整的概念，即培养出有思想、有内涵、有道德、有责任感的好学生。从情感角度来看，学生的完整性体现在对客观事物的认知和理解程度上。高校通过教育的方式对学生的人格、心理健康以及对美好事物的追求和向往之情进行评估，以此来判断教师是否履行了道德教育的职责。教师在教学过程中要向学生传授关于身心健康、社会道德和专业知识等方面的内容，这与国家素质教育中倡导的培养德智体美劳全面发展的人才的倡议相契合。因此，教师要想更好地进行专业发展，首先要从自身情感的发展出发，注重培养和提高自己的社会公德心和教师责任感与使命感。要想成为一名合格的教师，就必须将个人与社会的情感发展连接在一起，制订以追求健康和安全为主导的教育目标。公民最基本的义务就是要尊重社会道德准则，这就要求公民先要搞清楚什么是社会道德准则，只有明确认知才能更好地发展。总而言之，教师在专业发展过程中的首要任务就是培育人的完整性，并在这一过程中传授学生专业知识。只有将培育人的完整性与传授学生学科知识完美结合，教师才能算是获得真正意义上的专业发展，才能体会到教师职业带来的幸福感和满足感。教师在教育实践的过程中，要重视学生身心发展情况，要给学生心理上的支持和鼓励，获取学生的信任，给学生带来安全感和幸福感。

综上所述，教师体现内在职业素养的有效途径之一就是提升师德境界，这也是体现教师价值观的最佳方式，是教师专业发展内在价值的最佳体现。由此可见，影响教师专业发展的三大要素之间是相互独立却又相互依存的关系。

二、高校教师专业发展中环境与知识的内在联系和相互影响

教师在发展专业知识的过程中，可以在嵌套式环境中进行良好的个体交

互活动，从而取得发展与进步。在研究影响微观系统交互因素方面，可以从角色和人际关系两个方面入手。在研究如何促进个体发展人际交往关系的过程中，要结合重要他人的概念，以此来证明重要他人对教师各个发展过程产生的重要影响。这里的重要他人主要指的是同事、领导、学生和家人。

此外，高校的管理者应该重视教师在不同时期的内在需求，相应地提供力所能及的帮助和支持，这样才有利于教师的专业发展。比如，一些教师在专业发展的过程中存在自我否定和自我焦虑的情况，还有一些教师很难与同事保持正常的人际交往，时常会感到孤独寂寞。针对这类情况，高校的领导要及时与教师进行心灵上的沟通和交流，为他们答疑解惑，排解负面情绪，针对教师不同的内在需求提供针对性的支持和帮助。只有解决了内在需求问题，教师才会树立起专业发展的自信心和勇气。

由此可见，促进教师专业发展最有效的方式之一就是构建教师专业发展共同体，即由学校领导牵头将教师组织在一起，成立一个互帮互助、相互学习交流的组织。在这一组织内，各成员有明确的共同成长和发展的目标，彼此之间可以分享各自的兴趣爱好和工作的心得体会。这样，教师在组织内很容易找到归属感和认同感，也能够更好地组建自己的学术研究团队。总而言之，学校应该鼓励教师发挥主观能动性，将兴趣爱好相同且学术研究方向相似的教师组合在一起，成立专业发展共同体。此外，教师也可以自发地组织专业发展共同体，以此来调动提高自身专业知识水平的兴趣。只有在专业发展过程中找到教师职业存在的价值和意义，才能提高自己的师德境界。由此可见，影响教师专业发展的因素之间是相互作用、相互依存的关系。

第二节 竞争发展：高校教师专业发展的动力机制

经济学理论中有一个重要的概念就是竞争，尤其是在市场经济中，竞争的概念更加凸显，非常值得分析和研究。马克思等人在古典政治经济学的基础上，提出了竞争理论，认为在资本主义社会中竞争机制占据主导地位，是一个动态发展的过程，体现的是竞争的本质与规律以及两者之间的关联性，由此提出了竞争理论。在他们看来，按照竞争理论的观点，能够直观地观察社会关系中不同个体或系统所处的位置和作用。竞争分为两种类型：从广义的角度来看，竞争指的是在社会中不同个体之间的较量，但这种较量不是追求利益的较量，而是大家的好胜心之间的较量；从狭义的角度来看，竞争指的是在商品社会中，个体为了争夺经济利益采取斗争手段，在相互较量中企图消灭对方、占据对方的市场份额从而获得更大的利润。这种类型的较量很容易出现财富分配不均的情况，很容易形成产业垄断。随着个体逐渐被吞并，强大的个体实力会不断壮大，从而获得更好的发展。因此，在看待和审视教师专业发展方面，可以参考和借鉴竞争发展理论，为相关研究提供一个新的思路和方向。

一、高校教师专业发展内动力：发展

教师专业发展的概念本质上属于可持续发展的范畴，是发展现代生态文明的重要标志。所以，从生态文明的角度来看，教师专业发展应该属于生态学的范畴。在市场经济的环境下，社会系统中诞生的生态文化需要我们去分析和研究其基本的特征，这样才能更好地利用这一概念。从本质上来看，生态系统就是一个生成和消费过程的结合体。在生物界，植物在吸收阳光以后会进行光合作用，以此来加速生长。食草动物食用植物以后获得成长所需的能量，并在体内积蓄能量，这就构成了一个相对完整的、系统性的能量转化的产业链。就像生产流水线一样，缺少了任何一个环节，整个流水线就无法正常运作。同理，生态系统本质上就是消费和分解系统的结合体，物质通过消费的方式从一个物体过渡到另一个物体，在过渡过程中被微生物分解。在这种无限循环的生产过程中，能够清晰地感知到生产与消费过程中进行的物质和能量的交换和二次利用。在这一过程中，生态系统周边的环境也在随之发生改变。在自然状态下，生态系统能够充分地利用一切有利资源。所谓资源利用率，指的是生态系统发挥和利用物体特征的效率，即在单位时间内去除没用的物质，释放出更多的能量。因此，生态系统的构建过程就是对一切资源的利用过程。生态环境中的一切物质和资源都要得到充分的利用，在利用过程中不会深究物质和生物个体的数量和质量。

此外，生态系统还具有稳定性和调节性两大特征，即具有自我调节与恢复的能力，对周边的环境也能起到一定的调节和稳定的作用。由此可见，基于建设生态文明系统来明确教师专业发展的目标是非常有必要的。学校本身就相当于一个完整的生态系统，能够有效地调节和稳定教师所处的环境。简单来说，教师的专业发展目标应该基于校园生态文化环境建设。在高等教育生态系统中，要尝试构建一种充分利用各种教育资源且具有较强稳定性和多样性的生态系统。生物个体或组织身处这种系统之中，就能够稳定和谐地相处，从而实现生态系统中存在的消费和生产过程，而个体所处的周边环境也会受到生态系统的影响而得到改善和净化。

但需要注意的是，本书所研究的竞争并非指绝对的对立和恶性斗争，而是在生态文明系统中以和谐共处的方式进行良性竞争。从竞争理论的角度来看，所谓竞争，就是要做好五个方面，即和谐稳定相处、构建反复循环系统、合理利用一切资源、调节个体负面情绪和自我肯定。但必须要明确和谐共处的基本原则，在建设生态文明社会的过程中，全球面临着人口爆发的生存危机和挑战，尤其是在工业化进程不断加快的背景下，城市化进程也在不断加快，城市的生存空间不断被挤压。在城市生态系统中，能量之间是存在一定关联的。简单来说，人与人之间的和谐相处决定了城市生态文明系统能否建设成功。对于中国来说，要做的就是构建生态文明和谐的新城市。对于世界来说，需要解决的问题在于在城市化进程中如何解决人口增长与资源分配不均的问题，如果处理不善，很容易出现恶性竞争、相互剥削的问题。对于全人类和全世界来说，实现和谐共处既是一次发展机遇，也是一次生存挑战。

物质在生态文明中以循环使用的方式体现。在节约型社会中，对资源的需求是越来越大的，而再循环方式就是一种缓解资源需求压力的有效途径，也就是常说的节俭。所谓竞争，本质上就是对资源的争夺和再利用，只有做到对资源的循环利用，才能算是掌握和利用所拥有的资源。竞争与物竞天择、优胜劣汰的自然法则是非常契合的，两者本质都是适者生存。在生态文明的国家，竞争也是一种自我纠偏的方式。在当下，社会经济快速发展，各种投资项目快速落地，许多项目都是重复进行的，其原因在于受到了系统控制论的约束和限制。在各方利益集团相互博弈的过程中，很容易造成资源上的浪费，但又不得不受到政治、经济、文化等因素的影响。从社会整体的角度来看，需要建立一种引导和控制机制去平衡社会竞争问题，对竞争进行适当的调节，才能实现良性的、可持续的社会竞争。

　　此外，生态文明还体现在物质和财富的分配方面，尤其是在市场经济的作用下，学术界提出了一个供给侧管理的概念，其本质就是研究竞争机制下的发展理念。发展的目的在于满足实际需求，而不是过度追求利益分配。从生态文明的角度来看，生态系统能够在一定程度上改变产业结构、消费方式和经济增长模式，也能对社会伦理道德和价值观产生一定的影响。总而言之，在生态文明系统的作用下，所有的社会观念和理论都会随之产生改变，而生态文明系统中亟待解决的问题之一就是如何分配和利用好地球上有限的资源。

二、高校教师专业发展外动力：竞争

　　生态竞争不同于一般的市场和经济类竞争。因为从竞争的自身特点出发，生态竞争是一种对成本资源节约的竞争；而根据竞争主体之间的关系，能看到生态竞争又是一种互利且能够使双方得到实惠的竞争。从高等教育发展的高度来看，生态竞争又是一种互补的竞争。生态竞争是非常关注和重视竞争的成本的，因此，在考虑规划与发展的时候，首先要把成本收益放在重要的位置。从高等教育竞争的整体来看，由于有很多的竞争者，高校以及高校教师在实际工作中获得的利益只是全部利润的一部分，不是全部，所以对于教师来说也要考虑到最大化的发展。比如对于企业竞争来说，企业就认为最大化利润就是自己把所有的竞争对手都给打败并且获取这些对手的竞争份额同时获得利润。企业为了实现这个目标，就可能会不计成本、毫无章法地进行竞争活动，并且尽一切可能与竞争对手互相打击。这样就会出现不良的竞争和恶性的竞争，结果就是失去诚信、失去利润和地位。在高等院校采用生态竞争方式，就是看到了竞争这一个本质的特征，把利益的成本提高到对竞争行为优先考虑的地位。生态竞争要求竞争双方能够实现互惠互利，彼此不是冤家、不是对手，而要互利和谐、共同合作。

　　在高等教育中要实现教师间的生态竞争，就是在教师和其他竞争对手之间找到一个能够双赢和互惠互利的平衡点，让双方形成合作的关系。正如有人所说，对于现在的人来说，目标并不仅仅是在游戏中取胜，而是找到一个大家都能够取得胜利、获得利益的方式。这种互惠互利的方式其实正是生态竞争重视与推崇的。当然，生态竞争还有互补性。企业之间有互补的关系，这样就在无形中使行业在发展空间上不断扩大。竞争者之间互补的关系是把竞争所带来的冲突慢慢弱化，引导双方降低成本，最后能够把收益提高。

进入21世纪，学者们也开始关注将生态竞争的理论引入高等教育事业的研究中。随着我国高等教育事业发展越来越迅速，高等教育的国际化趋势也日益增强。这样，在市场经济的大环境下，高等学校之间的竞争也在不断地强化。因此，为了能够解决高等教育竞争所带来的问题，很多学者都将生态竞争的理论应用到了高等教育发展研究之中。

三、专业发展在竞争动力机制下的运作手段

竞争动力机制指的是在同一事物中，对事物发展与结构变化在不同层级产生推动作用的力量，以及对事物的产生和发展产生一定作用的机理方式。从教师专业发展的角度来看，其动力机制指的是促进三大影响要素之间相互推动、相互作用的机理方式。简单来说，就是在专业发展的过程中，将各种功能、结构和条件融合成一个有机的整体，以影响个体内外环境因素的方式呈现其实际作用。要想进一步促进教师专业发展，就必须以竞争动力机制为媒介，促进教师的内部力量与外部生态环境相结合，从而实现并达到预期的发展目标。

（一）竞争动力机制的基本类型

内生动力机制是教师专业发展机制的基本类型，即影响教师专业发展的各动力要素相互作用下形成的有机体系和结构方式。内生动力机制对教师专业发展产生决定性的作用，影响着教师是否能顺利且有效地进行专业发展。从教师专业发展的角度来看，内生动力机制本质上就是给教师指明专业发展的方向和目标，并在发展过程中实施这一动力机制。而外生动力机制指的是影响外生动力的各结构要素之间形成的有机体系和结构方式，对专业发展的外在因素产生一定的影响，通过理论与实践相结合的方式促进并影响各种外在因素。由此可见，从教师专业发展的理论角度来看，竞争性的创新型动力机制是确保教师顺利实现专业发展的根本动力。

在教师专业发展的过程中，外生动力机制对专业发展外在关系和机制的形成和发展产生了一定的影响。其主要功能在于确保教师能够更好地实现专业发展的目标，为专业发展注入新的源动力，并在发展过程中由内在动力催生出外在动力，两者相互融合、相互促进。在专业发展过程中，存在一种联动机制，能让各种影响因素之间相互作用、相互制约，以确保教师在专业发展的过程中不会偏离预定的轨道，通过良性竞争的方式催生出激励机制，以激励机制辅助动力机制，相互协作、循序渐进，确保教师专业发展顺利实现。在教师专业发展的过程中，这种联动机制起到的是整合和发展各种影响因素的作用，本质上就像是连接不同要素的纽带。其存在的价值和意义在于实现工具理性与价值属性上的辩证统一，为教师专业发展提供源源不断的活力。

(二) 教师专业发展在动力机制下的运作过程及手段

在教师专业发展的过程中，需要凭借一些方式和手段来确保竞争动力机制的良好运行，使其得到进一步的发展与壮大，以此来避免因内生动力不足或过剩导致专业发展受阻。综上所述，教师专业发展的动力机制主要分为五个环节，即开发动力环节、转化动力环节、培育动力环节、分配动力环节、监控反馈动力环节。

1.动力的开发

开发动力环节针对的是专业发展过程中涉及的内在、外在和联动的动力。其本质上就是开发动力源泉，让教师在教师专业发展的过程中根据自己的需求开发新的动力并加以利用。由此可见，教师对内在动力的需求越大，就越容易获得更多促进专业发展的源动力。但这个需求要讲究适度原则，不能过于偏激，要约束在合理的框架内，这样才能确保开发动力的方向是正确的。

2.动力的转化

转化动力的过程其实就是动力以潜在形态存在的过程，在特殊情况下经过转化以后达成现实。教师在专业发展的过程中，受到职业规范的约束和管理，逐渐向正确的方向发展。转化动力的过程存在于教育的主体与客体之间，相当于对一切事物产生认知欲望的过程，通过激发行为动机的方式来达成预期的目标。教育的主体是社会，社会对教育决策采取的行动产生决定性的影响。所以，教师在专业发展的时候，需要结合实践形态，在理论与创新需求之间实现动力的转化，从而为教师专业发展的实践提供新的源动力。

3. 动力的培育

从教师自身发展的角度来看，其专业发展需要获得持续稳定的动力，而动力不仅来自外界的输入，还来自内在的培育。教师要经过长期的坚持和积累培育出内生动力，这样才能确保专业发展持续进行，并达到最终的发展目标。

4. 动力的分配

教师专业发展的动力经过开发、转化和培育以后，只有对其进行合理的分配，才能为教师专业发展提供动力，才能调节和稳定影响教师专业发展的各因素。

5. 动力的监控与反馈

动力的监控与反馈是在开发、转化、培育和分配动力之后进行的，其目的在于对动力机制的执行情况以及对教师专业发展的促进情况进行综合性评估和反馈，以便及时调整竞争动力机制，使其能够确保顺利完成教师专业发展目标。

四、教师专业发展的动力机制特征

教师专业发展的动力机制是按照一定规律运行的，有一定的目的可循。在研究动力大小、方向和目标时，可以从以下三个角度进行，即动力机制的盈亏、正负向、增量和变异。

(一)正负动力的演变规律

在教师专业发展的过程中，所有产生作用的动力并不都是积极正面的促进动力，也不全是推动教师专业向前发展的动力。因此，要根据动力性质，将其分为正向和负向两种动力类型。这两种类型的动力对教师专业发展产生的作用和意义存在明显的差异性。正向的动力能够引导教师积极主动地进行专业发展，而负向动力则会对教师专业发展产生一定的阻碍。由此可见，受动力机制的影响，教师专业发展在正负动力相互作用下按照一定的规定不断向前发展。

教师专业能够不断地向前发展，其实是因为正向动力的推动作用。正向动力与教师专业发展的方向和目的是契合的，所以能够推动教师专业稳定地正向发展，并在实践的过程中不断产生具有实际作用的源动力。总而言之，要想确保教师专业不断地发展，首先要确保教师能够获得积极正向的源动力，并在发展过程中持续获得这种正向动力，否则就会受到其他因素的干扰而停滞不前。从教师专业发展的进程来看，当获得的正向动力大于负向动力时，教师就能顺利地完成专业发展的目标。否则，教师专业发展就会受到外界因素的干扰而停滞不前，甚至会出现"开倒车"的情况。

此外，一种动力想要转化为正向动力，必须满足两个前提条件。首先，要与人和社会的发展规律存在一致性，因为教师专业发展是按照一定客观规律稳定进行的。能够促进教师专业发展的动力类型有很多，但动力之间的性质和作用存在本质性差别。想要转化为正向动力，就必须符合人与社会的一般发展规律。其次，必须符合人与社会最终的发展目的。判断与衡量的关键在于动力是否对人与社会的发展起到一定的积极促进作用。如果与人、与社会的发展需求和方向是一致的，那么就有可能转化为正向动力；如果不能促进人与社会的发展进步，就不可能转化为正向动力。对于教师而言，其专业发展所需的正向动力必须与人和社会的发展规律和发展需求保持一致，这样动力才会产生积极的促进作用，才能确保教师专业持续、健康、稳定地发展。

1. 教师专业发展的正向动力及表现

教师专业发展过程中所需的正向动力，会通过以下几个方面具体体现。首先，体现在对教师专业发展的正向认知方面。简单来说，就是针对教师专业发展的性质、功能和地位进行正确的认知和理解，充分认识到教师专业发展所产生的社会价值和作用。其次，体现在教师专业发展的实践方面。从专业发展的角度来看，各参与主体都要积极主动地参与理论和实践研究活动，将理论与实践紧密地结合在一起。通过认知实践全面、深入地了解理论与感性认知，以此来促进教师专业发展。最后，体现在教师专业发展的理论方面，即对教师专业发展理论进行创新和优化完善。

从生态发展理论和生态竞争排斥理论的角度对教师专业发展的合理实

现进行创新和优化完善，以生态文明思想为指导对教师专业发展理论进行创新和完善。原因在于教师专业发展的内容也要随着时代的发展而优化和完善，以此来体现时代价值观和科学观。基于伦理道德、经济学理论与生态学理论建立的全新的教师专业发展内容，能够充分体现教师在专业发展过程中对理论的创新精神和意识，并根据创新的专业发展内容和指导精神进行实践活动，以此来检验创新理论的可行性和科学性，为教师专业发展提供源源不断的活力。

2.教师专业发展负向动力及其体现

教师在专业发展的过程中肯定会遭遇到各种负向的动力，这些动力与其发展方向是相违背的，会对教师专业发展起到一定的阻碍作用，甚至会扰乱原有的发展方向将其带入歧途。而某种动力能够成为负向动力，通常有两个方面的特点：第一，与社会发展规律完全背离；第二，对社会发展产生了一定的破坏和阻碍作用。导致动力发展成为负向动力的原因主要包括以下三点。

首先是影响教师专业发展认知。如果没有意识到人与社会的发展规律会对教师专业发展产生一定的影响和作用，就不会关注到教师专业发展的情况。比如，在很长一段时间内，许多人对教师专业发展存在的价值和意义没有一个清晰的认知和定位，其原因在于大多数研究将重点放在社会发展的效率方面，更关注经济与技术的发展现状，而不会探究除此之外的发展问题，更看重经济利益，往往忽视了社会责任感和社会发展的共同目标，更加关注物品的外在价值，而忽略了人的内在价值以及实现内在价值的途径。实现内在价值有利于促进教师专业与社会经济的发展，能够为两者提供源源不断的动力。这些理论说起来非常容易，但执行起来会遇到各种阻碍，很容易导致教师专业发展表现出明显的形式主义。

其次是影响教师专业发展实践。不同的教师在专业发展的过程中对发展的内容、方向和方法存在一定的分歧，从客观的角度来讲很容易导致专业发展受阻。受到主观利益的驱使，专业发展很容易走向功利化，在很大程度上对教师专业发展产生不利的负面影响。

最后是影响教师专业发展的呈现。现代社会正在经历转型阶段，人们对现实生活会产生迷茫和疑惑的情绪，而且教师专业发展的方式和方法存在一定的缺陷和不足，导致发展效率低下，很难被社会大众认可和接受。在发展过程中很容易产生信任危机和负面情绪，这又进一步限制了教师专业发展的顺利进行。

换个角度来看，教师在专业发展过程中获得的负向动力也能够体现其存在的缺陷和不足。需要研究的是如何将这些负面的消极因素对专业发展造成的影响降到最低，防止教师专业发展走向教条化、形式化和功利化的错误道路。

在教师专业发展的过程中，要以竞争发展为出发点，要求教师个体之间以相互竞争的方式提高自身的专业知识和技能水平，加强对教师专业发展的认知和理解，从而进一步提高教师的师德境界，让专业发展过程中产生的压力转化为持续的正向动力，为教师专业发展提供源源不断的动力。

(二) 动力盈亏的联动规律

促进教师专业发展的动力具有一定的动态性特征。考虑到教师专业发展动力存在一定的强弱差异，所以动力呈现出盈余和亏损两种状态。比如在某一时间段内，发展动力出现过剩的情况，促进教师专业发展的动力就会呈现出盈余的状态。但在另一时间段，发展动力出现不足的情况，促进教师专业发展的动力就会呈现出亏损的状态。由此可见，发展动力不论是过剩还是不足，都会对教师专业发展产生一定的阻碍。

1.教师专业发展的动力盈余

教师专业发展过程中的动力盈余是基于过剩状态而存在的，具有竞争和发展的唯一性和超越性等特点，是教师专业向极端方向发展的一种体现。

2.教师专业发展的动力亏损

教师专业发展的动力亏损是基于不足状态而存在的。与教师专业发展相关的理论与实践，都会对教师专业发展动力产生一定的抑制和约束作用，比如无用论、过时论以及合法性危机论等，是教师专业发展动力向极端亏损方向发展的一种体现。

3.教师专业发展动力机制作用下动力盈亏的演变

在竞争动力机制的影响下，教师专业发展的动力会在盈余和亏损状态之间来回转换。主要体现在以下几个方面。

第一，从本质上来说，动力的盈亏并非限制教师专业发展的唯一因素，而是在发展过程中产生的不同形态变化，具有促进和阻碍的双重作用。

第二，教师专业发展动力呈现的盈余和亏损两种状态存在一定的辩证性，即当某一方面出现盈余的时候，另一方面势必会出现亏损，两者是相互转换、相互影响的关系。

第三，从教师自身发展的角度来看，专业发展需要对教育与教师个人的发展规律予以足够的重视，并将其与现实社会生活联系在一起进行研究。

第四，在教师专业发展的过程中，发展动力的盈亏预示着存在一定的发展机遇和挑战。这是相对的两种概念，具有一定的促进发展和变革的作用。

第五，从教师专业发展的动力机制来看，当动力表现出充足的状态时，要适当地放缓发展动力的增长速度，使其达到盈亏平衡的状态，这种状态是最利于教师专业发展的。

如果教师专业发展的动力出现过剩的情况，就需要及时建立一些缓冲机制，对过剩的动力及时进行疏导。这样，那些过剩的专业发展动力就会被引导到其他地方，但又不会对教师专业发展的积极性产生打击。当专业发展动力出现不足的情况，可以提高动力增长的速度，采取一些适度的竞争性质的激励机制，激发教师相互竞争、共同发展的活力，进一步促进教师专业发展。

(三) 教师专业发展动力增减的变化规律

教师专业发展本身就具有一定的动态性特征，其发展动力的性质存在一定的差异性。教师专业发展动力主要分为两个方面，一是动力的增量，二是动力的减量。动力的增减量是相对于动力的增加和减少而存在的。

在研究教师专业发展动力问题时，还存在一个"增量动力"的概念，即在一定时间段内，动力呈现的增长和保持的变化规律。增量动力对教师专业的可持续健康发展产生决定性的影响，具有特殊的演变规律。此外，教师专业发展具有一定的科学性特征，即将专业发展当作一个有机整体发展的过程，建立在对教师专业发展有一定的认知和理解之上，是确定教师专业发展思想、理论、方法以及目的的重要参考依据。只有按照一定的发展规律，统筹规划专业发展路线，才能让教师专业发展达到预期的目标。由此可见，教师专业想要持续、科学、健康地发展，必须对时代和社会实践的需求和要求有一定的认识和理解，这样才能正确地领悟到教师专业发展的内在规律，才能根据内在规律的特征设计出创新型的教师专业发展路线和方法，才能确保达到预期的专业发展目标。从哲学的角度来看，不同事物之间是存在一定关联性的，这也是自然规律的一种体现。

假设将教师专业发展当作一个独立存在的系统，那么该系统就要与发展规律相契合。这样，教师专业发展才能成为一个有机的整体，才能以此来探寻教师专业发展的客观规律。教师专业在发展的过程中呈现出一定的规律性，要符合教师自身的身心发展规律。教师专业发展在不同的时期会呈现出不同的水平和层次，相应地，教师专业发展的需求和要求也呈现出一定的差异性。教师专业发展的内容的科学性决定了教学活动的合理性。

在教师专业发展的过程中，发展的主体、内容、过程和方式是否具有科学性和合理性，直接决定其是否具有整体性的特征。此外，还决定了教师专业发展的理论、实现和组织等要素是否科学合理，对教师专业发展过程中的思想、政治和组织制度等方面都会产生不同程度的影响。简单来说，想要让教师专业发展走向科学规范的道路，就必须建立科学完善的发展机制。从教师专业发展的角度来看，发展的规律具有一定的整体性特点，可以从整体的角度出发对专业发展的规律进行良好的掌控，秉持互利共赢、平等民主的原则，为教师专业发展提供动力。教师专业发展应该建立在平等互助的基础之上，教师应能够参与与专业发展相关的政策制定和管理决策，应有资格行使自身自主发展的权利。由此可见，从教师专业的多元化发展角度来看，不仅要满足教师自身发展的需求，还要满足整个教育系统未来的发展需求。

现如今，许多高校非常重视为教师提供专业发展的机会和平台，开展了各种专业培训活动，并取得了一定的成果。国内外的高校经常会举办培训交流和专业知识讲座等活动，但教师对待培训活动会展现出不同的态度。有些教师能够意识到培训活动对自己未来职业发展起到的积极作用，很快就能全身心地投入，在短时间内获得极大的提升。有些教师则对专业培训活动不够重视，采取得过且过的应对方式，参与培训的效果微乎其微。对于教师而言，做好职业和专业发展规划非常重要，能够让自己时刻保持竞争的状态，在提高自身专业素质能力的同时有利于今后持续、健康、稳定的发展。影响教师专业发展的另一因素就是外部环境因素。制定适应当地社会经济和政治文化发展的政策，就能起到一定的积极促进作用。反之，这些外部环境因素就可能会产生负面的消极作用。在促进教师专业发展方面，可以采取以下措施，比如建立考核机制、坚定内心的学术信仰和追求、提供公平公正的职业晋升渠道等，这些都有利于促进教师专业向良性方向发展。教师在教育过程中需要与同事进行互动交流，在相互竞争的同时相互帮助，将竞争压力转换为发展动力。学校应组织教师成立专业发展中心与合作组织，为教师之间的互动交流提供良好的机会和平台。

教师在专业发展过程中受到竞争动力机制的影响，会导致增量发展动力呈现出共时性特点。教师的专业发展不是固定不变的，在内外动力的作用下会逐渐向前发展。研究教师专业发展向科学、民主、虚拟与日常化方向发展的过程就是从量变向质变的转化过程。在研究教师专业发展动力的过程中，逐渐诞生了各种多元化的动力，比如科学的、民主的、现实的、虚拟的动力等。这些动力共同存在于教师专业发展动力之中，或相互独立，或相互依存，在相互作用下共同促进教师专业向正确的方向发展。教师专业发展的多元化增量动力是相互对立、相互包容的存在，共同决定了教师专业发展的程度。教师专业发展过程会受到内在需求和发展动力的共同影响，在不同的发展时期呈现出不同需求的增量动力，所以教师专业发展的增量动力才会具有共时性的发展特征。

第三节　平衡共生：高校教师专业发展的目标诉求

一、高校教师专业发展的外在规约

从高校教师专业发展的角度来看，教师之间要通过相互协商和相互帮助的方式来实现自我价值，在协商和互助的过程中要尊重差异性。在教师专业发展的过程中，教师作为单一的个体在生态平衡上呈现出分化的特点，即不同教师之间的专业素质和职业素养呈现出明显的差异性。教师专业发展的分化特点主要体现在专业素质的差异性方面，定位不同，产生的作用和影响也是不一样的。要在发展过程中表现出自身独特的生态发展定位。要以平衡发展的方式研究专业发展过程中的生态规律和意义，从而确定适合对教师专业发展现状进行评价的有效方式。要制订多样化和多元化的评价指标体系，在充分尊重教师人格尊严的前提下，采取有效措施鼓励教师积极主动地参与专业发展，并制定多元化的评价指标体系，帮助教师对专业发展情况进行反思评价，从而制订出科学合理的专业发展目标，为教师营造和谐共处、互利互助的发展氛围和环境。

可以以社会为视角探索评价教师专业发展的方法和方向。对于社评机构而言，其主要作用在于帮助学校全面有效地开展评价活动，从整体的角度对教师的言行举止和教育水平、质量进行综合评估。在教师管理方面，要围绕教师专业发展建立与之相匹配的管理制度。社会机构的评价主要是向政府机构反馈对教师的评价结果，帮助决策者完成政策的制定和调整，所以要从整体的角度对学校进行综合评估。

在教师专业发展现状评价方面，学校历来关注的是教师专业发展是否与学校的发展战略规划保持高度一致，其目的在于妥善处理高校在教学过程中遇到的各种难题，合理优化配置校内外的教育资源，帮助教师做到知行合一，从而建立教师专业发展生态管理体系。以针对教师开展的培训活动为例，教师应该享有充分的自主决定权，在学校发展战略规划的指导下，结合学校的实际情况，自主地选择接受哪些来自校外的教育培训资源。教师之间应相互协商合作，尽可能地符合教师与学校共同的发展需求，促进教师与学校的共同进步和发展，将教育实践与个人职业发展有机地结合在一起。高校要为教师营造良好的专业发展环境和氛围，以提高教师专业能力和职业素养为目标，为教师提供多元化的专业发展培训资源，构建和谐稳定的教师专业发展生态平衡系统。

学校可以以构建校园生态圈为出发点分析研究教师专业发展，制定有利于促进教师结对进行专业发展的培训模式。在实际培训过程中，要重视培训内容的实效性，进一步优化完善校内培训的内生动力，为教师营造具有自身特色的培训氛围和环境，帮助教师以正确的方式实现自我价值。教师的文化素养主要体现在教师群体是否具有共同的教育理念和价值观念，即教师是否具备专业的职业精神和素养，这对于营造良好、融洽的培训氛围是非常关键的。此外，文化建设与专业发展之间是存在必然联系的，形成教师文化的过程等同于教师以团队合作交流的方式进行专业发展的过程。由此可见，在推动教师专业发展方面，教师文化发挥着不可替代的作用，有利于坚定教师的职业信念和信仰，有利于增强教师对教师职业的认同感和归属感，有利于教师维护与同事之间的和谐友好关系。从学校的角度来看，要重视并加强对教师心理健康的教育辅导工作，为教师和学生营造轻松愉悦的教学环境，给教师专业发展提供更多的机会和平台，以此来促进教师专业的健康稳定发展。

二、高校教师专业发展目标诉求的价值取向

（一）外延价值：教师作为"社会人"的价值体现

教师专业发展的程度是由教师表现的社会属性决定的，即以社会大众的眼光看待和审视教师专业发展，以此来体现教师专业发展的价值和功能。社会在通过教育事业获取利益的过程中一般不会关注教师自身的价值诉求，相当于变相地否定了教师合理的价值需求。教师作为一种人力资本，其价值的大小体现在人际交往能力、职业能力和终身学习能力等方面。而教师的人力资本价值受到多方面因素的影响，教师本身就是资本的开发者和利用者，其服务的对象是资本的接受者。教师在专业发展的过程中应该积极探索实现自身人力资本的有效途径。

此外，对于教师来说，人力资本对其专业发展会产生一定的反作用和负面影响。由此可见，在识别和筛选人力资本的过程中，教师的文化程度与薪资福利待遇之间呈现出正向关联性。从教师自身发展的角度来看，教师为了生存和发展，对功名利禄的追求是合理的，所以他们对自身的学历、专业进修程度、个人财富以及竞争荣誉是非常看重的。这就导致出现教师忽略实现基本社会价值的情况。对此，站在劳动力市场的角度来看，市场会根据劳动力个人素质和能力的强弱给予不同的薪资福利待遇。教师在人力资源市场的地位和价值是由其自身专业能力和职业素养决定的，而且教师社会地位和价值的高低对其专业晋升会产生最直接的影响。

从社会角度来看，要想更好地促进教师专业发展，教师首先要搞清楚

自己的社会价值，即教师要在专业发展中找到自己的社会价值定位。从教师职业发展的角度来看，需要通过职业来体现教师的社会价值和功能。以教师社会价值发展理念为出发点，在研究教师专业发展的过程中要秉持客观、公平、公正的原则，让教师在社会中找准自己的角色定位。从社会发展的角度来看，教师要正确地接受来自社会的批判和质疑。虽然教师有正当的理由追求物质和利益，但社会将教师追求物质和利益的行为视为没有师德和教育理念的行为。然而，教师本身具有追求正当合法物质利益的权利，社会不能直接剥夺教师追求美好生活的权利。教师作为社会公众的一分子，其追求自身发展的诉求合情合理，能够帮助教师在专业发展过程中快速找到自己在社会中的角色定位，从而赢得社会大众对教师职业的认可和尊重。教师也能享受到公平公正的待遇，有利于实现教师的自我价值和社会价值。此外，对于教师而言，要通过自身的专业行为阐述自己坚持的理想价值观，并赢得大家的接受和认可。教师本身就是一种特殊的职业，其社会地位相对而言是比较高的。这说明教师只要具备高尚的思想道德情操和职业精神素养，就能赢得社会的尊重和认可。

此外，在教师专业发展的过程中，教师对社会化和个体化价值的追求是合理的，但在内外环境中会产生价值碰撞，导致教师对其在社会中承担的生态价值产生怀疑，对社会与个体之间的价值产生一定程度的影响。教师在专业发展的过程中，在面临信任危机挑战的情况下，要想实现自己的价值，就需要通过一系列措施对有效的信息和机会进行整理和把握，从而探索出提升专业水平和认知能力的方法与途径。要秉持坚持发展的基本原则，尝试各种不同的专业发展经历，在经历中改变自己传统的思维认知，从而让自己具备调度和协调使用各种教育资源的能力。要明确自身在社会化发展过程中的目标，并根据学科专业的逻辑价值制订中长期发展目标，以发展目标为引导，确保教师专业发展达到预期的效果。

从教师自身发展的角度来看，教师需要不断积累沉淀自身的教学经历，不断提高自己的教育水平和质量，在外界环境因素的帮助下坚定自己对教师职业的信念。此外，还要确保自身的专业情感能力与外部环境的变化保持高度统一，防止出现专业知识泛化的情况。教师自身对社会的要求要给出适当的反应，这是对社会规范进行积极回应的体现。这样，教师更容易找到自己在社会中的定位，在专业发展过程中与他人保持良好的人际交往关系，以便实现自身的社会价值。教师之间要相互协商、相互帮助，虚心听取他人的意见和建议，认真审视他人的批评指正，这样在专业发展的过程中才能更好地处理好与同事、学生和领导的关系。

教师在专业发展过程中获得的动力来自实现自我价值的需求，所以教师不能将自己的职业当作谋取私利的工具。要具备良好的职业操守和道德素养，要秉持客观公正、诚实守信的基本原则，以相互尊重、相互包容的指导思想实现自身的社会价值。否则，自己就会被其他社会个体孤立，自己在社会群体中的个人价值就会被削弱甚至被剥夺。

(二) 内生价值：以自我需要满足、完善生命内涵

从教师个人发展的角度来看，教师需要实现自我价值的渠道。实现自我价值的需求分为两种类型，一种是社会需要，另一种是自我需要。社会需要指的是个人应该对社会做出贡献和应该承担教育责任，教师通过这两种方式创造和实现自我价值。而自我需要指的是教师应该受到来自社会的认可和尊重，在社会中扮演的角色和地位要受到认同。对于教师而言，奉献和满足都是需要的范畴，两者之间是相互独立、相互依存的关系，缺一不可。教师在专业发展的过程中，先要完成自己的本职工作，然后再根据自身发展需求，通过各种途径承担职责和做出应有的贡献。教师本身也具有实现自我价值需要的权利。因此，在教师专业发展过程中，要重视教师的生命价值，强调教师的发展主体地位，将教师视为一个独立的职业人。

根据马斯洛需要层次理论，可以将人类的需要分为五种类型，即生理的需要、安全的需要、尊重的需要、实现自我价值的需要，以及爱与被爱的需要。对于教师而言，最基本的需要是自身专业发展和潜在能力的需要。以上几种需要层次之间是相互独立、相互依存的关系，教师对于这五种需要都有不同程度的诉求。从教师的角度来看，其自身的需要应该得到满足。教师应具备批判的思维和眼界看待和审视整个世界，在自我反思和批判中不断成长、成就更好的自己。但教师想要满足自身的需求，需要外力的帮助，比如对真善美和美好生活的向往，都是满足自身需求的有效途径。最后，教师在专业发展的过程中要不断地优化、完善专业素质和结构，提高师德境界，这

样才能更好地达到预期的专业发展目标。

从不同层次来看待教师专业发展的过程，本质上就是教师通过科学研究的方式不断提高自身专业素质和能力，并在这一过程中对自身的思维模式进行重构。简单来说，教师对需要的诉求是推动其专业发展的动力源泉，也是教师实现人格价值的动力。教师要想实现自我成就和人格价值，就必须通过有效的方式实现自我提升和进步，这些都需要内在动力的支持。因此，要对教师专业发展的价值特征进行评价。对教师而言，其生命价值能否实现决定了其是否能够获得专业发展的内在动力，从而形成专业发展的内外合力。目前，大多数教师比较重视自身的社会价值，对自我价值重视不够。因此，在教育改革的过程中，要重视提高教师专业发展的生命力和竞争力，帮助教师实现价值，扫清专业发展障碍，进而达到预期的发展目标。

教师自身的生命价值取向应该得到认可和尊重，主要体现在以下几个方面。首先，教师作为生命个体，本身需要得到尊重。在教师专业发展的过程中，高校和社会要尽可能地为教师营造和谐稳定的环境。教师专业发展不能成为学校获取利益的工具，否则时间一久，教师坚定的教育信念就会产生动摇，就会对专业发展的目标和方向产生怀疑，逐渐失去专业发展的内在动力。此外，还要重视教师与他人的人际交往关系，即"你、我、他"三者之间的关系。而"我"与"他"之间更多的是追求利益的关系，存在一定的主次之分，是主体对客观事物的利用过程。而"我"与"你"之间的关系是以自身发展需求为目标，尝试寻找内在发展动力与合作交流的对象，以便更好地实现主体的价值目标。由此可见，只有处理好三者之间的关系，教师的生命价值才能得到应有的尊重，才能公平公正地展开对话交流，才能提高自身的人格价值，才能全身心地投入专业发展。其次，教师在专业发展的过程中要不断优化、完善自身的生命内涵。从发展的角度来看，教师作为独立的生命个体，其自身的发展需要应该得到满足和尊重，这样才能激励教师优化、完善生命内涵，成就更好的自己，实现自我价值。此外，在专业发展的过程中，要对教师个性化的发展需求予以足够的重视，帮助教师成就更好的自己。

教师在成长和发展的过程中总会经历不同的事件，而个人的生命价值和内涵就体现在这些人生经历之中。对于教师来说，要具备独立自主发展的思维意识，要重视发掘自身的发展潜力。教师之间的专业发展呈现出不同的特征，具备的发展优势和潜力存在明显的差异性，这会对其未来的专业发展目标和方向产生决定性的影响。教师专业发展所具备的基础条件是不一样的，所以会在专业发展的过程中呈现出不一样的发展态势和发展速度。总而言之，促进教师专业发展的关键在于帮助教师弄清楚自己的优势和发展潜力，以此来确定专业发展方向和目标。所以，教师专业发展的过程其实也是发掘和展示自己优势和潜力的过程。

尽管教师专业发展会受到来自外界环境因素的影响，但在一些特殊的情况下，教师的生命价值在很大程度上会受到主观意志的影响。尤其在多元化的社会中，教师个人的专业发展在一定程度上会受到自身发展能力的作用和影响。从个人的角度来看，教师只有具备独立的人格，才能掌控自己的命运，实现自我生命价值。教师在专业发展活动中，要坚持发展的理念，充分发挥自身的专业素质和能力。教师本身是希望在相对宽松愉悦的环境中自由地成长和发展的，如此才有机会追求和享受美好的生活，才能实现和创造更多的生命价值。要想实现生命价值，必须具备自我发展的权利，还要具备自我超越的意识。在实践的过程中，实现自我超越的要求是很难达到的，需要对超越自我的意识和感受有清晰的认知和理解，并对超越过程进行反思和评价。这样才能及时发现自身存在的缺陷不足，做好查漏补缺工作，让自己在专业发展中时刻保持理想的状态。因此，从教师专业发展的角度来看，只有真正融入社会环境，秉持共生共存超越自我生命价值的意识和理念，才能满足教师内在价值需要，进一步升华教师的师德境界，构建科学完善的教师价值体系。

教师自我超越主要体现在两个方面：一方面，完美的个体是根本不存在的，当大家都追求完美的时候，就需要以自我超越的方式来提高自身的知识和能力，将自己塑造成完美的形象，并朝着坚定的发展方向和目标不断地前进。对于教师而言，必须要承认完美的个体是根本不存在的，有这种心态才能稳定发展的路线。另一方面，从个人发展的角度来看，教师具备超越自我的精神和意识是为了不让自己安于现状，要敢于挑战自我并超越自我。众所周知，人天生具有懒惰的意识。对于教师而言，想要具备超越自我的毅力和创造力，就必须克服懒惰的心理，保持积极向上的心态，并坚持不断地奋斗和努力。想要实现超越自我不是一件容易的事，需要付出大量的时间精力。

教师的专业发展过程本质上就是成就更完美的自己、不断超越自己的过程。

从教师个人发展的角度来看，不论是内心的发展需要，还是受到外界因素的影响，教师本身都必须注重培养和提高创造能力和生命价值。关注自我生命价值就相当于关注自己是否具有创造能力。从某种程度上来说，人之所以能够成为独特的生命个体，是因为人类有意识去探寻生命的价值和意义，有意识去探索生命的本质。可以说，教师探寻生命意义的过程就是教师超越自我生命价值的过程，因为教师在寻找生命价值意义的过程中，会不断地强化自己的专业能力和职业素养，这样才能具备探寻生命价值意义的能力。不同教师表现自我生命价值意义的方式是不一样的，有些人追求功名利禄，有些人为了教化世人，有些人为了国家和民族的振兴，有些人为了让自己和家人过上好日子。因此，对于教师而言，想要更好地进行专业发展，就要思考专业发展的目的是什么，并不断地问自己能否不忘初心、牢记使命。这些都需要教师站在生命的高度去思考和审视。由此可见，一切有利于教师专业发展的培训活动，都是有价值有意义的。教师所需要面对的难题在于，在追求和超越更好自我的过程中，如何掌握探寻生命价值意义的有效方法。教师应该具备积极主动思考和探索生命价值意义的意识和精神。

教师要以专业发展的需求为出发点，以实现个人内在价值为最终的发展目标，保持个人内在价值和社会价值的一致性。在发展的过程中，要对自己的职业定位和特征有深刻的认知和了解，要对生命价值内涵有自己的感悟和体会，这样才能更好地追求教师的生命价值。在追求生命价值的过程中，想要达到理想的效果，就必须做好选择。教师在不同的发展阶段都要保持批判的思维和眼光，不断地深刻反思和评价自己，时刻保持警惕心和警觉性，充分发挥自己的主观能动性。只有这样，才能在专业发展的道路上大放异彩。

三、高校教师专业发展目标诉求的实现方式

教师以专业发展为基本诉求，而时代和环境因素会对发展过程造成不同程度的影响。从教师的角度来看，对其生存和发展造成影响的主要因素就是教育的价值规范。教师作为一种特殊的公益性职业，本身就是一种尺度。教师是知识的传递者，其知识技能的专业程度决定了学生的吸收和理解程度，其言行举止对学生的三观有着非常直接的影响和作用。从某种程度上

来说，学生的个人发展在很大程度上会受到教师综合素质能力的影响。需要明确的是，教育的主体对象是学生，教师在开展教育活动的过程中要不断地反思，不仅要关注学生对知识的掌握情况，还要关注学生身心健康的发展情况。由此可见，学生、教师、社会，三者的价值维度之间是相互独立、相互依存的关系，存在相互传递价值、相互促进发展的情况。因此，在教师专业发展的过程中，高校需要做好以下几个方面的工作。

（一）以融入为目标为教师营造价值生态圈

高校主要的功能和价值在于为社会经济的发展提供高质量人才。高校与教师之间是共生共存的关系，教师实现自我价值有利于促进高校健康稳定地发展。学校一般会结合当地社会经济发展的需求和产业结构的升级需求，开设针对性的特色学科专业，以产教融合的方式进行创新与合作。一些职业院校会与行业企业进行深度的合作，比如与行业企业联合创设课程模块。高校学生在完成规定的必修课程和公共课程以后，可以按照个人的意愿和兴趣爱好，根据学校开设的专门课程选择自己喜欢的课程。学校可以通过项目管理的方式开展教学活动，通过校企合作的方式为学生提供实习培训的机会和平台，不断提高学生的实践能力。高校可以根据当地区域产业结构优化升级的发展需求开设专业课程，从而帮助当地行业企业形成产业集群效应。在开设专业课程以后，要积极主动地与当地的产业链企业寻求合作的机会，让学生在学习期间就能去相关企业实习培训。这样，学生能力就能得到系统性的提升，就能发展成为高素质的复合型应用型人才，在完成实习培训以后就能与企业签订劳务合同，实现就业。

对于高校而言，要时刻关注当地社会经济的发展趋势。可以定期邀请企业的专业人员来学校举行专题讲座，通过校企合作的方式共同组建优质的师资团队，与企业的技术人员共同开发专业课程，与企业合作建设毕业生实习培训基地，给毕业生提供更多的实训机会和平台，以产教融合、校企合作的方式促进高校教育机制的创新与改革。应安排专业人员负责处理在建设专业课程和专业发展的过程中遇到的问题，并要求其及时将问题上报给校企联合委员会，征求委员会的指导意见。委员会的成员可以根据应用性技术、产品的开发与科研成果的转化和推广进行分析研究。需要注意的是，高校要根据当地特色产业的发展需求，结合企业技术研发和专业建设的需要来制订针对性的专业建设发展策略，以此来构建集学科与专业建设于一体的教育体系。针对专业建设，要创设对应的评估机制，根据专业建设的发展情况进行评估和检测。高校与行业企业专家共同组建教学指导委员会，由系主任和教师成立就业指导委员会，围绕就业、招生和人才培养问题进行专业的评估，制定专业预警机制，及时调整专业建设与发展的政策路线，建立教学档案，对整个教学过程的细节进行监控和调节。

（二）以共荣为目的促进教师和谐发展

教师专业生态发展的核心目标在于提高教师的专业知识水平和学术道德境界，通过构建和谐稳定的生态发展系统来培养教师的师德素质和修养，以此来构建集教师、文化、制度和生态环境于一体的，具有一定专业性的有机生态发展系统，并按照一定的运行和成长规律促进教师专业发展。首先，高校要为教师提供更多参与培训实践活动的机会和平台，制订教师专业能力提升计划。从国内外知名的企业邀请专家在学校兼任教授，定期组织教师到合作企业参加专业实习培训。教师在实习期间要完成相关行业资格证书考试任务，通过实践的方式提高创新意识和能力，发展成为双师型教育人才。其次，教师要对未来的职业发展有清晰的规划，要明确未来职业发展的目标是什么，然后对自己专业发展的能力和状态进行综合评估，接受与教学工作相关的心理辅导和帮助，提高心理素质水平。高校不仅要建立文献信息资源库，还要为教师开发与各行业企业相关的、不同类型的特色教学资源库，将学校与企业的教育资源有效地整合在一起，这样才能更好地实施课内与课外统一的教学。现如今，高校开设的专业学科基本上都会与几个行业存在一定的关联性，会与许多行业内的相关企业保持人才合作关系。一所高校拥有多少学科专业，就会与多少行业企业存在密切的关联性。合作的企业数量和类型非常多，这有利于开发、整合和利用高校与企业的教育资源。最后，要以培养三能型教师为目标。教师在执教的过程中，仅成为双师型教师是不能满足专业发展需要的，必须成为三能型教师，既能传授理论知识，又能指导实践培训活动，还可以与相关企业合作开发新的技术和教育资源。大多数高校想要实现最初办学的目标，就必须打造一支优秀的三能型师资队伍，这也是高校未来发展建设的重中之重。对于高校来说，一方面可以与企业保持合作关系，让任教教师去企业挂职实习，在实习过程中了解企业需要什么样的人才，进一步提高自己的实践能力，然后组织学校教师和企业技术人员联合组建一支综合性教育队伍，大力开展学术研究工作，并将研究成果应用在教育实践中；另一方面，要建立监督管理机制，引导教师达到三能型教师的标准，以提高教师薪资福利待遇的方式给予教师经济和心理上的激励，将这种激励转化为内生发展动力，进一步激发教师参与实践培训进修的积极性和兴趣。

（三）以顶层设计为引导促进教师的共赢

教师专业发展管理制度能够协调和约束教师与学生在开展教学活动时的行为关系，确保教学活动按照预定的目标方向顺利地进行，以培养高质量人才为最终目标。教师管理制度之间存在一定的关联性，在相互作用和影响下形成了统一的管理制度体系，为构建培养人才的生态管理制度奠定良好的基础。高校要以顶层设计为出发点，构建产教融合的管理制度。要根据顶层设计的逻辑，以产教融合为目标，完成高校的转型，即校企合作的教学模式，建立集教学、科研、人事与管理服务于一体的教师生态管理制度，构建契合办校目标的现代化治理体系，进一步促进学校转型。在教育系统中，学校制定的相关政策和制度会对教学管理制度的执行产生一定的影响，甚至会约束和限制教育改革的实施。学校构建的生态管理系统要与社会环境相融合，但学校也要接受社会制度的约束和管理，不能越位和缺位，否则会对高质量人才培养产生严重的负面影响。构建校园生态管理制度时，需要对其结构进行协调和完善，才能发挥其应有的功能。而且，内外制度必须保持高度一致。高校要实施产教融合的教学模式，以培养高素质技术人才为目的，为行业企业的技术创新和优化升级提供高质量人才。双师型教师的专业发展需求应该与企业的实际需求相契合，建立健全社会服务保障机制；企业要为毕业生提供更多的就业和创业机会，使其成长为高素质复合型应用人才，为区域社会经济的发展做出更大的贡献。

第四节　高校教师专业发展评价"三三四"模型

所谓高校教师专业发展评价，指的是针对教师在专业发展过程中对社会、高校与企业等环境因素的适应和协调能力进行综合评估，判断其在环境因素影响下的自我生存能力、对社会经济发展的贡献能力以及对学生的影响和教育能力，在构建高校管理系统对搞清楚教师专业生态发展的定位和作用。所以，笔者认为高校教师专业发展生态评价应该是教师秉持着可持续发展的原则，在严格遵守竞争、开放、共享、创新与协调等原则的基础上，积极地参与各种评价行为活动，以评价的方式来衡量高校构建的生态管理系统是否和谐稳定，是否会受到外界环境因素的干扰和影响。此外，在教师专业发展的过程中，要将生态思想理念贯彻到教学、科研、育人和学术研究的活动之中，以生态理念为基础大胆地尝试创新和完善评价高校管理制度的模式和方法。综上所述，目前高校教师专业发展亟待解决的问题之一就是建立科学完善的评价体系。

针对高校教师专业发展现状进行综合评价，可以从以下几个方面入手。首先是以静态角度为出发点，从社会、高校和教师三个层次建立三种评价模型，即宏观、中观和微观态势评价模型。其次是以动态角度为出发点，尝试构建"三元评价模型"。"三元"指的是系统内在机理的联系、竞争发展动力机制以及平衡共生的目标需求。最后是以空间转换的角度为出发点，在平衡计分卡方法的基础上构建四维评价模型。这里的四维分别指的是学生、学校、社会三者之间的客户维度，教学与科研之间的业绩维度，教师岗位技能维度和创新学习成长维度。

一、以社会、高校和教师为评价方的静态模型

(一) 从社会视角的宏观角度评价

以社会视角为出发点看待和审视教师专业发展问题，从整体和宏观的角度对其进行分析评价。高校应该与第三方评价机构合作，这样就能保持客观公正的态度对教师进行正确的评价，但也要重视对教师进行整体性的评价。

因此，从教师专业发展的角度来看，其评价的内容就是教师的执教水平和质量，这也是学校对教师专业发展进行管理的重要参考依据。此外，邀请社会评价机构以客观公正的原则为政府决策提供合理化的建议，对于制定和完善相关政策都是极为有利的。从本质上来看，政府才是社会评价体系的实际领导者。从政府的角度来看，第三方评价机构的资质和技术水平是需要进行严格审核的，这样才能确保评价结果是客观公正的。这些社会评价机构的资质和权限需要每年进行一次审核，只有审核通过的才能继续承接评价项目，审核不通过就会被取消评价权限。政策与法规都是规范社会秩序的有力工具，学校也需要遵守和执行这些政策法规。教师能否通过最终的考核评价，取决于教师能否与同事、学校和政府之间建立良好的互动合作关系。所以，要以辩证的思维来看待社会与学校对教师的评价结果。

(二) 从高校视角的中观角度评价

以高校视角为出发点对教师专业发展进行评价，就是高校管理者根据预先设计的顶层思维逻辑来分析研究教师专业生态发展现状。阻碍和限制教师专业发展的因素之一就是校园管理制度，如果能够妥善地利用管理制度，就能使其变成促进教师专业发展的正向动力，否则就会变成阻碍教师专业发展的负向动力。所以，中观评价可以从三个层次进行。首先，以人为本，对教师的执教水平和质量进行评价，目的在于帮助教师更好地进行专业发展，而不是将教师当作教育的工具。不能以物质激励和惩罚的机制敦促教师专业发展，要对教师个人的意愿和选择予以足够的尊重，以实现教师自我价值为目标。要根据不同学科专业的特点和发展现状设定合理的评价模型，不能以单一的评价体系对不同学科专业的教师进行整体性的评价。要考虑教师、学科专业与学校之间的差异性，并根据学科特点为教师制订不同的专业发展计划。其次，在确定评价模型指标的时候，要将量化与质化的评价指标结合在一起，针对科研成果进行量化考核评价打分，比如研究课题和论文等，要重视实现科研成果的实践意义和价值。最后，从多个维度进行综合评价，邀请教师、学生、领导和社会参与教师专业发展的评价活动，为其提供更多的支持和保障。这样才能确保评价的结果是客观公正的，才能帮助教师认识到专业发展过程中存在的缺陷和不足。

(三) 从教师个人视角的微观角度评价

对于个人而言，想要不断地成长与进步，就要时刻保持反思和自我评价的好习惯。只有超越现在的自己才能成就更好的未来，才能实现自我价值。从教师的角度来看，必须确定清晰的职业发展规划和目的，并朝着这个方向前进。在开始评价之前，首先要分析研究发展目标，然后对目标实现的情况进行反思和评价。这种评价往往是教师自己进行纵向对比，就是对比原来和现在的自己，或者是对以前和现在的教学实践行为进行对比评价。由此可见，自主评价就是教师本人对自己制订的发展目标进行归纳总结。从教师的角度来看，考虑到各自制订的发展目标和发展速度存在一定的差异，所以要结合自身实际情况找到解决问题的方法，这样才能缓解自己在发展过程中的精神压力和负担。

综上所述，在构建教师专业发展静态评价模型的过程中，需要从社会、高校和教师三个角度进行分析设计，这样才能发掘影响教师专业发展的各种因素，构建有利于教师专业发展的评价模型。此外，高校构建的生态管理系统要以提高教师专业发展能力为出发点，对发展过程进行多层次、多维度的分析评价。

二、以三个维度为指标的动态评价模型

世间万物都不可能是一成不变的，都会因受到外界环境因素的影响和干扰而产生一定的变化。因此，一切事物发展变化的过程其实就等同于整个世界发展变化的过程。在构建高校教师专业发展评价模型时，要坚持事物变化发展的基本理念，分别建立动态和静态评价模型，从而分析研究影响教师专业发展的显性和隐性因素，以此进行综合、立体的动态评估。

(一) 以系统联系维度的隐性来评价

系统联系维度指的是将教师专业发展的不同生态因子视为一个有机体，从而产生群体效应，整个生态系统具有一定的开放性特点，系统在运行过程中会自动地与外界环境进行物质和能量的循环交换，在这一过程中逐渐形成自身特殊的特征和属性。美国学者麦茜特（Merchant）在研究中认为，在生

态系统中，不同生物与自然环境之间是相互作用、相互影响的关系，两者之间存在紧密的关联性，这样才能确保生态系统的完整性。生态系统中存在的单一个体与环境因素也保持着紧密的联系，而且这种联系还具有一定的动态特点。总而言之，生态系统的基础特征之一就是不同类型的生物组织之间并非对立存在的，而是相互依存、相互影响的关系，但影响存在一个临界点。从生态的角度来看，教师专业发展同样符合这一原理，在研究过程中可以参考和借鉴生态系统的相关理论。

(二) 以竞争发展维度的显性来评价

在构建教育生态系统的过程中融入生态系统的概念，教育系统中个体与环境之间进行相互竞争，从而形成具有一定竞争性的教育生态圈。以生态发展为出发点，教师在专业发展的过程中需要与同事相互合作交流和相互竞争，只有形成良性竞争的关系才能确保教育生态系统的可持续发展。生态学观点认为，教师专业可持续发展要对教师的发展特点、能力和可持续性进行分析研究，从而确立良性可持续的生态专业发展模式，确保教师与学生、同事、学校之间保持良好的沟通和联系，教师之间建立信任，彼此互帮互助，共同发展进步。由此可见，对于教师而言，就是要保持与学生、同事的关系，并意识到相互帮助、共同进步的重要性，通过各种合作交流的方式对自身的专业发展进行反思和评价。在整个教育生态系统中，竞争存在于个体的生存和发展过程中，只有实现共存共生才能促进彼此的共同发展与进步。

(三) 以平衡共生维度的半隐性来评价

所谓教师专业发展生态平衡，指的是以共存共生为出发点，平衡教师在专业发展过程中与各方面之间的关系。以生态学为出发点，要求教师在专业发展过程中的行为必须受到整体性、发展性和生成性等特征的约束和限制。教师专业发展行为的平衡性表现主体是教师本人，即教师要制订明确的综合全面发展的目标和路线，其行为要受到思想伦理道德的约束和限制。此外，还要从教师团队的整体进行平衡，即培养和提高教师团队相互合作、相互帮助的精神和意识，这样才能妥善处理好教育资源的分配问题，才能消除教师之间的不公平现象。所谓共生，其实指的是共存、共为和共荣三者的结合体，即教师在思想理念上达成高度的统一，在实践过程中以开放包容的态度接受和尊重一切不同的理念和意见。而共为同样是一种过程的体现。教师和管理者将自己当作教育生态管理系统的一分子，秉持着和谐发展的理念，从整体的角度看各要素之间的影响和作用，协调各影响因素，确保教育生态管理系统良好、健康地运行。

三、以平衡记分卡为工具的四维评价模型

教师专业发展的生态平衡指的是对教师与周围生态环境、政策制度和生态圈之间的关系进行分析研究，是确保教师能够顺利进行专业发展成长的有效手段，其目的在于帮助教师实现专业化、职业化和专家化，使其成长为一个综合素质能力极强的教师。所以，我们以生态平衡理论为依据，基于平衡计分卡法模型从四个维度构建评价教师专业发展的模型。这四个维度分别是客户、教师岗位技能、教师业绩和创新学习成长。

(一) 以生态平衡为评价标准的必要性

所谓生态平衡，从人类生存利益的角度来看，指的是人与自然、社会和生态环境保持的和谐共处的共存关系。此外，构成自然环境的各要素之间要确保不会受到外界条件的干扰和影响，这样各生态因子才能保持相互协调适应的关系，才能在动态变化中保持高度的一致性。对于教育领域来说，生态系统指的是平衡与协调影响教育管理系统的各个要素，使其保持高度一致，确保管理系统的功能能够平稳有序地实现。在社会文化管理系统中，教育系统占据着非常重要的地位，对社会文化的保存、传承和创新产生非常深远的影响。社会会给教育系统提供资金上的支持，而教育系统则为社会培养所需的高素质专业型人才。所以，教育系统本身会受到外界社会环境因素的影响，必须与其保持生态平衡。

基于生态平衡理论分析研究教师专业发展现状是合理的，原因在于教师所处的教育生态系统受到内外环境因素的影响，教师对社会、文化和组织环境产生一定的心理依赖，同时也会受到一定的约束和限制。与自然界生物成长的特性一样，教师在发展过程中会呈现出不同的生命周期，即经历成长、繁荣和衰退的生命周期。要想保持持续成长发展的趋势，教师就必须要

处理好自己与所处的生态、社会、文化与政策环境之间的关系，制订出适合自身发展的目标，并不断前进。所以在笔者看来，在生态平衡理论的基础上进行专业发展研究，其本质就是帮助教师制订出适合自身成长和发展的策略和方法，找到一条适合自己的发展道路和成长标准，使其走向专业化和专家化的专业发展道路，更好地实现教师专业发展预定的目标。此外，基于生态平衡理论，还要对教育系统的和谐与稳定性进行持续的维护，不断地改善教师在专业发展过程中所处的生态、政策、文化、制度和社会环境，为教师专业发展创造有利的环境与条件。

(二) 平衡计分卡与教师专业发展生态平衡模型的构建

企业管理中经常会用到平衡计分卡方法。通常会从四个角度入手，即财务运算、客户考察、内部运营和内部学习成长，根据整体的发展战略规划和目的来设计考核评价的指标，属于绩效管理的范畴。企业可以基于平衡计分卡来构建绩效管理系统，确保制订的发展战略规划和目标能够顺利执行。由此可见，从企业发展战略的角度来看，平衡计分卡的作用在于确保企业发展战略能够贯彻落实、执行到位。

1.平衡计分卡对于高校教师专业发展的实践意义

对于高校教师专业发展来说，其目的是做到内在与外在目标的高度统一，即要关注影响教师专业发展的内外因素产生的影响和作用。教师专业发展包括三个方面的内容，即制度导向、个人成长、团队协作，三者之间相互联系、作用和影响。其中，外在因素指的是教师对专业知识发展的认知程度，内在因素指的是教师本人的职业素养和思想道德素质，目标在于帮助教师提高专业素质修养，更好地实现自我价值，达到专业发展的预定目标。在培养和管理教师方面，可以基于平衡计分卡来构建教师专业发展生态平衡模型。其实践价值和意义主要体现在以下几点。

首先是平衡理念，即要符合教师专业生态平衡发展的要求。考虑到平衡计分卡是从不同的维度综合对考核对象进行评估，评估的结果存在一定的差异性，所以不能以组织的财务收支来作为唯一的评估标准，而是要以组织的可持续发展和创新创造能力为评价指标。要明确组织发展的最终目标，制定规范的管理制度，对组织中个体与整体的行为进行约束和管理，以组织评价标准为参考依据，对员工的发展和参与度进行综合评价。对于教师专业发展生态平衡来说，就是帮助教师处理好与生态环境、管理制度之间的关系，使彼此达到相互平衡协调的状态，既要符合教师长远的职业发展规划，也要对其专业发展现状进行客观公正的评价。这样才能提高教师的专业素质和能力，有效地改善教师与学校、政策和制度之间的关系，达成目标的高度统一。

其次是核心指标，即制订教师专业生态平衡发展的最终目标。在平衡计分卡中，核心指标是从四个维度来确定的，这四个指标之间是相互作用、相互影响的关系，对组织发展的路线轨迹产生决定性的影响。对于高校而言，其核心指标在于通过教学和研究活动帮助教师提高自身的专业知识水平和综合素质能力。在构建高校教师专业发展生态平衡模型方面，平衡计分卡发挥着不可替代的作用，能够确保教师的发展目标与高校整体的发展规划保持高度一致，从而让教师与学校的专业发展目标保持高度统一，以此来平衡教师与学校短期与长期发展目标的关系。基于平衡计分卡，可以从不同的维度对教师专业发展现状进行评估，根据评估反馈的结果调整教师专业发展目标和规划，使其与学校发展战略规划目标保持一致，从而激发教师参与教学和科研活动的积极性，并给教师适当的物质和精神奖励。

构建高校教师专业发展生态平衡模型的四个维度，需要按照高校办学理念、人才培养方式和发展规划进行适当的调整，以此来设定平衡计分卡的指标体系。

2.教师专业发展生态平衡的平衡计分卡模型

高校可以参考借鉴企业基于平衡计分卡构建的战略规划模型构建高校教师专业发展生态平衡模型，根据构建模型的核心思想对模型的四个维度进行调整和转换。下文将详细介绍调整和转换四个维度的过程。

（1）客户维度（由单纯的顾客向学生、学校和社会转变）

大多数企业在生产过程中都会以平衡计分卡的方式对客户的满意度进行综合评价，根据客户需求的变化来调整产品生产技术和市场营销策略，其目的在于尽可能地满足客户的需求，从而赚取更多的经济利益。对于高校来说，其办学宗旨和理念是为社会经济发展培养高素质人才，那么高校服务的客户对象就是社会经济，所以要根据各行业的职业规范和标准来确定办学的要求和标准，将学生培养成能够满足企业生产、管理和服务需求的高素质复合型人才。这既是高校培养人才的目标，也是教师教育的目标。在高校生态系统中，学生是非常重要的组成部分。从服务的角度来看，学校服务的对象是教师，而教师服务的对象是学生，那么学生也是学校需要提供服务的主体对象。学校办学的最终目的就是通过教师开展教育活动，将学生培养成能够为社会经济发展做出贡献的高素质人才。所以，归根结底高校教师的服务客户就是学校、学生和社会。

（2）教师业绩维度（由财务指标向教学和科研的业绩转换）

对于企业来说，最关心的就是财务数据的好坏。对于高校来说，最关心的是能否为社会培养出高质量的复合型应用型人才；对于教师来说，业绩就是培养人才的数量和质量。但从另一个角度来看，学校和学生最关心的是教师是否履行了自己的岗位职责。学校发展的生命线是教学质量，教学质量才是学校和学生最关心的问题。相对而言，教师的业绩维度就相当于企业的财务维度。在制订教师教学和科研业绩指标过程中，可以参考企业制订的财务指标。

（3）教师的岗位技能维度（由思维形成的转换）

通常情况下，企业在制订内部业务评价指标时都会使用到平衡积分法，以提高企业核心竞争力为目标，以满足客户需求和服务企业发展战略规划为基点，对企业制订的发展战略规划和目的进行调整。目的在于最大限度地满足客户的需求，为企业赚取稳定的经济收益。在设计企业整体运营机制时，可从三个方面入手，即长期革新、短期经营和售后服务。企业在构建绩效管理模型时使用了平衡计分卡，那么在构建教师个人专业发展管理模型的过程中，要从教学方式、授课方法、教学研究等角度进行设计，目的在于提高学生和学校对教师教学水平和质量的满意度。由此可见，在设定教师专业发展生态平衡模型的教师岗位技能维度指标时，可以参考借鉴企业制订的内部业务流程维度指标。

（4）创新和学习成长维度

对于企业来说，其学习与成长维度主要体现在财务、客户与内部运营三个方面，为这三个方面提供成长的动力。现代社会经济发展对人才的要求是具备一定的创新能力和学习能力。所以，在设定创新与学习成长维度时，可以参考学习与成长维度。设定该维度的目的在于帮助教师提高自身的专业素质能力和技术水平，为其今后的专业发展打下坚实的基础。

3. 教师专业发展平衡模型的指标体系

上文重点阐述了构建教师专业发展生态平衡模型各维度的转换内容，此外，还需要设定构建模型的三类指标，即一级、二级和三级评价指标。教师要从不同的角度对各维度的定义和内涵有一定的认识和理解，明确高校培养人才的方式以及对教师专业发展提出的要求。在设定评价指标体系之前，要先引导教师搞清楚自身与生态圈成员之间的需求关系，这样才能构建教师专业发展生态系统。此外，要将教师的教学和科研能力视为考核业绩，对其进行综合评估，以此来判断教师在专业发展过程中能否达成预期的目标以及能否实现自我价值；将教师的个人管理能力视为岗位技能维度，以此来判断教师的竞争力，帮助教师形成生态竞争思维意识；将教师的专业知识技能和职业素养视为创新与学习成长维度，以此来构建教师个体的生态专业发展模型，对影响其发展的动因、长期和短期目标进行分析研究，找出教师专业发展过程中存在的缺陷和不足，制订针对性的解决方案，以此来提高教师的核心竞争力。

各大高校的实际情况存在一定的差异，导致教师的岗位职责是不一样的，因此，构建的教师绩效考核指标体系在细节方面肯定会存在一些差别。这就要求我们根据绩效考核的实际情况进行适当的调整和优化完善，这样才能对教师专业发展进行客观公正的评价。

第三章　推进高校教师专业发展的策略

第一节　专业对话促进专业知识的提升

在教师专业发展的过程中，借助专业的对话与互动，可以为专业发展奠定基石，推动专业更加完善，从而实现相应的目标。在教师团队中，教师借助交流互动提升自身水平，促进专业向成熟靠拢，同时，还为专业发展提供了有利条件以及可靠保障。

一、加强管理制度的建设，适应教师专业发展需要

高校若想在教学上稳步推进，就应当用制度来管理教师。因此，对高校而言，应当促进制度文化的生态建设，推动教师进行自主专业发展，如此才能调动教师的创新意识与热情，建立互助共生、拥有发展理念的生态模式。

(一) 不断充实和完善促进教师专业发展的支持体系

首先，对各层级的教育职能部门而言，应当在预算中有针对性地纳入有利于教师专业发展的职后与职前培训经费，通过经费和政策的助力，为教师专业发展提供支撑与政策导向。其次，从高校的机构设置来看，应当创建有利于优化教师专业发展的机构，借助该机构组织更高级别的、促进教学发展的交流与互动，开展有针对性的教师培训，同时为教师之间的研讨、沟通提供良好支撑。最后，应当明确并认可教师专业发展的规律，将教师的科研资源逐步转向教学资源区，有效优化教学研究。高校是为国家培养优秀人才、进行科研的场所，能促进国家创新型科研有序、稳健发展，为创新人才的培养贡献力量。所以，从大学的层面来看，应当以内部管理与机构为切入点，防止出现功利性思想。同时，应提倡大学展现为社会职能服务的作用，

全面发挥教师培养人才的价值。重视高校科研与教育教学相结合，进一步强化教授与学生共同研究的深度，还需强化无形知识与有形知识转换的程度，从而提升教师的科研水平，防止因为科研漂移引起消极影响，为教师专业发展带来组织助力。科研漂移会形成负面效应，但积极效应也会随之形成，包含了相应的必然性，并从核心上让大家看到怎样从组织内部发掘科研与人才培养的融合点，在迎合政府与产业领域创新主体的过程中，促使高校变成创新发展的重要角色，从而推动其不断进行人才培养的革新。

(二) 明确政策导向和引领生态发展过程

在高校教师专业发展的过程中，政府应展开合理的政策引领，应当将教师专业发展视作持续的、终身的过程，如此就要求教师具有相应程度的专业知识储备，还需不断增长见识，促进机制逐步优化。例如，对教师而言，应有合理的学术取向。在教师学术发展上，应提供政策助益，让教师的主体价值能够全面展现。只有充分展现教师的学术职业，展现其职业优势，才能全方位促进教师专业发展。首先，在政策设计上，应当设法为教师的学术自由服务，让其在专业上实现自主。同时，还应当为教师构建自由、民主的学术研究氛围，让他们在良好的环境中树立正确的批判精神，这样可以为教师学术发展意识的提升、学术发展理念的构建奠定基础。其次，教师专业发展相关制度与政策，应当围绕着学术价值的目标展开，需科学评估教师价值目标的达成状况。在此过程中，高校不仅是政策全面贯彻的可靠支撑，还可以作为政策的制定者与筹划者，为制度的实施夯筑基石。最后，需构建有利于教师学术发展的合理目标。

此时，可以借鉴外国一些高校的先进措施。例如，针对教师构建学术休假制度，为这一群体提供科研、教育教学的奖金，构建有利于教师专业成长的基金，引导教师走出去，积极参与一系列学术活动，不断强化彼此的交流与互动①。美国的部分高校，针对教师设置相应的学术假，给予经费支撑。这样有利于缓解教师的工作压力，还可以促使教师走出去，从外界汲取营养。一些高校创造了短期研修的机会，例如，让教师到国家实验室或者到企业研修，并提供资金以及政策上的支持。德国一些高校的教授，享有间隔4年1

---

① 陈叶军.自主培训拓宽教师专业发展空间 [J].上海教育科研，2011(12)：66-67.

个学期的研修假。法国主要围绕工龄，制定了相应的学术休假制度。日本的公立大学、国立大学，也制定了学术休假制度。我国高校结合自身现状，也可以借鉴国外的学术休假制度，围绕教师的职称、学历状况以及各类学科，制定相应的休假制度。如此，可以充分激发教师的工作积极性，让其有充沛的精力与时间来增加专业知识储备，优化教学质量[①]。

(三) 构建合理的教师流动保障机制

从生态环境视角来看，大部分生物的生长状态都不同，发展情况也非一成不变的，而是形式多样、动态发展的。从教师的专业发展来看，其发展的特征包括合理性、灵活性、平衡性。这就需要在顶层设计中建立适宜的教师流动机制，反对教师随意的流动与分布。如此对于教师而言，既可以优化发展的意识，还有利于提升工作质量，推动高校优化学缘结构，充分发掘教师的潜能，促进教育资源实现优化配置，让教育更加公平、有序地发展，建立科学的教师生态环境。所以，应当构建与完善教师流动机制，构建动态管理教师的理念。同时，设计科学的、可以推动教师有序流动的制度与法规。

在构建教师流动机制时，还应当展现教师发展性的评估与多样性评价。在教师专业发展层面，教师的评价机制存在一定影响，这要基于生态学的发展、多元等特征来看。教师的专业发展评价应当扭转以前单一的教师评价机制，不再将科研成果等作为评价的单一指标。应当将强调多样性的衡量方式作为导向，使评价更加丰富，更有指向性，可以将结果测评转换成过程测评。还应让评价趋于多样化与主体化，鼓励师生以及管理者积极加入其中。借助360度评估法来展开，既可以获得更加客观、科学的评价，还能为教师深入了解自己提供助力。对于教师而言，专业发展就是不断变化的过程。要想通过评价引导教师快速成长，需针对其专业发展的状况，提出适宜的评价要求。

构建有效的考核、奖励与监督保障机制。例如，在分析高校教师参与决策从而调动其参与学校生态圈积极性的探究中，可以通过保障机制来展开。教师在认可参与学校决策的理念，将其转换成自身的意识，并外化成实际行为之后，还应当借助固化机制对该主观行为进行强化，从而展现其重要

① 胡惠闵.走向学校本位教师专业发展: 问题与思路 [J]. 教育发展研究，2007(3)：51-55.

功能。固化机制的作用发挥还需依赖如下条件：第一，多次实践，让理念转换成日常的行为；第二，为接收的理念提供交流平台，让教师在深入探讨交流中强化理念；第三，还需有社会积极舆论的助力以及依法治校的观念。

　　一方面，不断优化监督与考核制度。策略能否全面落实，还需要制度的保障，需构建有效的考核、监督与奖励机制。多层次、全面地进行监督，是增强决策与过程监督的主要要求。要促使监督权和决策权分离，强化教代会、高校工会、社会公众对决策过程的监督，提升舆论对决策过程的监督程度，改善法规监督的成效①。教师通过参与决策担负相应职责，知晓自身的责任，明确手中的权限，对利益进行科学分配，能提升忠诚度与公平感，尽其所能，展现自己的主观能动性。学校领导层在制定科学策略的过程中，可以下放相应权力，通过晋升与奖励等形式，对教师的参与实施激励。例如，不仅要组织业务培训活动，还可以为教师提供教育政策与管理等层面的培训。对于那些主动参与决策、提出可行性建议的教师进行奖励，扭转任人唯亲的用人局面。通过考核，认真倾听教师的意见，根据择优任用与平等的原则，充分展现晋升的激励作用。另一方面，依法治校，逐步健全学校制度。其中，依法治校，是围绕法律相关原则，通过组织举行相关的教学活动，构建与法治精神相匹配的教育氛围，逐步强化教师与管理者的素养与法律意识；借助民主监督的过程，基于学校拥有的自主办学资质，不断健全各项民主管理制度，让学校管理和发展有程序可依、有制度可循，还有相应的规范存在；学校可以在公平、依法决策的工作机制以及合理的制度下，构建良好的权益保障途径，营造适宜的教学环境。参与学校决策的教师，需铭记学校科学的办学宗旨，以教学发展为出发点，促进民主、和谐的法治环境形成②。

　　构建标准、有效的规则章程，加大执行制度的力度。从高校与社会的角度来看，需以各层面为立足点。在促进教师专业发展的职称评定中，高校应能够充分落实聘任制度与岗位设置制度，在日常教学工作中贯彻渗透教师的评聘、考察与选拔制度，应用竞争机制，基于实施聘任制，致力于构建合理

① 魏进平.教师参与大学决策的积极意义和激励措施 [J].国家教育行政学院学报，2008(5)：46-50.
② 周伟.构建高校决策咨询研究成果评价体系的探讨 [J].教育与教学研究，2012(9)：60-62.

有效的教师薪酬管理、绩效考评与激励制度。在关注教师的物质与精神激励的同时，还需让高校教师通过适宜的学术氛围展开自我激励。此外，应当构建长效激励机制，从而优化教师教学水平与质量，指引教师提升自律水平，创建有利于教师专业发展的队伍，为高校目标的实现奠定良好的制度根基。

二、改善发展评价方式，推动教师自我发展意识

在实施教师评价的过程中，教师的专业发展与评价具有非常紧密的关系。从生态学角度来看，教师专业发展的评价属于多个维度与视角的测评，在此评价模式下，能够有效推动教师专业发展。这样的多维度评价，要求教师将相互评价与自我评价有机融合，合理引导学生、教师、家长、管理人员积极参与点评，可以促使教师通过各种途径获得相应信息，从而优化教师的教学质量。同时，围绕评价结果，研判达标、合格与优秀等层级。基于评价结果，对教师的成绩以及表现、缺陷等进行解析，促进教师不断调节与改正。在多维评价方面，需妥善处理过程评价，不能只将焦点放在结果上，还需有阶段性测评，不能只关注总结性评价。借助评价，可以将定量与定性相结合，合理对待互评与自评的关系。由此可见，应当将教师专业发展当作重点，这样有利于教师及时转换评价模式，展开主体化、多元化的评价，让评价发挥导向作用，推动教师之间密切协作。

（一）注重入职前的评价与反馈

引导教师在专业发展的过程中，及时找出问题，弥补不足，借助适宜的工具来及时反馈评价结果。从学校的角度来看，包括学生对教师的教学反馈以及教师的教学评估。同时，还有学校提供的针对教师专业发展的相应资源、一些资助项目的评估，评估教师的培训课程，从而找到实践中出现的问题，为教师专业发展提供良好的服务。从教师的角度来看，还能针对科研与教育教学提供相应的奖励。对于在评估中发现的优秀教师，可以在考核与职称晋升等层面对其进行奖励，从而为学生选课、选教师提供有效参考。由此可见，高校应当将教学评价作为目标，这样不仅可以调整管理者与教师的关系，还有利于教师重视教学和学生的评价，对学生持尊重的态度，指引学生积极加入教学评价，从而有效实施课程设置与落实工作，为日后走上工作岗

位奠定基础。

(二) 注意教师入职后的评估与考核

通过教师入职后的考核和评估，首先能够了解新入职教师适应学校与工作的状况、自我的表现，评估招聘目标是不是实现了；其次，可以进行招聘的成本分析与收益研究。对于试用期的教师，人事部应当构建完善的引导和考核相关制度，让其熟悉考核要求；同时，根据胜任力，明确试用期的考核结果，有效管理新入职员工。在试用期结束前，制作并下发以胜任力为主的员工考核表，组织人事部和用人单位的测评会议。

要引导青年教师制定发展规划，促进教师全面发展。现阶段，一些高校非常重视大学生职业生涯规划，但是重视教师个人规划的却比较少。因此，教师主要是依靠自己在不断的实践中探索，不断积累经验，但缺乏清晰的目标，教师专业发展也缺乏明确的方向。指引教师对个人的职业生涯进行规划，是要求教师从职业发展的视角，进行全面的设计与思考，重点是合理定位，基于自身特长确定发展与努力的目标。鼓励教师进行职业生涯规划，涉及工作目标、成长目标以及各个发展时期的努力方向等。要求教师结合自身的发展规律，充分了解自身的价值理念、个性与认知水平等。同时，还要分析教师发展的途径，以期为教师职业发展提供可靠依据。学校应构建良好的、高素质的教师团队，为了实现这一目标，需制定科学、有效的教师聘任机制。在现阶段的高校人事制度改革的背景下，求职者与各用人单位之间是根据竞争与择优、发展与尊重、公平与自由的基本准则进行的双向取舍。本书认为，可以把胜任力作为招聘的指引，这对优化工作效率、激发教师的工作热情、提升教师的思维具有良好的作用，有利于教师在激烈的竞争中站稳脚跟。

(三) 建立促进教师成长的发展性评价机制

如今，针对教师的测评大多是在年度考核的前提下做出的静态评估，几乎没有针对教师的发展性评价。发展性评价指的是将推动教师逐步发展作为基本目标，针对教师的不足与优势进行考核。一些管理部门可以采取相应的方式与措施，对教师的发展进行评估，从而充分展现其优势，及时发现其缺陷。发展性评价依据教师的参与程度与意愿情况，指引教师明确学校的目标与要求，提升青年教师的责任感与主人翁意识。在评价时，需把过程性评价与动态性评价有机融合，致力于让高校教师进行反思，积累更多经验，及时改进发展目标。从这里可以看到，发展性评价的基本标准是自我激励，根据校本教研制度优化设置激励内容，逐步提升教师的专业水平，展现教师在校本教研层面的主体性，激发他们教学的兴趣与热情。同时，还需重视学生与教师的发展，基本目标是推动师生和谐、健康、协调发展。

三、引入合作共赢理念，突破教师专业发展孤立感

对于学校决策层来说，可以将管理作为指引，改进教育理念，对教师专业发展具有清晰、合理的认知，深入、有效地对教师专业发展展开探索与分析，从而提出有利于教师稳步发展的措施与意见，展开顶层设计，提供良好的服务。在此过程中，需明确学校的办学宗旨与发展规律，围绕学校的具体状况，进行合理定位，知晓学校的教师发展目标。对于政府而言，应当与学校一同提供可靠的保障服务，在环境、经济等层面，通过安排举行相应活动，引导教师参与改革。在机构设置上，学校可以设置教师发展培训中心，为高校教师积极参与培训提供机会，这样有利于教师不断提升自己，还可以增强教师在发展中的作用。在评价方面，需借助可行性强的评价体系，推动教师专业发展能力不断提升。

（一）以教师合作共同体推动教师间和谐共生

在教师与教师之间，通常是整合同一专业、相同研究层面的教师，基于专业与学科构建共同体。因为高校教师在实践操作中碰到的问题、遇到的事物均有一定的联系，可以一起研究。如果根据相同学院的学生或者相同专业的学生来建立共同体，教师就可以在相同的教学对象中，针对出现的问题与教学模式展开分析，因对象存在相似性，故可以共同研究相应的方法，实现因材施教，从而获得满意的效果。建立基于教师的科研共同体，主要是针对科研中的问题进行深入交流、探究，在共同研讨中指引教师面向科学进行深入磋商与研究。如此，教师既可以拥有别人不能复制的优势，还可以推动大家一起前进，让高校教师在相应的压力下获得同事以及学校的助力，实现互惠共生。

构建教师合作共同体，旨在让教师通过教师团队进行研修与协作，使教师专业发展稳步推进。对加入其中的教师而言，可以通过协作与互动，激发工作积极性，高效地完成工作任务，通过共同研讨，展现重要他人的作用。重要他人指的是，对自己有一定影响的人。第一，要密切关注教师合作共同体在调动教师积极性上的功能，增强教师的行动力。需了解在教师团队中，各个体担负的职责与扮演的角色，以及在团队中的具体位置。在团队中对个体构建的自我角色的肯定，能促使教师展现自身突出优势，还可以迎合各自的要求。第二，教师合作共同体有利于强化教师之间的交流。因为在全面的研讨中，要有相应的教学实例来辅助，这就要求教师大胆说出自己在实践中出现的问题，通过共同研究分析的方式来处理问题。同时，在研究时，还需兼顾到教师的参与状况与情绪变化，拓展教师间的互动模式、内容以及频次，引导教师在活动中构建合理、融洽的人际关系。只有这样，才能形成联动关系，才能促使个体展现各自的优势与价值。第三，需基于互惠平等的原则，创建民主、和谐的分享氛围，调动教师表达自己观点的积极性，让教师在彼此之间构建多样的、丰富的情感联系，提升教师的归属感，强化教师与教师之间的信任感。

(二) 以激励带动共赢，满足教师专业发展的需要

在日常生活、工作中，教师可能会遇到一些阻碍与困难。这时也是引起教师情绪变化的时期。倘若学校管理者关注到了教师的情绪变化，能够及时深入其中，与教师进行频繁交流与互动，了解他们的思想状况，帮助青年教师正确解决问题，就能缩小彼此之间的心理距离。此外，学校应构建倾向于教师的绩效评价体系，明确教师的具体诉求，借助合理、可行的激励方式，尽可能激发高校教师的工作热情与兴趣。要构建公平透明的薪酬机制，把绩效考核作为参照，对薪酬标准进行明确，促使薪酬体系更加公平、公正；摆脱以往按资论辈的老制度，打破仅关注教学研究的数量、忽视质量的局面，关注在基层岗位上创新意识强、成绩优秀的教师，并进行奖励，从而促使教师逐步提升自己。教师也需通过管理者对自己进行快速定位，发掘有利于自身发展的路径，走出发展的泥潭，摆脱单打独斗的局面。

（三）以树立榜样激发教师专业发展动力

高校还需充分调动教师的发展动力。可以对重要他人进行有效挖掘与探索，使这些人变成教师学习的榜样，充分发挥榜样的带头作用。因此，从学校的角度来看，应当关注并发掘榜样示范的实例，全面展现这些先进分子的示范作用，提升教师参与研究的积极性。还可以表彰成绩突出的教师，让其分享自己的方法与经验，展现榜样的作用与价值。可以通过时时表彰的方式激励教师，如此才能获得良好的效果，才能促进教师争相学习。应当构建适宜的生态文化，进一步强化教师之间的交流与协作。对于教师专业发展来说，构建教师共同体，可以优化教师的专业能力，推动教师逐步向专业化发展靠拢。在教师的专业成长中，教师共同体的组成要素主要有引导专家、信息能量、教师，这为教师专业成长提供了可靠的保障。共同体的活动，主要是指引教师对自身的发展与教学进行反思，教师专业发展的过程本质上就是教师学习、研究、教学以及协作交流的过程。教学实践共同体还构建了彼此相互学习的时机，通过成员之间的交流与沟通，使全体成员都加入共同体的相应活动中，通过关注与接触、协作与效仿等多种方式，分享各自的思维方法，培养相应的行为习惯。还可以借助共同体探讨专业发展中遇到的问题，增强反思能力，为各自的发展添砖加瓦。建立教师间的科研共同体，使教师可以逐步提升专业知识的广度以及深度，从而提高自身的科研能力。共同体的构建，有助于教师互助互利，创造学习与工作的契机，还能让教师具有良好的观察力和学习习惯，帮助青年教师快速成长，学习更多专业技能，让中年教师能够与时俱进，始终保持发展与研究的积极性。教师共同体构建的互惠协作平台，有助于教师提升协作意识，构建稳定、良好的学习组织，从而增强内在动力，为成员提供新的思路。

第二节　以找寻职业价值感促进专业技能的提升

学校是独特的生态圈，教师专业发展可以为学校的发展提供有力支撑。从教师专业发展层面来看，学校是特定的组织，以强化组织的发展为基本任务。同时，教师专业发展也是学校发展的必经途径。所以，在一定程度上，学校应当展现组织的价值，不能让教师独自奋斗，应当突破教师自身的圈子进行深入、全面的反思，使其可以通过组织的肯定达成自己的目标。对于高校而言，还需组织一系列合作课程，围绕着课题进行协作与探讨，展开同伴之间的互助以及专业交流互动，构建良好的组织文化，从而把交流视作教师专业发展的模式之一，让学校变成教师专业提升的知识社区以及学习社区。教师需具备生态学相关理念。可以构建适宜、有效的生态文化，通过教学活动创造教师文化，展现教师的功能与作用，让教师与同事之间多一些信任，从而维持教师与环境的密切关系。对于教师考核而言，不能只是将特定因素视作考核对象，而要结合系统与理念，全面考核教师的综合素质。不仅要重视科研成果的质量与数量，还需兼顾到教学的质量；不但要看教师的学术成就，还应当看其师德状况。应当对教师进行全面、客观的分析与评估。

一、优化教师专业发展的生态圈，推进各类生态环境联系

生态文化是兼顾到人和周围环境共生共荣、和谐共处的文化，重视人和自然协调发展，重视把人、环境、教育进行有效统一，如此可以形成深刻的变革。第一，人的价值理念的革新。人与自然协调、统一发展的价值理念，将人和自然的价值观取而代之。第二，在世界观上的认知的变化。要对生命有敬畏之心、尊重大自然，摒弃以自己为中心的理念。同时，还会促使人类的思维模式发生显著变化，以整体的生态思维将单向的研究思维取而代之。

(一) 营造生态化教师专业发展的理念支持环境

教师在专业发展上应当构建生态理念。要具有生态文化的理念，离不开教育与社会相关部门的积极推广宣传。要指引教师坚守发展的思维，领会从生态角度发展专业的价值与作用，领悟基于生态进行发展的概念，全面扭转将教师看作技术人的思想。同时，教师要通过不断努力创造互助互惠的专业发展生态圈，从而推动教师专业发展向高效、快速转变。

(二) 加大高校校园生态文化的社会辐射力度

当前社会是信息社会，知识的变化是非常惊人的。对于高校而言，应当逐步向社会的中心靠拢，从以往的精英教育慢慢趋向于高等教育普及，还应当由以往的服务部门逐步向服务与发展相结合的部门转型。因此，在承担历史使命时，高校需保留传统的价值。学校靠近社会的中心，还可以变成为社会全面发展提供有效支撑的核心机构。高等教育机构也是推动教师专业发展的特定机构，离不开社会各个层面的助力，如此才能促进学校生态平衡，为周围生态环境的改善奠定基础，从而增强大学的辐射度以及影响力。

(三) 丰富教育生态环境

从生态环境视角来看，高校以教育为主，可以对教育的形成与发展起到协调与改进的作用，是特定的多维空间以及多样性的生态环境组成的系统。作为中心的教育，可以将其形成与发展视作多元生态环境。通过以下层面与视角进行分析：首先，与外部的社会环境、自然环境、规范环境相结合，将教育视作核心，在教育层面构建特定的生态系统；其次，将学校当作生态系统，分析该系统内部的彼此关联；最后，将人当作主线，可以对外部的相应环境进行分析，构建社会与自然等的因素，发现教育心理与生理的相关环境因素。对高校而言，生态环境不仅有教育生态的属性，还有社会生态的特征，体现了智力圈与生物圈的整体特色。所以，高校的学术环境发展，可以将人、学术、环境有机融合，根据外界能量的转换、信息与物质的流动，对系统进行组织与耗散。高校的学术生态，实际上将知识分子当作主体，从而实现学术创新的目标，构建有效、合理的系统。

因此，对于高校的学术生态来说，集体与个人实际上是基于自由的学术思想主体，而这也是高校生态中非常重要的生态因子。从学术自由来看，由于要求十分规范，教师是可以达到学术自由的，并非受到制约。在专业上，教师具有专业品质，在追求真理上没有受到约束。这种自由覆盖了教师研究的自由以及教学的自由。可以说，因为传统科层制的制约，在以往的学术自由方面，教师被发展权力、空间所制约。学术自由本质上就是高深学问对理智的需求。对于教师而言，其理智上需要一定的自由，涉及政治层面、认识层面、道德层面。然而，在认识高深学问与社会关系上，这样的自由同样会遭受束缚。反之，这样的自由差不多就等同于经济领域的不干涉主义，可能会对人类的发展造成不利影响。

在生态上，教育将人的主体性与组织的自发性视作核心，将教育环境与教育视作网络，凸显了彼此之间的融洽关系。在创建学校生态文化上，人是基础。通过道德思想，为学生与教师构建科学的三观提供支撑，从而为国家培养有远大志向的优秀人才。因此，只有融入教师的精神世界，了解其内心想法，才能关注其对生活的感知，让教师体验到相应差异，以此为教师专业发展活动的顺利推进夯筑基石。对教师而言，可以实施本位为自我导向的专业发展。可以充分拓展与强化教师的生活经验，既可以为教师主动加入专业发展活动中提供有效助力，还可以将活动的内容带给教师①。其中，比较重要的一环是教师可以通过日常生活发现核心内容。而在阐释的方式与应用时间上，需指引教师围绕着自我导向来展开。当前，教师之间也有价值层面的矛盾与问题。从教师的视角来看，应当参与革新，根据自我导向进行专业发展。要对教师生态环境进行拓展，构建适宜、科学的生态圈，促使教师摆脱发展的不利局面。

二、激发教师生态职业意识，找寻教师自我价值感

对于教师而言，其发展目标应当是构建教师专业发展共同体，即发掘自我价值，同时将高校、社会、教师作为统一体来对待，合理看待教师和教育课题之间的关系。教师可以从文化与认知上展开实践，进行创造，还能从自身的伦理，对自我的关系进行研究。所以，在职业生态意识上，教师能够看到基于教育内容、与客体交流的实践，体现反思以及与自我交流的实践。对这些对话与交流的建构与反思，是探究自我价值的过程。从教师的层面来看，第一是体现自我的态度以及自我的意识，如此才能通过理念的助力，进行逐步强化，为教师专业发展提供思想基础，指引教师变成践行者；第二是提升教师对事物的认知水平，创造出别具一格的环境，从而促使教师变成有

---

① 李伟，周军强. 教师培训政策的失真与改进：渠道理论的视角 [J]. 教师教育研究，2014 (1)：7—11.

经验的践行者，借助生态理念，促进其不断发展[①]。

(一) 营造生态化教师专业发展的理念支持氛围

教师专业发展的支撑与助力是理念，因此，教育主管部门、社会与相关专家都积极贯彻、渗透教师专业发展理念。借助文化宣传活动，可以使学者与教育者以及基层教师认识到该理念的价值与内涵，并从生态意识上进行强化，以此突破现阶段广泛存在的教育的工具理性以及技术理性的思维，构建互惠互助的教师专业发展生态圈。

(二) 找寻教师职业的真正价值

可以将教师的文化当作群体的问题。经验丰富的教师，在职业文化方面需展现出相应的教师精神，例如融洽的同事关系、专业精神、敬业精神等。所以，教师需具备一定的教育信念，该信念是构建教师文化的基础与前提。同时，教师的教学行为对教育的发展具有非常关键的作用[②]。对于教师信念的构建，第一，应当重视理论知识的储备，不断优化教学水平与素养，并在此过程中体验到教育理论在现实中的应用，可以借助真实、形象的教育实践，领悟到理论的深层内涵；第二，应当进一步强化教师对自身行为的反思，借助反思调动教师的内心情感，使其坚定不移地相信自身理论上的认知，从而构建自身的教育理念；第三，教育理念的产生上，离不开个体的意志反映，这是一个耗时比较长的过程，其中渗透着转变以往理念的过程，还需有相应的智慧与信心的加持。

(三) 以各类培训推动教师对职业的认同

教师参加的校内相关培训活动，实际上是目的比较明确的培训，并非盲目的培训。从教师专业发展和实践来看，这类培训是教师与学校联合组织与规划的，围绕着教师教育教学中出现的问题，借助内部与外部的资源，为教师专业发展提供有效支撑。教师具备相应的自主权。同时，在职业发展的

---

① 胡惠闵. 教师专业素质的认识：基于学校管理者的角度 [J]. 当代教育科学，2007 (10)：28−30.

② 杜芳芳. 从控制到自主：我国大学教学管理制度的反思与建构 [J]. 理论学刊，2009 (9)：12−14.

各个时期，需应用适宜的培训模式与培训内容。例如，在走上工作岗位之前，主要是岗前培训。可以让教师明确做一位合格教师的方法，但是不涉及其整个职业生涯。所以在选择主题时，学校可以通过内部文化全面发掘、应用学校的资源进行规划与落实。这可以迎合教师与学校一同发展的要求，并通过培训，利用各种方式、良好的实效以及多样性的内容，对教师进行指引。

根据高校教师的情感特征以及突出优势，可以对这些教师展开有效、合理的培训，让其充分认同参与学校策略的理念，完全将自身当成学校的主人，认识到学校的发展和自己的专业成长具有紧密关联。当外界的环境逐步改变时，可以及时进行反应，同时快速改进相应措施，合理调整目标与任务。教师把主动参与学校的决策与自己的行为相结合，深入研究学校如何发展、探究发展的规律，通过不断奋斗，与学校的发展互相作用、密切配合、相辅相成。学校通过教师的肯定构建发展的良好愿景。如同彼得·圣吉（Peter Senge）在《第五项修炼》中说的那样，教师通过自我提升不断成长与发展，优化心智模式，合理阐述自己的观点；同时，通过开放的心胸包容其他人的选择与观点，构建共同愿景，从而进行全面奉献，而不是强制性的遵守，根据深入思考与团体学习让组织更加生机勃勃、有活力。所以，从教师参与学校决策的意义来看：第一，构建教师积极参与学校决策的认同理念，指引教师针对学校的规划、发展方针以及章程建制等，根据自身的实践与认知发表观点与意见，对职业化成长之路制定有效、合理的实施决策；第二，与情感融为一体，构建教师认同价值。从理念上来看，应当具有情感的认知，主观层面需积极接受，并且将发展视作对自己的要求以及情感体验。高校教师是学校的组成部分，学校通过凝聚力与向心力，组织团结教师群体，真实、全面地展现教师的心声，群策群力，为学校的可持续发展，为各项事业的有序推进做出自己的贡献。在特定的决策场合，选择的教师代表需有相应的专业性、广泛性与责任心等，逐步优化教师代表参与民主监督与管理的能力[1]，促使教师的发言权与知情权全面贯彻落实，反映出全部教师的心声，以期升华教师对学校的情感，从而促使教师为学校的发展与建设贡献自己的聪明

---

[1] 汪洋. 内在机理与实践向度：高校教师参与教育决策[J]. 现代教育管理，2013（10）：37−43.

才智。

三、营造良好的校园生态氛围，激发内在驱动力

开放、和谐以及公平的校园生态环境，可以为教师的自由成长提供可靠助力，让其内在驱动力更强。比如，美国密歇根大学为教师创建了可以全身心工作的良好环境，提升了教师的归属感与荣誉感，有利于调动教师的工作积极性。美国参议院指出，应当将大学建设成学习的组织，需指引其中的全部成员共同努力、一起进步。同时，借助共同学习，积极加入各种活动之中，使每一个人都可以享受到相应的权利，得到尊重，具有平等的话语权，学术上一定要实事求是。还需对他人享有的权利表示尊重，努力履行自己的职责，让每个人都能够享有权利案中的公民权，便于人们认识到大学表达自由与践行思想的义务。学校还倡导言论自由，这是学术领域的重点，引导人们在活力四射、自由的环境中发表自己的观点，互相交流看法，并构建开放、和谐的环境，通过适宜的批判以及真理的挖掘，进行互动交流，能够大方说出自己的想法与意见。

（一）营造"三位一体"的教育生态环境

建立和谐的教育环境，需确保社会、高校与教师组织可以互助共生、协同发展。首先，需明晰社会与学校以及组织的基本目标，同时促进目标的一体化，在完成目标的同时，探索各个任务的重点与层次，确保任务可以统一，朝着相同的方向前进。其次，应当全面展现社会、高校、教师自身的特征，尽可能合理地展现教师与社会的特征，充分发挥教育主导与教育基础以及社会教育的功能，且各个层次展现的功能要体现出重点，展现其优势。例如，教育组织的教育范围小，就可以在情感性上有所侧重。最后，可以强化教育在三者之间的关联与交流，推动三者进行系统、有效的互动，从而为和谐共生奠定坚实基础，最终实现教育的和谐。学校在设计相应政策、制定一系列策略之时，还需兼顾到学生与教师的观点，让师生感知到自己也是学校的一分子，提升其责任感与归属感，以此创建民主、融洽、良好的校园生态环境。有利的生态环境能够全方位体现师生的人格状况。例如，在教师之间组织相应的竞赛与讲座等，可以拓展教师的课余生活，有利于其素养的

优化；通过一些教研活动，鼓励教师积极加入其中，组织实施相应的科研活动，进行智慧外化，借助对生态环境的改善与应用，以期充分发挥生态环境的作用，展现生态的价值。

(二) 构建开放的生态氛围

构建和谐、适宜的生态氛围，旨在愉悦教师的身心，缓解其工作压力，调动其工作的积极性与热情。例如，可以为教师建立能够促进发展的物质平台，给予有力的教学设施与科研平台，以及丰富的教学资源，提供相应的培训款项，使教师在和谐、良好的氛围中进行交流与互动。还可以应用学术休假制度与科研制度，使教师在轻松的氛围中展开全面的学术研究与互动，交流各自的科研成果。在制度方面，通过组织相应的科研活动与教学反思，建立促进教师素质优化与专业发展的可靠支撑。可以将柔性的发展制度与刚性的考核制度有机融合，使教师不仅体验到考核的激励作用，还有与自身发展相符的模式。对教师而言，可以应用激励机制，为教师的良性发展提供助力，构建教师间的学习制度，帮助教师实现提升自我的目标。这要求在教师个体之间、学校与教师之间开展相应的活动。教师可以根据自己的实际发展状况设计目标，以此保障学习计划得以落实。学校可以通过创造良好的工作氛围与精神环境，展现教师专业发展的价值理念，因为精神环境属于无形的、隐蔽的环境，对教师具有指引与规制作用。精神环境的建立，体现了学校的风貌与良好的教风。因此，应当围绕着教师精神素质、价值理念等层面进行构建。学校还需创建适宜的文化氛围。首先，使教师体验到学校的生态文化氛围，进一步强化教师之间的互动与交流，倡导协作与竞争，在此过程中组织跨学科的交流，让教师的视野更加开阔，强化相互之间的互动；其次，通过创建教师间整体、多样性以及发展性的文化，指引其参与生态群体，构建相互信赖、平等、彼此尊重的文化环境。

(三) 以人文关怀引导教师认知并激发内在驱动力

教师积极参与校园各项事务的基础，是对政策的认知。构建民主、开放的校园文化，需贯彻实施和谐共生、协同发展的教育理念，鼓励教师用平等的态度、发展的眼光处理问题，并用和谐的方式解决冲突。如此可以在认知差异的同时拓展认同，通过包容的态度达成一致意见。同时，借助座谈会与集中学习以及调研等多种方式，促使教师通过实践进行互动交流，强化教师的凝聚力。学校的领导层，也应密切关注工作的方式，正确认识到教师参与学校决策的成效与内涵，适当下放一些学术权力。因此，在实践操作中需明确重点，关注内容与方式，把创新与传承有机融合，鼓励教师为学校的建设贡献智慧力量。

第三节　以构筑生态自我促进师德境界的提升

在教师专业发展中，要求教师具备科学的发展态度与良好的意识，这是指引教师积极参与发展的重要环节。教师拥有专业发展的意识，实际上是围绕其自身的发展，对发展水平、发展态势等拥有正确的规划意识。因此，教师应当密切关注自身的成长，让自我不断优化，重视自我的意向。教师也应能够根据自我意向，对自身的职业角色、在社会中扮演的角色以及家庭中的角色进行定义，并进行合理分析。在深入思考自我意向的过程中，需用开放的态度来对待，将自己置于同事、家人以及学生的生态关系中进行反思与分析，并非独自、纯粹地思考。如此既可以让教师充分、有效地认识自我，还能够指引教师通过正确、积极的心态对待学术与发展，对积极的生态进行及时关注，在职业自豪感与自信层面，不断学习与成长。

一、明确高校教师角色含义，推进教师建立生态自我

教师应当了解自己的角色意义，重视教学内容的预见性与科学性，密切关注教学组织模式的探究性，通过分析探讨教学技巧以及展开艺术性的观察，为长期发展带来强大支撑，借助各种形式的学习，带来源源不断的活力，增强自主性。

（一）认知自身生态角色

在相当长的一段时间内，教师都是人们心目中培育祖国花朵的园丁，从事着太阳底下最光辉的事业，是传播知识的使者。由此可以看出，人们

对该角色具有期待。从生态视角来看，应当将教师当作人，即社会人、自然人，具有一定的优点与不足，拥有人的情感变化。所以，打造生态角色，就是要从生态角度来对待教师，让其可以正确认识自己。第一，教师应正确看待自己的缺点，正因有不足与缺陷，才要不断发展与优化。第二，教师在正视缺陷的同时，可以强化与环境的交流与互动，展开能力转换，通过环境来提高认知，从而不断成长。

(二) 成就独特的生态个体

教师应正确认知自己所处的地位与扮演的角色，可以通过努力来建立生态个体，对生态个体进行塑造。同时，还应当有一定的生态思维，借助动态发展的理念，对问题进行分析，从而明晰自己在教育中的角色，在教学实践中灵活运用方法，反映自身的行为态度与价值观，陶冶自己的情操，构建生态的自我。应当主动加入发展组织，运用积极的学习态度制订终身学习计划，在知识背景下，转变以往的思想理念，把终身学习当作特定的生活方式与思维模式。可以妥善解决在实践操作中出现的问题，并与学习相结合，指引学生积极参与。只有如此才能建构出与教师专业成长相符的、和谐的、美好的个体，指引人们快速实现自我的目标。应当重视与发挥教学的反思作用，对结果进行梳理与归纳，提升自身的发展意识，深入反思教学实践，构建突出的专业优势。同时，应对自身专业发展的经验进行总结、记录，采取观看教学录像、交流互动、共同研讨、反思日记等方式，组织各种形式的反思性教学。

二、改变道德参差不齐现状，打造全方位的职业形象

如今，一部分高校还未进行教师职业规划，教师自身的发展主要是在日常工作中深入探索，这无法有效促进其发展。教师职业发展规划需要从职业发展的视角，全面、多角度设计与思索，重点是掌握定位的方法，在明确目标的前提下，了解发展的具体方向。因此，制订教师职业规划，可以通过生活目标、工作目标、各个时间点等层面，对自身的目标进行明晰。对于学校而言，应当结合教师在工作中的发展规律，促使教师科学、合理地认识自身的价值理念、个性以及能力水平等。同时，与教师共同探讨后续发展中有

利的成长路径，为青年教师的发展提供有效借鉴。

在展现主人翁意识时，教师对参与学校决策的肯定与认可也是非常关键的。教师主动参与学校决策，说出自己的看法与意见，是与高校有机融合、树立职业形象非常关键的层面。因此，为了实现该目标，应当以下几个层面为出发点。首先，将敬业、热爱学校作为主要准则，优化教师的感知能力。其中，爱校是教师自身对学校产生的重要情感，也是改进个人与学校关系的基本原则，与教师的价值理念息息相关，要求教师以学校的发展为核心，积极维护学校的利益，让内部成员更加团结。敬业体现了对教师职业行为的价值评估。教师应当克己奉公，为学校的发展、学生的学习提供服务，以此展现职业操守。应当将"校兴我兴"作为目标，发扬团队精神，提升集体的凝聚力。在日常工作中，不仅要互相帮助，还需各尽其责，创建为学校目标的实现而密切协作的良好工作氛围。其次，将平台创建作为基本目标，对体验机制进行改进。在党员代表大会与教师代表大会等方面，应充分落实民主决策、实施民主管理，依法治校。还需构建民主、和谐的良好校园氛围，对教师和领导面对面的交流制度进行规制。可以通过教代会来明确议题，安排领导和教师代表面对面交流，合理解决问题。学校的管理层需及时深入教学一线进行调研，构建完整、完善的决策咨询模式，认真倾听教师的观点与意见，及时解决教师的诉求，并向教师反馈处理结果。对于可行性强的意见与建议，可以提供奖励，从而提升教师的责任感与归属感。高校与社会、教师也需明确价值观，制定目标激励政策。逐步强化教师的价值观教育，这样才能助力教师构建科学的价值观，指引教师树立正确的目标。

第四章　应用型高校的定位与建设

第一节　应用型高校的定位与基本特征

一、应用型高校的办学定位

(一) 定位和办学定位

"定位"一词首先出现在 Trout 和 List 两位学者的论文中。1981 年，他们共同撰写了《定位》一书，该书系统地讨论了"定位"的概念：定位始于产品、公司、商品、机构、服务或人……但是定位不是关于产品本身的作用，这意味着采取行动应对应潜在的客户心理，即将产品置于顾客心中的适当位置。

菲利普·科特勒（Philip Kotler）将最初应用于广告领域的定位引入营销领域，并明确定义了"定位"：它是公司形象和供应的设计，使其可以在顾客眼中占有一个独特位置的行动。与此同时，他提出了三个定位策略：寻找一个空置的区域、加强和改善现有立场、重新定位或反定位。可以看出，唯一性是定位的基础和方法。从任何角度来看，定位理论都说明了这样一种观点，即定位不是定位物体本身，而是占据消费者心中的合适位置。一旦占据这个位置，它自然会引导人们在需要时考虑它。

办学定位是高校的顶层设计，是基于高校所处社会政治、经济和文化发展环境及社会进步的需要，高校根据办学层次和办学条件确定发展方向、目标、建设的重点与办学的特色。高校顶层设计的主要内容有办学思想、办学特色、管理理念和发展目标等。在不同的发展阶段，教育学者和管理学者的教育管理思想不同，对"定位"的概念界定也不同，所以办学方向不同。高校前一阶段的定位是后一阶段办学的基础，后一阶段的定位是前一阶段办学的延伸和发展。高校在一定阶段都应有适当的定位，只有这样，才能更好地结合现实，为未来获得更好的发展机遇和空间创造条件和机会。办学定位源于现实，高校应立足现实、服务当前，尽可能地满足现实需要。

(二) 应用型本科院校的办学定位

进入 20 世纪 80 年代以后，国际高等教育发展出现了新的趋势和方向。随着经济的进一步发展，社会对具有实践能力和创新能力的人才需求越来越大，人们越来越意识到实践教学是培养学生能力、提高学生职业素质和就业竞争力的重要方式。各高校开始普遍注重实践教学和加强应用型人才培养，满足社会和企业对人才的需求。目前，中国已建成世界上最大的高等教育体系，拥有世界上最大的高等教育规模，尤其是改革开放以来，培养了大量的人才，为现代化建设做出了巨大贡献。然而，随着中国发展进入新时代，经济发展也进入了新常态，过去只注重发展速度的情况发生转变，开始向追求高质量发展迈进。经济结构不断调整，产业升级不断加快，同时社会文化建设和人民的精神需求开始受到重视，使人才供需关系发生了深刻变化。面对这一系列的情况，高等教育结构性矛盾更加突出，高等教育的人才培养模式亟须升级，以适应新时代新发展的要求。

近年来，在国家和地方政府的大力支持下，部分本科院校开始积极探索向应用型高校转变，并取得了一定的成就和经验。在转型中，需要着重理解三个核心概念，即"转型""本科高校""应用型"，这三个概念是相互联系的。就"转型"来看，目前我国高校转型大体有以下四种：一是由单科到多科、专业型向综合型高校转变；二是由以教学为主导发展向产、学、研用"四位一体"发展转变；三是由外延式发展向内涵式发展转变；四是由学术研究型大学向应用型大学转变。"本科高校"则说明目前专科层次的办学已经是应用型为主了，所以向应用型高校转变的主要是以往以学术研究为发展目标的本科院校，部分科研水平较低的地方本科院校，由于学术资源有限，在满足院校发展和服务地方经济的双重压力下进行转变。"应用型"则是指高校发展应该满足国家战略需求和科技创新的需要，培养大批具有创新精神和创业能力的高素质应用型人才。

应用型本科院校是指以应用型本科教育为办学定位，以开设社会经济发展所需要的应用型学科为主，以培养应用型技术技能型人才 (应用型人才)

为主要目标的本科院校。区别于传统的以科学研究为主要教育方向的本科院校，也称为应用本科院校和应用型大学。从狭义上来讲，应用型大学专门致力于服务本地区的经济和社会发展，满足青年学生的就业愿望，由原来的地方本科院校、民办本科院校、新升格为本科院校的高职院校和私立本科院校组成。它是相对于研究型大学和教学研究型大学来说的。根据中国大学培养的特点，这是中国经济建设现代化和高等教育大众化推动的一种新型本科教育。一些应用型大学开展研究生教育，以教学和科研服务当地，有自己的人才培养目标、培训规范、培训流程、培训方法和评估标准。在这个阶段，它通常包括所有第一批本科和第二批本科录取机构。

目前，我国建设应用型高校的主要力量有部分老牌本科高校、部分升本较早的新建本科高校和部分其他新建本科高校。

部分本科高校向应用型转变，就是需要这些大学发挥自身特色，重视高校的社会服务职能，以切实服务经济社会发展需求为导向，以培养应用型、复合型、创新型人才为目标，注重专业知识、专业技能的培养和训练有机结合，使学生既有一定的理论基础，也有一定的实践经验。应用型人才关键在于"应用"这个词，"应用"即要求人才培养要体现新时代的精神和符合新常态发展的人才观和素质观，以创新型教育思想为指导，建设符合社会经济发展方向的新学科、新专业和新课程，升级更新教学模式、教学手段、教学内容，提升教学水平，培养具有一定职业竞争力和社会适应性的应用型、复合型高素质人才。大多数本科院校进行转型的原因在于社会经济的发展对应用型人才的需求越来越多。培养应用型人才的关键在于通过社会实践活动了解企业对人才需求的变化，从而确定培养人才的理念和方法。高校在实践过程中，逐渐摸索出自身培养应用型人才的方法，呈现出不同的地方特色和特点。目的在于满足当地社会经济的发展需求，强调学生要具备社会实践和创造创新能力，并在人才培养的过程中始终贯彻执行这一教学理念。高校的各学科专业也要抓住社会对人才需求的变化，重视培养学生的实践动手能力，积极开展不同类型的教育实践活动。虽然大多数高校开始向应用型高校转型，但并不意味着所有的高校都要以培养应用型人才为目标，还应当重视培养学术型和科研型人才。

高校向应用型高校转型需要注意以下几点。首先是教学与研究。对于应用型高校来说，要制订产教融合的教育理念和教育模式，要打破传统的人才培养模式和教育理念。可以将办学的重点放在教学研究方面，以此来弥补科学研究的缺陷和不足，这样有利于提高整体的教学水平和质量。科学研究的重点在于教育价值的实现和应用。其次是学科和专业。从应用型高校的角度来看，其走的是培养专业化人才的道路，其专业都是根据社会经济发展对人才的需求变化来设定的，不会考虑学科未来的发展趋势。应用型高校将人才发展方向与产业结构优化升级紧密结合在一起，学科专业的建设更倾向于实用性，以实用价值为导向，为区域社会经济发展和产业优化升级培养专业型人才，以此来设置学科专业。建设学科专业主要以课程建设为主，分为课程组合、实施过程、教学方法和建设教学基地几个组成部分。对于应用型高校来说，要重点开设应用型学科专业，在建设学科专业的过程中做好应用型科学研究工作，构建集技术、工科和复合学科于一体的专业，确保学科专业顺利建设和发展。最后是课程与教学。对于应用型高校来说，在设置技术学科和实践课程的过程中，要综合考虑实际工作需求，课程目标的设定要照顾到本科教育的阶段性和基础性特点，并照顾应用型人才对一线工作的适应能力。课程内容应该是以陈述性的、完整的经验知识为主，并在授课过程中传授应用基础理论。教师在实施课程的过程中要以实践教学活动的方式为主，帮助学生培养和提高知识迁移和实际应用能力，并对学生的实践表现进行客观的评估。评估的方式以书面考试的形式为主，评估的主体可以是教师和企业技术人员，也可以是学生。课程的类型一般分为四种，即学科课程、专业基础课程、技术规范课程、一般课程。课程的类型可以根据长期人才培养目标进行适当的调整。对于应用型高校来说，其教学活动分为理论教学和实践教学两种类型。其中理论教学是为实践教学提供服务的，所以在普通本科院校中学生参与实践教学活动的机会是很多的。许多学校都成立了自己的实训中心，或者与企业合作建立实习实训基地，通过校企合作的方式实现产教融合。此外，高校还要重视人才培养的目标、规范和计划的设定，目的在于为当地社会经济的发展培养出高素质的复合型应用型人才。

（三）应用型本科院校在办学定位方面存在的问题

发展应用型大学是社会和教育发展的必然趋势，目前部分应用型大学是在专升本的基础上发展起来的。目前，在我国高等教育体系中，教学和研究型大学都有测量标准，而应用型大学没有明确的衡量体系。因此，虽然一些应用型本科院校将应用型人才培养定位为自身的特色，将建设应用型大学作为发展目标，但仍未对其定位进行科学认识，尚未形成相对明确的建设目标，更多地停留在口号上，并且没有落实应用型特征，导致毕业生难以就业。只有科学地认识并在高等教育系统中找到自己的定位，才能从各个方面反映其办学的特点。

目前，应用型高校尚未形成自己的办学特色，还没有回答"如何办学，培养什么"等基本问题，缺乏鲜明的特色和定位，模糊了应用型大学的教育理念。先进的教育理念对学校特色的形成起着重要的指导作用。教育理念反映了学校的办学理念和人文底蕴，包括正确的价值取向、健康的校园文化氛围、激励人的意志作用，是一种理性思考和实践追求。它还能作为一种准则，规范师生的行为，培养受教育者向上的精神，指导师生的实践。

1. 在与社会的关系方面

服务社会功能缺乏定位是中国地方应用型大学定位的问题之一。虽然这些高校在办校过程中积极探索为地方经济社会建设和发展服务，并进行了多项相关改革，却无法摆脱落后教育的现状，仍重视学历教育，教育和教学改革滞后。因此，学生毕业后很少应用学到的东西，理论和实际能力脱节，缺乏适应某些工作、促进社会发展和服务社会的能力和素质。一些大学提倡经济利益大于社会福利，仅仅注重经济收入。从短期来看，这些学校的发展已经取得了一定的效益，但从长远来看，这种主张不能带来社会效益，不利于学校本身的长期可持续发展。

2. 在办学特色方面

一些地方应用型高校始终坚持普通高等教育，办学特点尚不清晰。例如，专业设置、课程设置、管理模式等都是复制普通高等教育的模式，尤其是普通高等教育人才培养的目标，忽视了应用型教育的社会发展需求。应用型大学缺乏自己的发展特色，进一步导致在教育教学方面出现一系列问题。

3. 在人才培养目标的定位方面

大多数地方应用型本科院校借鉴研究型大学的人才培养目标和人才培养模式，注重理论知识的教学，而轻素质培养和实际应用，不能满足社会对应用型人才的需求，导致人才供应与需求不匹配。

4. 在教育目的方面的定位

中国相对缺乏教育资源，导致少数应用型高校教育目标不明确或定位不准确，在办学过程中过多强调追求经济利益，以寻求自身发展所需的经济和资源支持，增加收入；同时过度降低教学运营管理费用，经费的投入与使用偏离了人才培养的主线。应用型高校必须明确教育的目的，不忘初心，牢记人才培养的第一使命，从满足学校自身发展的需要转移到兼顾社会发展的需要。

(四) 应用型本科院校在办学定位方面存在问题的原因分析

如何定位应用型大学及建设应用型大学已成为高等教育改革的重要任务。解决问题的关键是找到影响应用型大学定位的因素。

地方应用型本科高校缺乏正确的认识和正确的理论指导。由于大学组织的差异性，面对诸多复杂因素和不确定因素，企业衍生的战略规划方法无法适应现有需求，也没有找到一套能够适应复杂情况的地方应用型本科学校定位理论，缺乏宏观经济政策的指导。指导高等教育的管理部门就地方应用型本科院校的管理方法达成共识还处于摸索阶段，政策指导和宏观判断不够，缺乏适当的社会影响机制。应用型本科院校在办学定位中出现的诸多问题不仅给学校的发展带来了巨大的资源浪费，也影响了教育系统秩序的均衡发展。

随着教育普及阶段的到来和买方市场的形成，关乎应用型大学生存的关键是就业，就业决定了学校的品牌和影响力，取决于学校能否在定位过程中成功创造市场认可的差异化思维。差异化的创造性思维不同于传统思维《蓝海战略》给了我们很好的灵感。学校的定位遵循以下步骤：选择焦点、进行侧向位移以产生刺激、建立联系、定位生成、分析可行性、定位实施。定位可以从学生层面、学校层面、企业层面切入。

为确保应用型大学健康稳定地发展，在当今激烈的竞争中找到自己的立足点，引导高等教育的合理定位、分类和发展，应从适应经济技术发展的需要出发。应用型本科院校应根据自身的办学特色，实践创新，以特色和质量求生存，以区域经济社会需求为导向，充分发挥办学优势，积极创新教育模式，提高教育质量。

二、应用型高校的建设

(一) 应用型高校的建设要求

目前，中国应用型技术人才的数量和结构远远不能满足市场需求，这是不争的事实。因此，有必要建立应用型高等学校，否则就会使建设工作陷入盲目状态，脱离科学发展的轨道，浪费资源，降低工作效率。应用本科院校要培养本科工程、技术和技能型人才，特别是注重培养工程技术人才。

1. 应用型高校应具备的条件

应用型高校应具备就业导向型的人才培养方向、以职业导向为主的专业设置、以专业性和实践性为主的课程设置、以理论与实践相结合为主的教师队伍、与应用型本科院校相一致的保障体系。

高校作为先进文化的建设和传播基地，为社会前进提供了精神动力和智力支持。纵观高校发展史，提供符合经济社会发展的人力资本、创新技术，提高劳动生产率，解决社会问题等是对高校的合理要求。随着社会职能的扩展，高校应按照国家治理体系和治理能力现代化的总目标和总要求，建立高校社会责任管理体系，完成从被动的社会义务履行者到主动的社会责任承担者的角色转变。

2. 应用型高校在教学体系建设中要体现"应用"二字

国内大学分为学术型大学和应用型大学两类。前者重视实验性的研究和理论性的探索，以培养教学、科研人才为主，授予的学位主要为学术型学位，有一套较为完整、先进的人才培养体系与科研理念做支撑。而应用型本科教育是中国经济建设现代化和高等教育大众化带动的一种新型本科教育。它突破了传统高校的教育模式，作为一种新的教育类型，为我国输送管理和服务一线、生产、工程等方面的高级应用型人才。它是相对于学术型大学而言的，重在"应用"二字，注重学生的实践能力。其核心环节是实践教学，要求各专业要紧密结合地方特色，在教学体系建设中要体现"应用"二字。

(1) 人才培养方面。人才培养是高校社会责任国家维度的重中之重。人才培养的方向强调专业的适应性，要促进产业、大学和研究机构的合作，即实现学校与企业之间的合作教育、合作就业、合作发展。对于当地生产、管理和服务的一线职位，主要培训技术工程师、技术研究人员和技术管理人员。高校的人才培养在传承民族文化、宣扬道德规范、研究社会问题、满足社会需要、输送人力资本、引领社会思潮等实现国家繁荣富强的方面具有重要影响，这也是高校承担的历史使命。

（2）科学研究方面。应用研究技术开发和关键专业实践的应用强调研究成果或专利的转变。高校作为科研创新的重要力量，必须把科研优势转化为科技优势，再通过充分的市场竞争将科技优势转化为市场优势，最终促进国家和地方经济社会的快速发展。当前，外部不确定因素增多，高校科研院所、实验室等更要发扬自立自强的精神，成为科研成果转化、技术转移的重要平台，主动承担起本地区的重大科研攻关、项目研发和课题调研，在服务经济发展的同时，自身业务能力和创新能力也将不断提高。

（3）社会服务方面。高校通过科技服务、专家咨询、职业技能培训等方式直接服务社区或区域经济发展，解决当地生产建设过程中的技术难题。从社会责任角度看，更多的是为经济社会发展提供必需的基础性研究和应用性研究，高校的研究成果必将成为整个社会创新的重要基础。习近平总书记在全国教育大会上强调，要"提升教育服务经济社会发展能力"。首先，高校作为智力和人才的聚集地，通过对科学技术的深入研究，加快应用型科技成果的转化和推广，解决地方生产的实际问题。其次，高校在智库建设方面具有天然优势，通过建设新型智库，发挥战略研究、咨政服务、人才培养、舆论引导、公共外交的作用，为政府决策提供信息、法律、心理等方面的咨询，为地方经济建设建言献策，以及传播与辐射先进文化服务。

3.应用型高校应遵循专业规则，促进技术和技能人才的培养

应用技术和技能人才的成长有自身的规律，这与普通教育不同。许多发达国家都已建设应用型高等院校，这也是我国决定建立职业教育学制体系的原因。因此，应该推行一系列配套改革，如从儿童入手，植入职业教育基因；将职业教育与普通教育结合；在全社会倡导不唯学历论；建立畅通升学渠道。一方面，改革普通教育和职业教育的体制和机制，改革人才培养的评价体系和标准；另一方面，探讨中等和高等职业学校的"3+2"或"3+3"分段培养，以及中职与本科的"3+4"分段培养、高职与本科的"3+2"分段培养等学制改革。专注大学生就业和应用型人才培养的万企千校平台提出，应

用型大学和高职教育的发展、应用技术人才的培养已被列为国家战略，也是国家和地方经济产业结构转型的需要。可注重以下几个方面。①应用型高校应有重点地服务地方经济社会发展。②应用型高校应遵循专业规律，促进技术和技能人才的培养。应用技术和技能人才的成长有自己的规律，这与普通教育不同。③应用型高校应抓住机遇，积极实施校企一体化。④应用型高校应注重科学教育和教育的创新与改革。应注重专业核心能力培养，根据专业核心能力要求，形成具有基础性、原理性的专业核心课程；根据本专业的实践能力要求，将课程与实践相结合，注重实践能力培养；注重创新创业能力培养，培养学生的创新精神、创业意识和创业能力；注重职业道德培养，可以单独开设课程或结合思政课、专业课进行。最重要的是，要注重个性化培养，教育要回到个体，培养应用型人才，更需要个性化。刘献君教授也分享了文华学院采用的"三九个性化教育模式"。"个性化教育起点是尊重学生，终点是学生尊重。"

(二) 应用型高校的建设路径

应用型大学应如何培养应用型人才是大家一直在思考的问题。对于如何将其与学术型大学、职业院校区分开来，党的十九大报告中已经给出了答案：政教融合、校企结合。应用型大学要将目标定位于培养企业、社会需要的人才，用这一目标来指导科研和教学。

1. 坚持学校的应用导向，具有清晰的学校战略定位

必须坚持学校的应用导向，具有清晰的学校战略定位，包括培养目标定位、培养层次定位和专业学科定位等。培养目标定位是培养应用型人才，建设高水平的应用型大学，提供应用型科研成果和社会服务，以促进地方社会经济发展；培养层次定位是分层培养、分类培养应用型人才，根据社会需求和学生能力，以培养应用型本科生为主体，以培养特色高职教育为辅，兼办成人教育，重视继续教育和培训的发展，并根据应用型高校建设进程和社会实际需要，适时发展应用型研究生教育；专业学科定位是紧跟社会发展热点和前沿，大力发展高新技术产业和新兴第三产业的学科，推动高新技术和新兴技术的研究，形成推动经济发展的新动力，并以地方特色优势驱动其他相关行业的发展，服务于地方经济发展。

2. 应该建立适用于现代工业发展的应用学科

应用型大学建设和发展的主要目标是建立服务于区域经济发展、满足地方产业发展需求的应用型专业学科。通过对地方社会经济发展实际情况的科学调研及对产业发展的人才和技术需求的认真分析，从而确定学校的人才培养目标和形成人才培养体系，建设适应区域社会经济发展的学科体系并根据地方经济发展特色和人才急需领域，集中力量抓好重点学科建设，形成专业品牌特色并能够切实满足现代工业发展需求，最终使不同层次、不同学科的专业相互支撑、相互匹配，形成完备的应用型人才培养制度框架。

3. 要建设科学合理的专业课程体系

促进中国应用型人才的培养，有必要做好四个方面的教育：一是人才培养基础教育，即通识教育和职业教育；二是人才培养专业基础教育，即基础理论教育、专业教育、科学教育和人文教育；三是人才培养核心教育，即实践教育；四是人才培养精神教育，即科学人文精神教育。纵观世界各国先进的应用型大学发展，其学科课程建设都先面向社会需求，知识传授与社会实际需求匹配度极高，学生毕业后即可适应社会和企业的岗位需求，减少学生进入社会后的二次教育时间和成本。例如荷兰海牙大学的国际商业专业，其本科生四年所学课程涉及市场分析与研究、社会商业环境研究、商业沟通交流、财务会计、金融证券、信息技术和经济法律法规等与商业密切度极高的专业知识，并且学校还提供大量的实践机会及与合作院校交流的机会，在注重理论知识教授的同时更注重学生实践能力的培养。而与之定位相反的著名的研究型大学阿姆斯特丹大学，同样是国际商业专业，其专业课程设置偏学术化和理论化。更多的是强调学生对经济发展研究的能力，并且没有相关的实践课程。对比两所高校的相同专业，不能以好坏来定义两所大学的人才培养模式。两所大学的课程设置都是根据学校的战略定位而来的，海牙大学是一所以培养应用型人才为目标的应用型高校，阿姆斯特丹大学则是传统的研究型高校。两者人才培养的侧重点不同，导致其课程设置不同，培养出来的学生能力也不同。海牙大学的学生更具有社会实践能力，能够很快适应毕业后的工作；而阿姆斯特丹大学的学生理论知识深厚，科研能力基础较好，能够适应进一步的学术深造。

应用型人才对社会发展的推动作用主要体现在能够对专业知识与技术

进行综合转化，能够灵活、具体地应用知识、技术，以及在工作中具备创业创新精神和良好的职业素质。而培养满足社会发展需要的应用型人才的关键是知识、能力和素质结构。如何进行应用型人才知识、技能和素质的培养，是大量学者研究的重点。综合各学者的观点，一般认为，进行应用型人才培养必须优化课程专业知识结构。面向职业发展和社会需求，建立科学合理的人才培养知识结构是培养应用型人才核心竞争力和职业素养的基本条件。应用型人才培养必须以学生未来职业目标为导向，明确知识结构的社会适应性和开放性的基本要求，以专业知识为基础，以通识知识为保证，以科学人文精神为引领，坚持理论知识与实践经验相结合，不断进行知识创新，以培养适应社会需求的应用型人才。

①以专业实践能力为核心。根据人才培养的职业目标，结合实际工作中对人才的能力需求和岗位要求，应用型人才应注重加强六个方面实践能力的培养，即社会适应能力、就业创业竞争能力、创新思维和创造能力、管理能力、信息分析处理能力，以及社会交际和沟通能力。各高校应根据各区域经济实际发展需求，培养学生的特色能力。

②以职业技能培养为核心。从实际职场环境来看，一个高素质、高水平的职业人才，既要有过硬的专业水平和专业素质等硬件，还要有维持个人发展的相关软件，如人格魅力、品质特质、合作精神、奉献精神及价值观和人生观。

③建立科学的应用型高等教育体系。该体系的人才培养层次包括三个级别：高职、本科和专业硕士。针对人才培养的现状，有必要在以下三个方面加强应用型高等教育：一是加强应用型本科院校建设，突出本科应用型人才的特点，通过应用型高校示范项目建设，引导高校科学定位，树立应用型大学建设理念，提高应用型人才素质，探索应用型人才培养模式，重点向社会提供具有应用型特征的本科人才，更好地服务于经济建设和社会发展；二是深化高职院校教学改革，提高应用型人才培养水平，现阶段高职院校培养的大部分人才仍然处于技能型人才水平，应通过推进课程体系和教学内容的改革，促进人才培养从技能型向应用型转变，通过校企合作、校地合作等协同创新方式，加强产业技术技能的积累，促进先进技术的转移、应用和创新，打通先进技术转移、应用、扩散路径，既与高水平大学和科研院所联

动，又与中职、专科层次高职联动，广泛开展面向中小微企业的技术服务；三是面向现代化和智能化，培养更高层次的应用型人才，创新专业硕士培养机制。当前我国专业硕士在硕士研究生培养规模中占比上逐步增加，但其培养模式与学术型硕士相差不大，没有达到应用型的标准。为此，各高校必须深度分析市场需求，结合应用型本科和学术型硕士的培养方式，创新专业硕士的培养方式，培养高层次的理论实践结合者。

第二节　应用型高校的职能

一、人才培养

人才是一个国家发展的核心竞争力，是先进生产力和先进文化的主要创造者和传播者，是社会发展的宝贵资源。没有人才的培养，社会就不会进步。因此，首先要解放思想、解放人才、解放科技生产力，创造良好的人才发展环境；其次要做好人才培养工作；最后要做好用人工作。必须按照科学人才理念的要求建立新的人才标准。必须把道德、知识、能力和表现作为衡量人才的重要标准，在坚持道德的原则下，不唯学历、不唯职称、不唯身份，做到不拘一格选人才，用好的作风选人，选作风好的人。作为新时代的教育工作者，高校教师必须充分意识到自身所承担的人才培养的历史使命和重要责任。要充分认识到新时代应用型专业人才培养的重要性和紧迫性，充分发挥高校这一应用型人才教育主阵地的积极作用，做到教书育人、实践成才、服务于才，培养高素质应用型人才，解放思想、大胆探索、不断完善，努力建立科学、理性、有活力的就业机制，形成人尽其才、人才辈出的良好局面。

人才是发展的主体和关键，是地方和城市发展的核心竞争力。区域经济的科学发展、跨越式发展，需要构筑人才的比较优势，需要解放思想、解放人才、解放科技生产力，创造良好的人才发展环境。高校在人才培养中肩负着重大的历史使命，需要充分发挥教育主体的作用，教书育人、管理育人、服务育人、环境育人。在这种背景下，就要求教师不仅要具备过硬的专业知识和教学技术，还要具备出色的创新能力。高校教师要意识到自身不仅是知识技术的传播者，还是人类灵魂的工程师。实施素质教育是中国进入21世纪后，提高人民素质、培养跨世纪人才的重要战略举措。在进行应用型人才培养的过程中，可以借鉴素质教育的相关措施，将学生素质教育融入应用型人才培养模式中。素质教育的实施是时代的呼唤、社会发展的需要，是人才培养的必经之路。重视人才的培养势在必行。

培养应用型人才就是培养能够把成熟的技术和理论应用到实际的生产、生活中的技能型人才。可以从不同角度对人才进行分类。从生产或工作活动的目的来看，现代社会的人才可以分为四种类型：学术型（理论型）、工程型、技术型和技能型。按照联合国教科文组织1997年发布的世界教育分类标准，与普通高等教育培养学术型、工程型人才相对应，高等职业教育培养高等技术应用型人才。地方政府有必要采用试点推广、示范引领等手段，引导一批普通本科高等院校转变为高等应用技术型学校，重点是举办本科职业教育。当一所独立学院转设为独立的高等学校时，鼓励将其定位为高等教育的应用技术类型，探索本科职业教育的发展，建立面向专业需求、注重培养实践能力、以产学结合为途径的专业学位研究生培养模式，并建立符合职业教育特点的学位制度。要适当提高专科高等职业院校招收中等职业学校毕业生的比例及本科高等学校招收高职院校毕业生的比例，逐步扩大高等职业院校招收有实践经历人员的比例。根据美国心理学家马斯洛的需求层次理论，个体在发展的不同阶段及所处不同地位上都有不同的需求，并且随着个人发展，其需求一般是逐级上升的，即按照生理、安全、交往、尊重和自我实现五个等级，由低到高进行需求升级。对于"人才"这类个体，一般来讲，其较低的三个层次的需求都已经得到满足。他们之所以还能够继续发挥自身潜能，更加努力地工作，大多是因为有着强烈的被尊重和自我价值实现的需求。在人才培养的过程中，必须要做到尊重人才、尊重能力、尊重其劳动成果，在全社会形成尊重知识的意识。

发展应用型教育是高等教育发达国家和地区在知识经济社会和高等教育大众化背景下的共同选择和普遍趋势。从应用型人才的概念、本质属性和基本特征可以看出，培养应用型人才具有多方面重大意义。

首先，从国家层面来说，培养应用型人才是经济新常态下我国实现创新驱动发展战略，实现经济发展方式转变和产业结构调整，进行供给侧结构性改革的客观要求，也是将科研优势转化为实践优势，将科研成果转化为现实生产力，促进社会经济发展，推动我国现代化进程的必然要求，同时也是国家进行高等教育改革，形成完备的高等教育体系的重要突破口；其次，从学校层面来说，培养应用型人才是我国地方高校求生存、谋发展的必然要求，也是我国地方高校转型服务于地方经济发展、提升国民素质的必然要求；再次，从企业和个人层面来说，培养应用型人才是个人提升能力素质，企业获得所需人才，提高人才培养和人才需求能力契合度的必然要求，也是实现个人发展和企业发展的必然要求；最后，从高等教育的性质和特征来说，培养应用型人才是补齐高等教育人才培养短板，形成多层次的高等教育体系的必然要求，也是继续发挥高等教育在社会经济发展过程中的巨大推动力作用的必然要求。因此，注重培养应用型人才是高等教育的时代使命和内在规定。为适应并有效完成时代赋予的重任，高等教育必须改革。

在新时代，人才的重要性比任何时候都更突出，人才之需比任何时候都更紧迫。发展是第一要务，人才是第一资源，创新是第一动力。在三个"第一"当中，人才可以说是重中之重，因为发展要靠人才，创新也要靠人才。在当今时代背景下，和一二十年前相比，和人才引进相比，在转变发展方式、优化经济结构、转换增长动能的实践中，立足于本土本地的实际培养人才的意义更大。虽然人才引进重要，但人才培养同样重要。只有对两者同等重视，人才才会持续不断地"冒"出来。人才政策不应当只是人才引进的政策，人才培养的相关政策也不能缺位。一些高校出台了不少引进人才的奖励激励计划，但鲜见高校人才培养计划和奖励计划。不可否认的是，人才引进往往能起到立竿见影的效果，而人才培养需要费时费力。但是从长远发展来说，只有立足于人才培养，才不会陷入人才荒。

二、科学研究

高等学校不仅是人才培养的摇篮，同时也是社会思想进步的前沿阵地，是科学发展、技术进步的孵化基地。提升高校教学质量、培养社会所需人才是高校赖以生存的根本和基础，而重视科学研究、提高科研水平则是高校谋求长远发展、提升综合实力及促进教学发展的重要保证。因此，作为高校各项工作的主体，高校教师必须在完成教学任务的基础上，积极开展科研工作，将教学与科研两者有机结合，不断提高自身的学术水平，如此才能更好地提升教学质量，促进学校发展，培养出适合新时代的、合格的高素质专业人才。

(一) 科学研究的内涵

科学研究是指为了增加人类知识储备，获得自然和社会领域的新知识，并用这些知识发明新技术、发现新模式用以改造世界的过程。科学研究既是高校传授知识的重要源泉，也是高校综合实力的重要体现，还是国家科研创新能力的重要体现。当下的科学研究是以问题为导向的，即为了解决问题而进行科学研究。问题分为两种：一种是理论问题，关注的是某些理论自身的适用性、科学性与与其他理论的相容或竞争问题，对这类问题的研究主要是为了发展完善既有理论，验证假说形成新理论，是整个科学理论的基础和核心，是社会和政府评估学校和教师的重要手段；另一种是实践问题，涉及的是如何利用已有相关理论，将其转化为实践所需的直接动力，并验证理论是否正确和是否对实践有着推动作用，以及对实践活动进一步优化完善。如前所述，高校具有浓厚的科学研究氛围和深厚的科研能力及良好的学术声誉意味着人才培养能力也具有一定的水平和特色。社会和政府根据科学研究水平向大学提供资金支持。因为新建应用型本科院校定位和功能发生了变化，所以科研管理必须主动适应区域经济社会发展需求，构建管理机制，创新服务途径，营造科研环境，组建研究团队，服务生产实际，凸显产学研相结合、紧密联系社会、服务地方发展、重在技术应用的科研管理新特征。

(二) 科学研究的类型

传统意义上的科学研究有两种：一是基础研究，以论文为主要表现形式，目的是了解自然和传播知识，研究人员的主要收获是良好的声誉；二是应用研究，目的是解决生产中的问题，研究人员的主要收获是技术转让后的效益。对于专业研究机构和企业来说，转化研究的成果是主要目的。然而，对于大多数高校和高校中的教师而言，良好声誉的教育和研究经费要远远大于转化研究成果所获得的具体收入。因此，从学校的角度来看，教师的主要研究工作是可以迅速提高学校声誉的热门基础研究。应用研究的风险相对较大，需要大量的资金和精力投入，不是大学教师在教学之余使用零碎时间可以完成的，这是研究机构和企业应该做的事情。在整个科研体系中，大学的主要作用是提供受过科学训练的人才和新思想，研究机构和企业运用这些人才和思想来创造新的产业和提高生产力。大学和企业是合作关系，而不是竞争关系。

（三）科学研究的过程

科学研究过程可以分为选题、提出研究假设、搜集资料、整理分析资料、撰写研究报告或论文、发表研究成果六个环节。

（四）促进高校教师科学研究的路径

1.选择适合的研究方法

高校教师在开展科学研究活动的过程中要选择合适的研究方法，常见的研究方法包括实验法、观察法、调查法、文献研究法、个例研究法等，这些研究方法有各自的优势和缺陷。所以，要根据科学研究的课题和目的来选择合适的研究方法。

2.重视如何将科研成果转化为实际价值

开展科学研究的目的在于改变世界而不是去认识世界。根据科研成果的转化特点来看，其转化过程是非常复杂的。想要将科研成果转化成实际价值，就要从三个层面进行考虑。首先，从微观的层面来看，就是要重视应用科研成果研发产品；其次，从中观的层面来看，就是将科研成果对外开放共享，形成集成性的科技资源去解决实际研发问题；最后，从宏观的角度来看，就是利用科研成果促进科技创新和进步，扶持和发展新兴产业，调整产业结构优化升级。由此可见，科研成果的转化方式主要分为五种类型，即自我投资、转让他人、分享并允许他人使用科研成果、以合作的方式共同利用科研成果完成产业结构升级转型、将科研成果当作股份入股投资企业。其中自我投资的方式就是自己具备将科研成果转化为实际价值的能力，通常情况下高校、科研机构和企业都具备独立科研并将其成果转化为实际价值的能力。这种方式的特点在于不需要中间投入，能够降低成果转化的成本，适用于具有独立产业链的主体单位。而转让他人和分享并允许他人使用科研成果的方式，相当于将科研成果的转化权交给具有转换能力的单位组织，这也是科研单位经常使用的转换方式。以合作的方式共同利用科研成果和技术入股的方式则是一种合作转化方式，与产教研三者融合的理念是比较契合的，能够分担风险和实现利益共享，是一种长期的、可持续的转化模式。

3. 要有正确的科学研究观念

科学发展观是指导高校教师合理树立科研观的理论依据。高校教师不仅是教书育人的主力军，还是科学研究的生力军。在当前条件下，高校教师要高质量地做好科研工作，需要具备四种意识：①超前意识，科学研究要站在时代前沿，密切结合时代发展与最新动态，超越突破性的研究内容和思路；②创新意识，要在现有技术的基础上进行大胆的创新，以创新推动发展；③团队意识，要注重团队成员之间的相互配合，发挥各自的能力共同完成科学研究；④坐得住意识，要能沉下心来，踏踏实实，一步一步地做科学研究。高校教师的科学研究除了要服务社会，促进科技、经济、社会的发展之外，还需要服务于教学，促进教学水平的提高。一名科研实力强的教师，通常对所教学科的理论前沿和实际问题都比较清楚，而且具有科学的思维、研究和创新方法。这样的教师不仅能教给学生最新的知识，而且能教给学生获取知识和创新知识的方法。中外科研史上的著名科学家，大多同时又是教学大师。教给学生获取知识和创新知识的能力对于培养创新型人才、建设创新型高校至关重要。

4. 要努力申报各级基金和计划项目

国内和国际上都有各级各类专门的科研基金管理机构，负责科研项目的审批立项。每年各类的基金项目都紧跟国家和地区社会经济发展趋势和面对的问题。高校教师积极申报科研基金项目，一方面是寻求科研成本的负担者，以便更专注于科学研究，省去经济上的后顾之忧，从而提高自身学术水平，促进高校办学；另一方面也是为国家和社会解决一定的实际问题，取得研究成果来推动社会进步和经济发展。对于应用型高校来讲，要善于调查研究，紧跟国家和地区发展，洞悉社会经济问题，并切实致力于解决这些问题，因为应用型高校本身所具备的特点使其在申报科研基金项目时更具优势。同时，应用型高校在进行科研创新时，一方面可以使学生参与其中，解决学生的教学实践问题，另一方面也能切实为地区发展做出贡献。

(五) 科学研究工作的作用

科研工作对于一所高校的发展具有重大影响。科研与教学是相辅相成、相互交织、相互促进的。对于研究型大学来说，科研工作虽处于主要位置，但其对教学的促进作用却是显而易见的；而应用型大学虽强调"应用"二字，注重学生实践能力的培养，但若无紧跟时代发展的科学研究、社会调查做支撑，提高学生实践能力便无从谈起。掌握不了第一手资料，对于应用型大学的发展而言便缺乏了创新性，失去创新性、拾人牙慧便只能做应用型大学建设的跟随者，无法真正发挥应用型的科研作用。从教师层面分析，科学研究同样具有重要的意义和作用。在普通高等院校，教学是主要任务，教师作为知识的传授者，其学识高低、能力大小直接关系到教学质量。目前，能够提升教师教学质量的途径除了定期培训，便只有高校教师的自我学习。况且，培训大多为短期的教学技术方法的学习，无法从根本上解决教师需要渊博学识的问题，因而教师水平的提高很大程度上依赖继续学习。科学研究作为知识创造的重要途径，显而易见是教师提高自身素质、能力、学识的不二法门。通过进行科研工作，教师一方面会提高自身学识，增强理解、分析和解决实际问题的能力，从而提升学术水平和教学质量；另一方面，也能将科研成果作为最新知识融会贯通地传授给学生，从而使学生所学更加贴近社会，提高其实践能力。但科研工作并非轻松愉快的工作，其过程较为艰苦，也特别考验教师的精神意志。在科研工作中锻炼教师意志、激发教师创新精神、培养教师科学严谨的治学态度，不仅对教师个人发展具有重大意义，同时也会潜移默化地影响其所教授的学生，能够促进学生形成严谨、一丝不苟的科学态度及敢为人先的创新精神，对学生的未来发展具有积极意义。

(六) 科学研究必须服务于国家战略需求

创新是促进经济发展、产业升级的第一动力。当前是中国经济社会发展的关键时期，也是建设创新型科技强国的关键时期，因此应提高自主创新能力，切实把科学技术摆在优先发展的战略地位，全面落实《国家中长期科学和技术发展规划纲要 2021—2035》的各项战略任务，用科技的力量推动经济发展方式转变成为当下我国发展的重点。国家创新能力的提高，离不开高校的科研创新工作，因而必须重新认识到高校在国家创新体系中的重要地位，重新树立高校科研瞄准国家战略发展的旗帜方向。高等学校的科学研究是有效地利用和开发知识从而促进经济发展和竞争能力提升的根本途径。科学研究必须服务于国家战略需求，积极面向国民经济建设主战场，大力促进科技成果转化，在获得巨大社会效益的同时获得更大的经济效益，为学校发展筹集更多的经费，争取社会各方面的更多支持。要走产学研紧密结合的路子，特别是和与学科紧密结合的企业建立联合实验室，这是我国建设高水平大学的优势所在。

(七) 各类高校应进行有效分工

各类高校进行科研工作时，还应进行有效分工。科研实力深厚的研究型大学在科研工作上具有天然优势，因而应将科研重点放在基础性研究及高新技术的转化应用上；而应用型高校是教学型高校，其科学研究应首先服务于应用型人才培养及教学质量提升。因此，应用型高校要偏向于具有应用实践性教育价值取向的科研，追求科研的实践性教育价值的最大化。科研的各方面和各环节都要有利于教育教学活动的开展，有利于应用型人才培养目标的实现。应用型高校可以搞基础研究，但应以技术开发型的研究为主，坚持学校服务行业的方向，进行促进行业和地区发展的领域研究，注重面向行业、职业实践的技术开发和应用等方面的应用研究，以解决地方经济发展中的实际问题。

三、社会服务

(一) 社会服务的内涵

广义的社会服务是指高校的社会功能和作用，包括培养人才、发展科学技术和直接服务社会等。就内容来说，高校的社会服务职能除了经济的之外，还包括社会的、政治的、文化的和教育的等各方面；就服务项目的性质来说，既包括有偿的，也包括公益性的或无偿的。狭义的社会服务是指高等学校提供学术服务、提供专业人才，促进知识功能的发展，以直接满足社会的实际需求，服务于经济、政治、科学和文化发展，使高校能够做到人尽其才、物尽其用，这是高校融入社会的重要体现。为此，应用型高校应充分利用自身具备的各类资源，从人力资源供给到智力资源输出，为社会治理和社会发展提供高水平、高质量的全方位服务，使高校进一步成为社会服务中心。大学社会服务职能的实现主要是基于教学和科研活动，但随着高校的发展及社会需求的变化，其服务内容日益丰富和扩展。

(二) 高校的社会服务职能

现阶段，高校的社会服务职能主要有成人继续教育服务、公共组织决策咨询服务、进行社会批评和监督、科学技术培训与推广服务、建立数据库实现资源共享服务及高校自主建立企业服务社会经济。在上述高校社会服务职能中，应用型大学在为区域和国家重大决策、建立知识型企业、促进区域高科技园区发展提供咨询方面发挥了关键作用。从高校社会服务职能作用形式来看，随着社会服务内容逐渐复杂化和整合化，要求服务形式升级换代，逐渐多样化。目前，除了传统的聘请教师作为顾问、协助创办公司等之外，越来越多的学校正在与企业和地区创新合作模式，深度进行校企全面战略合作，创建"高校—企业"资源库，逐渐优化高校的社会服务职能，提升高校对社会经济的影响力。大学服务社会职能的发展，把象牙塔和社会的距离拉近了，使高校更多地融入社会发展，倾听更多社会需求的声音，在为社会服务的同时，也为自己的发展赢得更广阔的空间。

1.高校是知识分子和人才培养的摇篮

随着国家创新驱动战略的实施，供给侧结构性改革和产业转型升级对"创新支持"的需求日益增加，高等教育正在走向社会的中心，大学的作用正逐渐从过去的适应服务转向服务和支持引领同步。为贯彻习近平总书记重要讲话精神，地方高校要自觉找到正确的立场，深化综合改革、创新体制机制，进一步激发广大知识分子的知识活力。培养创新型人才、创造原创性成果在全面建成小康社会的过程中发挥了重要支撑作用。

2.应用型大学应服务地方经济

随着经济发展方式的转变和产业结构的转型升级，新型劳动力就业的结构性矛盾日益突出。为适应形势发展，地方本科院校应用型大学的转型已成为当务之急，且被提上重要议事日程。要坚定不移地走融入当地经济、社会和文化生态之路，关注当地主导产业，打造符合当地需求的特色专业群体，巩固办学特色，注重培养地方应用型人才，突出办学的地方特色。服务地方经济和社会发展不仅是办学质量的体现，也是自身可持续发展的需要。在服务地方经济时，高等院校应勇于承担历史责任，提升科技创新能力，服务于物质文明建设。一是人才培养。人才培养是基础，缺乏高素质人才是制约地方经济发展的重要因素。要发挥高等院校的优势，培养大批高素质创新人才，打破地方经济发展的"瓶颈"。二是技术服务。技术服务是核心，地方经济增长主要取决于科学技术的进步和更新。只有创新和提高科学技术的质量，才能提高当地经济发展的质量和速度。三是信息服务。信息服务是渠道。高等院校必须为地方经济发展提供高效、快速、准确的信息服务。四是物质资源服务。物质资源服务是一种必不可少的支撑形式。高等院校的研究基地、科技中心、图书馆和体育场馆是高等院校服务社会的重要资源。实现资源共享，就可以在为当地经济和社会发展服务方面发挥积极作用。

3. 应用型大学应服务地方文化

高校利用自身优势促进当地文化的繁荣发展。高校作为传授知识、传播文化的中心，有责任培养当地文化"软实力"，营造良好的社会文化氛围。独特的文化环境、浓厚的学术氛围和积极的学校道德观念对地方文化建设起到了指导作用。充分发挥高校独特的文化主导作用，培育当地良好的文化生态环境，是高校服务社会的重要功能。首先，地方大学必须立足自身，努力增强内功，强化大学文化。要充分考虑地方文化的特点和优势，整合地方文化的先进要素，完善自身的精神文化，规范自身的行为文化，改善自身的环境文化，提升地方高校的核心竞争力，塑造高端品牌的本土文化。其次，地方大学必须找到一个与当地社会的结合点。地方大学不是无所不能的。掌握清楚当地大学可以为当地文化做些什么，当地社会需要当地大学做些什么，就有可能做好供需对接，引领当地文化。最后，引领地方文化是一项长期发展战略。尽管存在许多困难和问题，但地方大学不能畏首畏尾，也不能空喊口号，更不能放弃。相反，必须审视整体情况，坚持不懈，一步一步地稳步前进，接近、研究、扬弃和领导当地文化。地方大学在地方政治、经济、社会和文化建设中发挥着重要作用，任重道远。应进一步树立文化服务意识，建设文化服务队伍，形成强大的文化服务，增强文化服务功能，走适合自身发展的特色道路。

4.应用型大学应服务地方教育

大学应引导优秀的教师团队及高素质的大学生投身于地方教育发展中，科学、高效、全面、长期地为地方教育整体水平的提升发挥自己的力量。应用型大学重在"应用"。这是一个双向的机制，互利共赢、相互协作、共同发展。尤其是应用型大学中师范类专业的师生进入地方小学、中学进行支教活动，一方面能把理论研究、学术知识和教学技能带到实际应用中，通过实践活动完善及提高自己的各方面能力；另一方面，地方教育整体水平也能得到显著提升。

学校应建立全校性社会服务管理职能部门，或者将整个学校社会的服务管理交由相关职能部门执行。要制定配套的社会服务管理方法、规章制度，制订社会服务发展规划，加强团队建设，组织和规划一批思想作风好、科研水平高、技术能力强的社会服务骨干或队伍。为了健康、有效地发展社会服务，必须正确处理人才培养、科学研究和直接社会服务三大功能之间的关系，建立协调三个功能的平衡机制。这三个功能是相辅相成的。社会服务可以促进教学和科学研究的发展。通过服务，可以直接了解新的社会需求和新问题，补充、丰富教育内容，为科学研究提供信息和课题。而教学水平的提高和丰硕的研究成果已成为高校社会服务的前提和优势。只有三个功能平衡协调和相互促进，才能保证社会服务的正确方向，形成三者之间的良性循环。当今高校社会服务的内容和形式更加丰富，社会服务能力也得到了很大提升。事实上，无论高校的社会服务内容和形式如何变化，本质都应该是一致的，即高校根据自己的使命和责任，不断适应社会发展的变化，用知识和资源来促进社会发展。重新审视高校社会服务职能形成的历程，有助于认识高校社会服务的本质，为当今我国高校社会服务的发展提供正确的指导。

应用型高校需要深化产教融合，将国内一流学科和区域一流学科建设与推动经济社会发展紧密结合，着力提高高校对产业转型升级的贡献率，努力成为催化产业技术变革、加速创新驱动的策源地，推动重大科学创新、关键技术突破转变为先进生产力，增强高校创新资源对经济社会发展的驱动力。

第五章　应用型高校教师专业实践能力提升

应用型高校既是一种高等教育和高校的类型，也是一种新的大学理念。引导部分地方本科高校转型发展是党中央、国务院做出的重大决策，是我国高等教育领域的一场重大变革。这种"教育变革实践"使应用型高校产生新的办学定位与人才培养目标，对应用型高校教师专业素质能力提出新的、更高的要求，即应用型高校教师应兼具"双师"资格与"双能"素质，确立"双师双能型"教师的角色定位，着力提升自身的专业实践能力。教师角色定位的改变，要求学校教师管理制度与之相适应，从制度和观念上推动应用型高校教师转型，生成新的教师角色行为。

第一节　应用型高校教师专业实践能力提升的理念

一、地方本科院校的转型变革

地方本科院校转型发展是伴随高等教育大众化和我国经济社会发展需求而生的一种国家战略，是国家为解决高等教育结构性矛盾、实现高等教育的内涵发展做出的重大战略决策，同时也是我国高等教育领域内的一场深刻变革。改革开放以来，我国应用型高校的嬗变历程大致可划分为"雏形萌动""模式探索""规模扩张"和"转型变革"四个阶段。2013年，教育部开启了地方本科院校向应用型院校转型发展的战略实践。从2013年中国应用技术大学（学院）联盟成立，到2015年11月，教育部等三部委印发的《关于引导部分地方普通本科高校向应用型转变的指导意见》，再到2019年2月国务院印发的《国家职业教育改革实施方案》，一系列有关地方高校转型发展的政策举措相继实施，有效地推进了地方本科院校向应用型转变。我国推进地方本科院校转型发展、建设应用型高校，内涵是：推动地方本科院校把办学思路真正转到服务地方经济社会发展上来，把办学模式转到产教融合、校企合作上来，把人才培养重心转到应用型技术技能人才上来。

高等学校是人才培养的摇篮，高校人才培养的理念决定了其最终人才培养的类型。美国著名教育哲学家布鲁贝克（Brubacher）认为，大学确立它的地位主要有两种途径，即存在着两种主要的高等教育哲学，一种主要以认识论为基础，另一种则以政治论为基础。认识论教育哲学强调研究和发现知识、探索高深学问、培养纯学术型人才；而政治论教育哲学强调"为国家和社会服务"，用知识来解决社会中的实际问题。认识论和政治论两种不同的教育哲学理念在高等教育发展中冲突不断，或此消彼长，或并驾齐驱，奠定了高等教育科学研究和社会服务两大职能。虽然曾有学者对布鲁贝克的高等教育哲学观提出质疑，但他的高等教育哲学理念在一定程度上确立了高校学术型和应用型两种不同的人才培养类型的哲学依据。就政治论而言，这种实用主义的大学理念倡导大学要与工业、农业、商业等紧密结合，培养大量学以致用的实用型人才，为迅速变革的社会政治、经济、科技等发展服务。社会发展对人才的需求是多样性的，加之高校自身的能级、特长不同，高等院校的办学层次、类型及发展规模也应多样化。高校在办学类型、层次及规模上的差异并不代表其办学质量和水平存在高低之分，它所反映的只是社会对人才的多样化需求，是经济结构、产业结构、社会分工在高校定位及人才培养上的具体体现。

按照国家要求，大多数地方本科院校都要确立为应用型高校。作为一种新的高校类型，应用型高校介于研究型高校和高职高专院校之间。相较于高职高专院校，应用型高校属于大职业教育系列的本科层次，是职业教育向纵深化、高层次化发展的结果，以培养高层次应用型人才为目标，更加注重人才培养的技术性；相较于研究型高校，其主要以科学知识和技术成果的应用为导向进行办学，以开展服务地方经济社会发展的应用研究与技术研发服务为宗旨，贴近市场的需求程度更高，市场性更强。

地方本科院校是应用型高校建设的主体，多为1999年以后新建，是我国高等教育的主力军。从发展渊源来看，地方本科院校多为高职院校升本而来，职业性和技术性血统鲜明。地方本科院校不应模仿研究型高校的办学模式，而是要结合自身实际和社会发展需求，在国家政策的指引下，走好转型发展之路。在办学定位上，要有别于研究型高校和高职高专院校，建设高水平应用型高校；在培养目标上，要有别于研究型人才和一般的技能型人才，培养本科以上高素质应用型人才。这种转型发展既是解决大学生多层次就业问题的需要，也是满足新常态下我国产业结构升级和产业发展战略的需要，更是应对我国高等教育全面大众化的必然选择。新时代，地方本科院校理应在应用型高校建设中谋求更快的发展；理应在新征程中坚持教育自信的基础，扎根地方办大学；理应坚持深化产教融合、校企合作，坚持走"政产学研用"结合的办学道路；理应进一步深化内涵、做强特色，全面提升服务区域发展和经济转型升级的能力，在实现教育大国和制造强国的过程中贡献自己的力量。

二、应用型高校的办学理念

大学办学理念是大学利益相关者关于大学内在属性与外在形态的基本观点，在很大程度上决定着大学发展的标准、规约大学的运行和调控大学的改革。高校的办学理念主要体现在办学职能、办学定位、人才培养目标等方面。在办学理念上，应用型高校应服务区域经济社会发展，注重特色应用型定位，坚持差别化竞争，培养高素质应用型人才。

(一) 应用型高校的办学职能

应用型高校以应用型本科教育为主，以培养高素质应用型人才为目标，注重理论与实践相结合、间接经验与直接经验相结合、抽象概念与具体思维相结合的应用性实践教学过程与实践教学体系，强调实践教学，侧重应用研究。具体而言：

1. 注重能力本位教育

能力本位教育通常是作为重视学科知识传授的传统教育的相对概念来使用的，其目的不是培养学者或研究者，而是根据产业或特定职业提出的具体能力的要求以及所要达到的资格或学习成果提供相应的教育或训练。能力本位教育是以学生需求为中心的教育教学方式，注重高校与政府、企业等组织协同育人，注重学校与社会资源的全方位合作，旨在使学生掌握具体的技能或者标准，将学生打造成某一领域的专家，而不是一个仅在特定的时间段内完成课程内容的人。因此，在能力本位教育下，学生以学习某些技能或知识为主要任务，核心目标是强调学生实践能力、知识应用能力的培养，确保学生熟练掌握专业知识和技能。因此，应用型高校以能力本位教育为导向，培养目标以应用为本，学科专业以需求为导向，课程体系面向应用，培养途径注重产学研结合，教师队伍具备双师素质。

2. 服务地方经济社会发展

从高等教育的发展历程来看，自中世纪大学产生至19世纪后期，社会发展对知识和技术的要求一般，这一时期的高等教育以培养研究高深学问的精英人才为主，属于少数人享有的奢侈服务。工业革命之后，工业经济成为推动社会发展的关键要素，社会发展对拥有实用技术和直接从事社会生产的高素质劳动者的需求愈加强烈。传统的大学往往固守原有的办学理念，其人才培养很难满足经济社会发展的需求和普通民众对高等教育的需要。这时，应用型高校应运而生，着重培养地方经济社会发展需要的高素质应用型人才，通过应用研究实现理论知识的转化，在应用型人才培养、知识转化、技术开发、社会服务中发挥关键作用，并逐渐从社会边缘走向社会中心，成为高等教育的重要组成部分。服务地方经济社会发展是应用型高校重要的办学使命。我国的应用型高校主要以地方财政投入为主，其学科专业设置、科学研究与人才培养均立足于地方、服务地方，紧紧围绕地方经济社会及行业发展需求，优化学科专业布局，发展特色优势学科专业，在服务地方的过程中发挥优势，在同类院校中办出特色、办出一流水平。

3. 注重实践教学

实践教学是实现应用型人才培养目标的关键，其主要目的是提升学生的实践操作技能和实践应用能力，培养学生理论联系实践、解决实际问题的能力。实践教学以工作过程为导向，强调教学内容应与职业实践相联系，教学过程与生产过程相对接。应用型高校必须高度重视实践教学，通过必要的实验、实训、实习条件保障及应用型师资保障，注重对学生实践应用能力的培养，注重学生关键性能力和职业道德素养的养成。校企合作建立的校内外实训、实习基地是比较理想的实践教学模式。这种人才培养模式的优势在于利用校企各自的长处，把以传授理论知识和基本技能为主的学校环境与以直接获得生产过程性知识、经验性知识为主的生产实践环境有机结合在学生的培养过程中，为应用型人才培养提供理论与实践相结合的实践教学环境。

4. 实施产教融合培养应用型人才

在培养目标上，应用型高校着眼于培养面向生产、管理、服务等一线的高级专门人才。深化产业和教育融合、构建行业企业与应用型高校合作的长效机制，是推进应用型高校建设，实现应用型人才培养目标，不断培养满足地方经济社会建设所需专门人才的关键。通过产教融合建立的应用型人才培养模式，一方面，可以充分利用合作方的资源优势，满足学生到行业企业实践培养的需求和教师到企业实践培训的需要；另一方面，在产教融合的基础上，通过产学研合作，应用型高校能够从企业聘请具有丰富实践经验的专业技术人才到学校任教，提升学校的师资水平和人才培养水平。应用型高校要紧紧围绕"产教融合、校企合作"这条主线，不断调整专业设置、重构课程体系，提升教师的"双师双能"素质。

5. 注重应用研究

应用型高校与研究型高校在科研性质上存在差异，应用型高校的科研任务主要是技术转化产品工作，而不是新知识创造工作。相较于研究型高校，应用型高校更多的是要解决理论、科学原理或是新技术如何在现实中应用并加以改进的问题。同时，应用型高校科学研究的目的主要在于提高教育教学质量并围绕着应用型创新人才的培养展开。因此，应用型高校应采取实践导向的知识生产模式，以实际应用研究进行知识生产，紧盯应用技术前沿问题，发展应用型科学研究。应用型的地方本科院校应该高举应用研究的大旗，立足地方、立足行业企业，从实际问题出发，满足地方、行业和企业需要。对于不同的学科，应用研究的开展也应有不同的内容和形式。理工科方面的应用研究主要是帮助企业解决技术难题、开发新产品、提高生产效率等；人文社会学科主要以文化服务、对策研究、参政议政、为地方社会发展献计献策等为主。

(二) 应用型高校的办学定位

在办学层次定位方面，作为一种新的教育类型，应用型高校介于研究型高校和高职高专院校之间，属于大职业教育的本科层次。在办学规模定位方面，应用型高校应充分考虑到自身的办学实力，既不能贪大求全、盲目扩建，也不能为了获取学费等办学资源无限制扩招。应用型高校应充分考虑学校经营质量因素，根据地方经济社会发展需求，合理控制学校办学规模，形成学校规模经济、效率和质量的有机统一。在办学特色定位方面，应用型高校应扎根于地方，有效利用多元地域文化特色、自然资源特色、经济特色及地缘优势赋予的自然条件。在与社会需求的长期博弈积淀中，应用型高校往往会形成你无我有、你弱我强的特色办学资源和优势学科专业。应用型高校要突出办学特色，利用地域文化特色加强学科建设，利用区域自然资源特色形成特色学科，利用地域经济特色提高学科建设水平，以特色提高办学竞争力，赢得生存空间。在办学模式定位方面，德国学者拉克内（Lackner）教授等认为"国际化视野、地方性根植、跨学科专业设置、应用性为导向的教学、与实践紧密结合的研发、紧凑学习安排、小班教学原则"七个特征是应用技术大学办学模式的关键所在。在办学模式上，应用型高校应紧跟地方经济社会发展，合理布局和整合应用学科专业，增加实践教学和实践课程比例，瞄准职业发展和岗位需求培养应用型人才。

（三）应用型高校旨在培养高层次应用型人才

按照人才在人类社会发展中所发挥作用的性质的不同，学界一般将高校培养的人才划分为学术型（研究型）人才和应用型人才两大类。学术型人才倾向于揭示事物的本质及规律、探究科学原理，而应用型人才倾向于将科学原理转化为现实生产技术，并直接应用于社会生产实践。工程型人才、技术型人才和技能型人才都属于应用型人才的范畴。社会对人才的需求是多样的，既需要研究高深学问和尖端问题的学术型人才，更需要大批高层次、高素质的应用型人才。应用型人才与学术型人才只是类型不同，并不存在层次上的差异，二者都是人类社会发展中不可或缺的，都服务于经济社会建设。其实，对于社会发展与大众生活而言，产生直接影响的是将理论知识、科学原理转化为工艺流程和实践操作，为社会谋取直接福利的应用型人才。

应用型高校以培养本科以上高层次应用型人才为主，本科层面应用型人才是应用型高校培养的主体，部分学科优势明显的应用型高校可培养专业学位研究生。高层次应用型人才能够将理论知识转化为实际生产技术，具有较高的综合素质和较强的专业性、技术性，能直接为社会创造综合效益。与高职高专教育相比，本科层面应用型人才不但层次更高，而且更注重应用技术。高层次应用型人才培养要按照厚基础、强应用、重实践的培养模式。一方面，应用型高校培养的人才要具有深厚的专业理论知识，绝不能为了突出应用而过于收窄专业知识面，削弱基础理论教学；另一方面，应特别注重学生实践能力的培养和训练，把应用性培养环节渗透到应用型人才培养的全过程。应用型高校应注重人才培养的应用性。应用性是人的一种能力特征，是具体专业技能和专业知识的抽象，区别于单纯的理论认知，强调人运用知识解决实际问题的能力及理论联系实际的特性。应用型人才最突出的特点就是应用性，应用型人才培养贵在其应用性。应用型高校应注重加强学生的应用性培养，使其具备解决社会实际问题的能力。

三、应用型高校教师的角色定位

要造工匠之才，必有工匠之师。如果应用型高校教师不是应用型人才，又怎么可能培养出应用型的学生？没有实际工作经验，对行业企业环境不熟悉，这样的教师很难培养出高素质的应用型人才。正如陶行知先生所言，"天下未有无生利经验之人而能教人者""无生利之经验则以书生教书生，虽冒职业教师之名，非吾之所谓职业教师也"[①]。因此，要培养出具有"生利"技能的学生，教师必须具有"生利"之经验、学识、教法。高校教师的角色定位是随着高校办学定位、人才培养目标及教师队伍建设要求的改变而不断变化的。

在普通本科高校转型发展的大背景下，应用型高校教师应实现由传统的"知识传授型"教师向"双师双能型"教师身份的转变。为此，应用型高校教师要转变角色定位，使自己成为具有"双师"资格、"双能"素质的实践者，以及具有较强专业实践能力的行动者。具体而言：

①教育理念与实践经历方面。应用型高校教师承担着培养高素质应用型人才的重任，担负着"教师"和"工程师"的双重角色，应秉承面向职业、服务社会、实践育人的教育理念，具有"学"与"术"并行的实践理念，把培养面向生产、建设、管理、服务等一线岗位的应用型人才作为核心工作目标。实践经历方面，应用型高校教师应具有丰富的专业实践经历与经验。按照实用主义哲学的观点，教育中真正的思想来源于问题情境的创设，每一个

[①] 江苏省陶行知教育思想研究会.陶行知文集[M].南京：江苏人民出版社，1981：3.

情境都是独特的，且只能通过实践行动的可能效果进行经验性探究。因此，就应用型高校教师而言，只有充分了解地方经济社会发展现状与趋势，了解相关职业领域内的新知识、新技术、新工艺、新方法，熟悉相关职业领域内的生产一线、工作现场、工作流程及岗位职责、技能要求、用人标准，具备丰富的实践经历与经验，才能将行业知识、能力和态度融入课堂教学中，才能够在实验、实训、实习中有效指导学生。

②专业知识方面。应用型高校在人才培养的过程中强调知识结构的综合性、适应性，这就要求教师把所教授的专业理论知识与对应的行业实践性、应用性、操作性有机结合起来。因此，应用型高校教师要具备良好的专业知识结构，不仅要掌握专业理论知识，也要有与专业领域相关的跨学科知识，还要具备开展实践教学、应用研究的实践性知识。应用型高校教师应把专业理论知识与行业实践性知识有机融合起来，形成开放性的知识结构。教师知识有多种来源，既包括实践经历，也包括以往的正式学校教育，即最初的教师教育或不断的专业培训。应用型人才宽广、先进、复合的知识定位，决定了应用型高校教师自身还应懂得行业企业的生产方式、工艺流程、发展动态、管理规律，了解行业企业的用人标准和岗位职责。

③专业能力方面。互联网时代推进了各项技术加速融合，职业岗位由单一型向综合型转变，集理论与实践于一身、能够解决复杂问题的复合应用型人才应运而生。应用型人才复合性、实践性的培养要求，决定了应用型高校教师应具备解决与专业领域相关的社会复杂问题的专项应用能力；具有丰富的社会实践经验，具备应用专业理论知识解决社会实际问题的能力；具有较强的实践教学能力，能够围绕一线生产实际和用人标准开展实践教学，将行业知识、能力和态度融于实践教学过程，能够承担实验、实训等实践教学任务，并在教学过程中向学生演示相关操作；具有较强的应用研究能力，把服务于地方经济社会发展的应用性、开发性课题作为研究的重点，在科技成果推广、技术转化与社会服务中取得显著的经济效益。同时，应用型高校教师应具有较强的自我发展能力、实践创新能力与社会适应能力，善于接受新知识、新技术、新方法、新观念，不断提升自己的专业素养，主动适应行业企业的发展新动态和技术革新对人才培养的新要求。为此，应用型高校教师要经常深入产业一线，了解行业前沿需求，拓展行业前沿视野，掌握行业前

沿技术，不断提升自身专业实践能力。

就本质而言，应用型高校教师属于"学术人"范畴。学术人是指以探究、传播、应用知识为己任，以发展学术、追求真理、服务社会为目的一类群体。"学术人"是一个上位概念，是对教师、研究人员、科技工作者、学者等特殊群体的统称。一般而言，"学术人"可分为"专业学术人"与"教学学术人"。从知识的本质来说，"专业学术人"以知识的发现和创新为职业使命，重在研究高深学问；"教学学术人"以知识和技能的传播与创新为职业使命，重在知识的转化与应用。在角色定位与选择上，研究型高校教师倾向于"专业学术人"，应用型高校教师则倾向于"教学学术人"。当前应用型高校的教师评价机制，使教师更多地关注论文、科研项目、著作等学术成果，教师"教学学术人"的角色产生了一定偏离甚至异化，存在偏向"专业学术人"的倾向。

第二节 应用型高校教师角色定位的实践意蕴

地方本科高校转型发展的教育变革实践使应用型高校产生新的办学理念，对应用型高校教师专业素质能力提出有别于普通本科高校教师的新的、更高的要求，从而产生"双师双能型"的教师角色定位。应用型高校教师角色定位的实践要义在于强化教师的"双师双能"素质，增强教师专业实践能力。对知识分类、知识劳动性质的知识观分析，以及对皮埃尔·布迪厄（Pierre Bourdieu）实践逻辑理论的透视，能够为应用型高校教师角色定位提供理论上的支撑和解释。

一、应用型高校教师角色定位的知识观

（一）知识的分类与应用型高校教师角色定位

现代认知心理学家普遍将知识分为陈述性知识（declarative knowledge）与程序性知识（procedural knowledge）两大类。陈述性知识是用来描述"是什么"或解释"为什么"之类的知识，包括"具体的知识、处理具体事物的

方式方法的知识和学科原理中的普遍原理、抽象概念、规则的知识"① 等方面，主要解决"知"方面的问题，具有静态性质。程序性知识是关于怎样完成某项活动的知识，也就是关于"如何做"的规则性知识，主要解决"行"方面的问题，其获得更多地体现在理解知识应用条件与操作过程的联系上，具有相对的动态性。程序性知识的来源有两个维度：教育系统职业教育特性、企业实践能力培养。教师的角色定位是由自身的知识结构及所培养学生的知识结构决定的，不同的知识结构下，教师的角色定位有所不同。转型前，地方本科高校以培养学术型人才为主，教师拥有的知识及学生获得的知识主要是陈述性知识，这种知识主要是外界倡导的理论知识。地方普通本科高校向应用型转型发展，要求教师走出"照本宣科"的桎梏，更加注重人才培养的实践性与应用性。由此，作为高素质应用型人才培养者，应用型高校教师既要具备陈述性知识，又要具备程序性知识，成为真正的"双师双能型"教师。教师专业实践能力是程序性知识的一种外在表现形式，应用型高校的办学定位与人才培养定位要求教师在获得陈述性知识的同时，大量补充程序性知识，不断增强自身的专业实践能力。

(二) 知识劳动的性质与应用型高校教师角色定位

应用型高校教师角色定位与其劳动特征密切相关。知识劳动可理解为依靠知识的劳动，是知识型劳动者围绕社会知识从事知识生产、知识传播、知识管理和知识应用等活动的统称。一般而言，知识劳动具有三种不同类型：知识创新，即进行科学研究，探究未知世界的规律；知识应用，即整理已有知识并转化为现实生产力；知识传播，即传授知识，提升劳动者素质。高校作为正规的社会组织，是生产、控制、传播高深知识，从事知识劳动的社会机构。高等教育在本质上是以高深知识为劳动资料的特殊劳动，可称之为"知识劳动"，其中劳动者是教师，劳动资料为高深知识。不同类型高校的职能不同，其知识劳动的性质亦不同。研究型高校以探究未知世界的科学原理为己任，主要以知识创新、培养学术型人才为主；应用型高校则是将理论创造和发现转化为现实生产力，以知识应用、培养应用型人才为主。知识传播是研究型高校与应用型高校的共同属性。

---

① 韦洪涛，艾振刚.学习心理学 [M].南京：江苏人民出版社，2004：88.

按照马克思主义的观点，认识和把握知识劳动的性质，要看知识劳动中劳动者与劳动资料的结合情况。任何社会生产的实现，必须使劳动者和劳动资料相结合。在马克思看来，"无论生产的社会形式如何，劳动者和生产资料始终是生产的要素。但是二者在彼此分离的情况下，只在可能上是生产的因素。凡要进行生产，就必须使它们结合起来"。①换言之，只有当劳动者与劳动资料结合起来，才能成为现实的生产力。从劳动的技术结合来看，劳动资料是劳动力水平的测量器。在知识劳动中，作为劳动资料的知识性质和水平，是劳动者知识和水平的标志和测量器。作为应用型高校的劳动者，教师应转变自己的角色身份，增强自身专业实践能力，这样才能更好地适应应用型高校的劳动资料和"技术形态"，把自己与应用型劳动资料结合在一起，服务于应用型人才培养。

知识社会学家弗·兹纳涅茨基（Florian Znaniecki）认为知识是所有角色的先决条件，人类参与一定的社会系统通常取决于他将参与什么样的知识系统，以及如何参与②。弗·兹纳涅茨基把"知识人"可能扮演的角色类型按照知识的谱系分为技术顾问、圣者、学者、新知识探索者（创造者）四大类型。按照其"知识人"的角色分类，每一位执行某项社会角色的知识人，都被他的社会圈子认为具有或者他自信具有正常的角色执行所必不可少的知识。"知识人"依赖在同一知识系统下，由于参与知识的方式不同，角色分类也就不同。换言之，知识系统决定了其所参与的社会系统，以及所从事的某项社会职业和执行的某项社会角色。弗·兹纳涅茨基把教师归列为"知识人"。教师以知识为工作对象，其工作的内容主要是知识的创造、发现、传承、传播应用等。研究型高校教师与应用型高校教师都依赖同一知识系统，但由于研究型高校与应用型高校知识劳动的性质不一样，其教师参与知识的类型及方式亦不同，教师角色定位也就不一样。

二、应用型高校教师角色定位的实践逻辑

布迪厄（Pierre Bourdieu）实践逻辑理论主要是为了探讨处于特定场域时，实践是如何发生、按照何种方式展开、在何种社会空间里运行的，并呈

---

① 马克思，恩格斯.马克思恩格斯全集（第24卷）[M].北京：人民出版社，1972：44.
② 弗·兹纳涅茨基.知识人的社会角色[M].郏斌祥，译.北京：译林出版社，2000：7.

现出怎样的一种图式①。在布迪厄看来，实践是复杂的发生过程。他将实践逻辑的分析模式用公式简要表述为"（惯习）（资本）＋场域＝实践"②。可以看出，实践就是场域、资本、惯习三者之间相互作用、相互联系的结果，而非三者中任一因素的单一结果。布迪厄实践逻辑的内核是基于"关系"与"行为"的逻辑，而行为是行动者行为倾向与特定场域的结构动力之间相互作用的产物。

场域是布迪厄探讨社会实践活动行动主体与社会结构的基本分析单位，是"在各种位置之间存在的客观关系的一个网络，或一个构型"③。在布迪厄看来，整个社会实践就是一个"大场域"，由大量相对独立的"子场域"构成。每个场域都有其特有的逻辑、规则、符号和代码，每个场域的逻辑和规则决定了不同位置的行动者在这个场域中的运作逻辑和实践逻辑以及通行的属性。行动者是场域形成的核心要素，行动者一旦进入某个场域，就获得了这个场域所特有的规则、符号和代码。

布迪厄在他的资本体系中，把资本视作积累起来的劳动，将其分为经济资本、社会资本、文化资本三种类型。经济资本以货币为符号，以产权为形式；社会资本以社会声望、社会头衔为符号，以社会规约为形式；文化资本以作品、文凭、学衔为符号，以学位为形式④。文化资本是高等教育场域最核心的资本，具体可分为身体化的、客观化的、制度化的三种形态。就高校教师而言，身体化的文化资本是教师经过多年研习而在身体内形成的长期稳定和内化的禀性、知识、能力等智能结构；客观化的文化资本是指教师物化或对象化的科研成果、专利发明等文化财产；制度化的文化资本是高校或政府依据合法化的制度确认的各种学历认定、学术头衔、学术资格、学术水平与等级。

惯习是一种"结构形塑机制（structuring mechanism），各种既持久存在而又可变更的性情倾向系统，其运作来自行动者自身内部"⑤。惯习本身是

① 朱国华.权力的文化逻辑 [M].上海：上海三联书店，2004: 19.
② 皮埃尔·布迪厄.区分：判断力的社会批判 [M].刘晖，译.北京：商务印书馆，2015: 169.
③ 皮埃尔·布迪厄，华康德.实践与反思：反思社会学导引 [M].李猛，李康，译.北京：中央编译出版社，2004: 133.
④ 朱伟珏."资本"的一种非经济学解读——布迪厄"文化资本"概念 [J].社会科学，2005(06): 117-123.
⑤ 皮埃尔·布迪厄，华康德.实践与反思：反思社会学导引 [M].李猛，李康，译.北京：中央编译出版社，2004: 19.

"历史"的产物，是一种"体现在人身上的历史"，由积淀与个人身体内的一系列历史关系构成，其形式是人们后天获得的各种身心图式系统，其开放性的习性体系受个人经历支配、影响。布迪厄认为，惯习具有持久性但不具有永恒性，其自身具有一种能动性，即不断创造自己的新本质的特性，所以具有生成性、建构性、动态性，甚至带来某种意义上的创造性能力。可以说，惯习"既是行动者主观心态的向外结构化的客观过程，又是历史的及现实的客观环境向内被结构化的主观过程"[①]；既是一种源于场域外的社会化了的主观性，一种与特定场域相联系的主观性，也是一种源于场域内位置和资本的产物。在场域中占据不同的位置、掌握不同的资本及资本赋予行动者对应性情倾向，慢慢会影响到惯习[②]。受场域客观关系的制约、形塑，同时又在实践中不断对抗场域中限制其发展的力量。惯习的后天习得性、动态性特征使得行动者的行为可以通过规则加以引导、塑造。

作为一种由地方本科高校转型发展而来的新型高校类型，应用型高校在办学理念、发展定位、人才培养目标、教师队伍建设等方面有其特定逻辑和制度规则。作为高等教育场域的子场域，在应用型高校重构中占主导性地位的特定逻辑为应用逻辑，其以培养高素质应用型人才为目标，强调实践教学，侧重应用研究，注重"双师双能型"教师队伍建设。"要构建特有资本的形式，就必须知晓场域的特定逻辑。"[③]文化资本是高校教师的核心资本。在新的场域下，应用型高校教师文化资本中的身体化的文化资本应由理论素养、学术修养向基于一定理论基础的实践理念、实践素养转向；客观化的文化资本应由注重论文、论著、纵向课题等科研成果向注重专利、技术、横向合作项目等文化财产转向；制度化的文化资本应由学历认定、学术头衔、学术资格与水平等转向职业资格、专业技能资质及"双师双能型"教师资格。

在应用型高校场域下教师新惯习主要体现为教师的行为与身心图示，如"双师双能"素质的情感、理念、认知、心智、价值取向及行为等。场域的转换使得惯习与场域之间出现"不合拍"现象，失衡的场域结构对行动者的惯习形塑形成误识，导致应用型高校教师的已有惯习不能适应"应用逻

---

① 宫留记.布迪厄的社会实践理论 [M].郑州：河南大学出版社，2009：150.
② 刘少杰.西方空间社会学理论评析 [M].北京：中国人民大学出版社，2020：180.
③ 皮埃尔·布迪厄，华康德.实践与反思：反思社会学导引 [M].李猛，李康，译.北京：中央编译出版社，2004：147.

辑"场域结构的变化和文化资本的要求。这对应用型高校教师专业发展造成较大的"斜向拉力",使其专业发展方向偏离"双师双能导向"而向"学术导向"倾斜。这就要求应用型高校教师消解那些不适应新场域的教师专业发展惯习,重建适应应用型高校场域的新惯习,产生新的文化资本,不断提升自身的"双师双能"素质。概言之,应用型高校"双师双能型"教师角色定位是地方本科高校转型发展背景下场域转换对教师文化资本、行为习惯的一种新要求,本质上是场域、惯习与组织制度共同作用的结果。

三、应用型高校教师角色定位的实践要义

应用型高校办学定位与应用型人才培养目标的确立,对教师的专业素质能力提出了新的标准,要求教师既了解企业对人才的质量需求,又可以将鲜活的教学案例、先进的工艺、最新的材料带回课堂,保持教育与生产一线不脱节,同时还能实现研究成果的社会转化。换言之,应用型高校教师需要具有理论与实践并重的知识结构、学术科研与技术技能兼备的能力结构、教师与工程师等身份兼具的双重素养[①],成为真正的"双师双能型"教师,具备"双师双能素质"。可以说,"双师双能型"教师队伍建设是应用型高校办学定位的基本要求,是应用型人才培养的必然选择,是确保地方本科高校转型发展的关键因素。

在相关研究中,冯旭芳等认为"双师双能型"教师应具有教师和工程师等"双师"资格,具有胜任专业理论教学与专业实践教学的"双能"素质[②];也有学者指出,"双师双能型"教师"专业理论知识和专业实践能力应呈现整合的'一'"[③]。教育部有关部门负责人认为"双师双能型"教师应兼具教师、工程师资格,兼备教学能力与工程实践能力[④]。2019年2月国务院印发的《国家职业教育改革实施方案》指出,"双师型"教师为同时具备理论教学和实践教学能力的教师。目前,学界普遍认为,"双师双能型"教师应兼有"双师"资格和"双能"素质。"双师"资格即教师、工程师资格,对于这一点,

---

① 周卫东.新建地方本科院校教师转型发展研究 [J].江苏高教,2018(04):58-62.
② 冯旭芳,张桂春."转型"试点高校"双师双能型"教师队伍建设探究 [J].高等工程教育研究,2017(01):140-144.
③ 祝成林.高职院校教师的身份及其文化建构 [J].职教论坛,2017(22):56.
④ 张大良.把握"学校主体、地方主责"工作定位,积极引导部分地方本科高校转型发展 [J].中国高等教育,2015(10):23-29.

学界的认识是较为统一的；然而在"双能"素质上，目前尚存在专业实践能力、工程实践能力、实践教学能力等方面的争论。实践教学能力属于教师专业实践能力，是专业实践能力的核心；而工程实践能力主要是工程人才面向工程实践，从事与工程相关工作必须具备的能力，是面向工程实践活动时所具有的潜能和适应性，从广义教师群体来看，也可划归到教师专业实践能力当中。因此，"双师双能型"教师应兼具"双师"资格，兼备专业理论教学能力和专业实践能力的"双能"素质。无论"双师"资格还是"双能"素质，专业实践能力都是"双师双能型"教师队伍建设的关键与核心。应用型高校教师角色定位的实践要义在于强化教师的"双师双能素质"，增强教师的专业实践能力。

四、应用型高校教师专业实践能力的表征

教师专业实践能力是应用型高校教师的核心专业素质能力之一，是教师"双师双能"素质的核心要义。从某种程度上说，应用型高校"双师双能型"教师角色定位的核心在于加强教师专业实践能力建设。在"双师双能型"教师角色定位下，教师专业实践能力的表征如下。

(一) 实践性、经验性是教师专业实践能力的价值所在

实践能力是主体通过实践活动与客体相互作用的产物[1]，其形成必然离不开实践活动。教师专业实践能力源于实践活动，在教育教学活动、企业实践活动中，通过教师与行业企业、实践培养基地的相互作用得以形成和发展，并在实践活动中不断完善和提高。离开实践活动去培养教师专业实践能力是不现实的。能力是以完成一定实践活动任务所需要的知识、技能、态度、经验为基础的，理论知识和经验在能力形成的过程中发挥着关键性作用。教师专业实践能力是教师在教育实践和社会实践过程中形成和发展的，是理论知识、实务经验与实践的凝结与重构。同时，其建立在实践经验的基础上，是实践经验的获取、丰富与拓展。一个没有实践经验特别是行业一线实践经验的教师，很难生成专业实践能力。实践能力的经验性特征产生经验性认识，经验性认识直接来自实践活动，是对实践活动的抽象和概括，经验

---

[1] 程利娜. 寻路: 提升大学生就业能力的职业生涯教育研究 [M]. 西北大学出版社, 2015: 37.

性认识和实践活动相结合生成的就是实践能力[①]。正是由于实践性与经验性，应用型高校教师才能将抽象的理论知识通过已有的实践经验转化成易于学生理解和掌握的经验认识、实践技能，将行业企业最新的工艺、技能通过自己的理解加工教授给学生。

（二）教师专业实践能力是一种动态、可生成的教师专业素质

经验性认识是实践活动的产物。教师在生产、教学实践活动中生成实践经验，这种经验的不断积累会形成经验性认识，经验性认识是教师专业实践能力的重要组成部分。基于实践活动，经验性认识是动态的、不断集聚发展的。可以说，教师专业实践能力是实践经验的积累、发展与升华，是理论知识的继承、运用与革新，具有动态性、连续性，是不断生成的一种能力。因此，教师要持续不断地到行业企业接受培训、挂职工作或实践锻炼，持续关注相关职业领域的生产一线工作现场及工作流程，在一次次解决实际问题的经验积累中逐步提升和发展。教师专业实践能力的生成并非知识、技能的简单综合，而是一个复杂的渐进过程，需要将理论知识与实践融会贯通，融合在教师专业实践活动中，使能力要素在教师专业实践活动中综合化、整体化、目标化。然而，教师专业实践能力达到一定水平后又具有相对稳定性，达到一个新的高度是较为困难的。鉴于此，教师要不断关注一线产业发展的新知识、新技术、新工艺、新方法，接续提升自身的专业实践能力。

（三）实践培训是提升教师专业实践能力的重要方式

应用型本科教育强调"应用性"的特征，决定了程序性知识在应用型人才培养中占有非常重要的位置。而程序性知识的获得具有行动导向、任务引领、多元情境、自主构建、知识融合的特征，需要在蕴含问题的真实情境中展开。教师专业实践能力以"实践问题解决"为核心特征，主要通过产学研合作、企业挂职锻炼、项目学习、生产实习等形式获得。在职前培养阶段，教师普遍获得了丰富的技术理论知识。在此基础上，需要广大教师通过实践操作、项目学习、生产实践等方式，在专业实践问题解决的过程中，在对行业一线新知识、新技能、新工艺进行选择、加工和重组的过程中，将不断积

---

① 周祯祥.创新思维理论与方法 [M]. 沈阳：辽宁大学出版社，2005：74.

累的经验性认识与理论知识、实践活动相结合，最终实现教师实践认知体系的重构，生成教师专业实践能力。因此，打破纯粹课堂理论教学的状态，引导教师走出学校、走进行业企业一线，到企业接受培训、挂职工作和实践锻炼，是教师专业实践能力获得的重要方式。

（四）教师专业实践能力建设与教师专业发展紧密结合

教师专业实践能力建设是应用型高校教师专业发展的核心内容之一，受学校管理制度影响大，与教师专业发展紧密结合在一起。应用型高校以培养学以致用的高素质应用型人才为使命，同时兼顾区域经济社会发展的应用研究与技术研发服务。由此，应用型高校教师的专业素质有别于研究型高校，更加注重专业发展的职业性、实践性。然而，现阶段应用型高校教师专业发展面临的最突出问题在于实践性专业素质能力不足，教师专业实践能力水平一般。保障教师专业发展，提升教师专业实践能力，必须注重教师专业发展的相关制度激励、引导。教师专业素质既决定着教师教育的质量，也在很大程度上依赖于与教师相关的学校管理制度。教师专业实践能力作为应用型高校教师关键的核心素质能力之一，其职前生成主要受学校培养影响，而职后培养需要良好的机制氛围、有效的激励引导，受学校教师管理制度影响大。可以说，学校制度建设能够保障教师专业实践能力提升的连续性、可行性，使教师专业实践能力提升得以制度化、规范化、常态化。

第三节　应用型高校教师角色定位的制度保障

地方本科高校转型发展使得应用型高校教师角色定位发生转变，而与教师专业素质能力相关联的教师管理制度也应进行相应的改革，以保障"双师双能型"教师队伍建设的稳步推进。

一、教师角色定位与制度的关系

教师角色定位的实现，在很大程度上与教师的行为选择有关。不同的行为选择，产生不同的实践行为和实践结果，影响教师角色定位的实现程度。制度对行为选择而言非常重要，它通过为参与人提供博弈规则、影响他们的策略集合与收益矩阵来对角色行为施加影响，在一定程度上决定着人们的思想观念和行为准则，并通过角色行为选择影响角色定位的实现程度。激励与约束是制度的两项重要功能。

一方面，通过制度激励，教师能获取与付出相等的收益，这就为其提供了一种持续的激励，影响高校教师的行为选择；另一方面，制度约束能为教师的行为选择提供一个基本的框架，从而划定高校教师行为选择的边界。制度在限制一个人某方面自由的同时也为其划定出一个可供其自由发展的、有保障的空间。同时，制度包含着固定的价值取向，能为人们清楚地预测未来的收益和风险，提供一个具有可操作性的价值标准，从而改变人的偏好、影响人的选择、激发人的能力。通过有效的制度界定和对行动者选择的限制，制度能够减少教师与学校交易活动中的不确定性，抑制教师的机会主义倾向，从而降低交易成本。因此可以说，高校教师职业行为选择是制度的函数，不同的学校制度为教师提供不同的行为选择空间与条件。

教师作为学校管理制度的相关人，其业务能力、行为模式、专业发展方向直接受制度的引导、激励、约束。学校制度为教师的行为活动提供了规则、标准和模式，能够划定教师角色行为选择的边界，决定教师的思想观念。制度通过提倡什么、反对什么、鼓励什么、限制什么，告诉教师能够做什么、应当做什么、不能做什么、禁止做什么。按照学校的办学定位与职能目标，制度将教师的教育教学活动导入可合理预期的轨道，有效地规范教师的行为方向和活动空间，不断重塑教师的实践偏好和价值取向，影响教师的实践行为选择。"虽然在大体相同的条件下，完全可以寻找出'同样的制度不同的人'这样庄严的命题，而一旦把'条件'视为最基本的制度因素，那么就一定还会得出'有什么样的制度就有什么样的人'这样一个更庄严的命题。"[1] 教师的行为选择受个人认知因素的影响，但其根源在于自身对学校制度中激励与约束机制的理性认知。

---

[1] 苏东斌. 人与制度 [M]. 中国经济出版社，2006：421.

二、应用型高校教师的角色定位需要制度保障

(一) 应用型高校转型实践客观要求教师转变已有角色身份

应用型高校转型前后教师角色定位的变化集中体现了地方本科高校向应用型转变过程中的各种制约因素和矛盾，这些冲突矛盾从教师角色这一个点上反映出高校转型发展中的广泛结构特征。"坚持角色只有与规则联系起来才能得到分析，强调这一点的必要性不是要把角色规定看作是既定的或者共识性的，因为角色规定可能包含着各种矛盾，可能集中了各种冲突，这些矛盾和冲突表现了社会广泛的结构性特征。"[①] 应用型高校转型实践客观要求教师转变已有角色身份，成为"双师双能型"教师，具备较强的专业实践能力。教师角色身份的变迁需要相关制度与之相适应，从制度和观念上推动应用型高校教师转型，带来新的教师角色定位，生成新的教师角色行为，树立新的角色身份。这时，应用型高校的学校管理制度不应再"仿照""套用"研究型高校的管理制度标准，或"沿用"转型前的学校管理制度，否则，会陷入一种认知上的错误或演绎上的谬误。

(二) 应用型高校教师角色定位需要制度化

1.应用型高校教师角色定位对制度化的需求

角色定位的转变需要通过两个极为重要的社会化过程——"制度化"和"内在化"，这样才能产生一种个体角色的倾向性转变。从组织的视角来看，所谓"制度化"，就是从社会劳动的整体性出发，用组织规范和组织形式外在地对劳动角色进行约束，使之将某种行为模式、行为规范内在化、规范化、习惯化，是一套行政权力与组织权力共同构成的矩阵管理制度。制度化是人类行为普遍被制度规约并逐渐模式化、规范化的过程，一方面能够促使人们认定某种行为的合理性，另一方面能使人们的社会行动具有可期望性[②]。而"内在化"就是将组织所倡导的发展理念、定位要求、职工角色标

---

① 安东尼·吉登斯.社会理论的核心问题：社会分析中的行动、结构与矛盾 [M].郭忠华，徐法寅，译 [M].上海：上海译文出版社，2015：129.
② 吴增基，吴鹏森，苏振芳.现代社会学 (第五版) [M].上海：上海人民出版社，2014：264.

准等内化于角色，产生与组织要求相一致的行为模式、行为规范。就高校而言，就是学校的办学理念、定位、人才培养目标、教师队伍建设标准等内化于教师，产生与教师角色定位相契合的教育教学行为。其实，这种教师角色的"内在化"往往也是通过"制度化"的管理制度实现的。

应用型高校教师知识结构的转变与知识劳动性质重心的调整，使得教师的角色定位发生相应的转变，而与教师专业素质能力相关联的学校管理制度也应进行相应的改革，以保障"双师双能型"教师队伍建设的实施，提升教师专业实践能力。通过"制度化"和"内在化"，从"角色规定"走向"身份认同"，教师专业角色才能实现从被动要求到主动突破的转变。新的教师角色定位离不开学校制度的保障。高校的管理制度，尤其是教师管理制度，明确了教师在教育教学体系内的行为规范、标准，标明了教师的角色行为界限。

只有通过制度保障，教师才能明确自己的角色身份，产生与学校要求相契合的角色行为。当应用型高校的办学职能发生转变，原有的管理制度不能有效地、全面地满足应用型高校师资队伍建设需要时，制度改革就会产生。只有以一套新的行政权力和学术权力构成的教师管理制度代替原有制度，才能满足应用型高校办学职能和人才培养对"双师双能型"教师的需求。因此，当地方本科高校向应用型转变，高等教育内部的学校类型发生重大变革的时候，高等教育及高校内部的相关制度也必然会随之改革，这是成功实现地方本科高校转型发展、教师转型发展的有效保障。制度作为形塑个体行为的规则集合体，其变化必然导致个体对于制度所建立起来的约束和激励做出理性的反应和选择。

2.制度化对应用型高校教师角色定位的作用

从实践逻辑来看，随着应用型高校建设的深入推进，教师角色的重新定位，必然要求教师消解那些不适应新环境的旧教学、科研惯习，重新构建适应应用型高校新场域的新惯习，产生新的文化资本。制度或规则在新惯习的形塑过程中发挥着关键作用。要破除应用型高校教师学术惯习的藩篱，消除"旧惯习"，需要通过制度变革，打破旧制度，通过制度生成新的惯习，生成一整套新的教师性情倾向，使教师教育教学行为发生新的转变。

应用型高校场域下教师新惯习主要体现为教师的行为与身心图示，如

"双师双能"素质的情感、理念、认知、心智、价值取向及行为等。每个场域都有自己的规则，应用型高校需要建立新的规则，通过创新制度等措施，重新塑造与新场域"双师双能"素质相匹配的新的角色定位、新惯习。规则的建立过程也是场域主体权利运用的过程。规则和制度是政府及高校人为制定的带有强制性的行为规范，能形成整体的力量，对人的行为具有规范、引导和激励的作用，其执行的过程就是引导重塑角色定位、培养新惯习的过程。当新制度的内涵被广大教师接受并自觉遵守时，就会形成一种自觉和习惯，这时制度也就成了一种新的集体精神，形成规范教师教育教学行为的新的价值取向，形成对新角色定位下教师行为目标的高度认同，潜移默化地影响教师的行为选择。在新的应用型高校场域中，学校资本及教师的文化资本、社会资本等也要随着应用型高校的办学职能与定位、人才培养目标发生转换，在资本的作用下产生与"双师双能"教师队伍建设相一致的新的惯习。故此，应用型高校应通过建立和完善新的激励机制、规则制度等手段，培养与应用型高校场域相匹配的教师专业素质能力。

第四节　应用型高校教师专业实践能力提升的制度需求

一、应用型高校教师专业实践能力提升的制度识别

制度因素是提升应用型高校教师专业实践能力的关键性因素，教师资格、教师聘任、教师培训、职称（职务）评审、考核评价等核心教师管理制度在教师专业素质提升方面发挥着关键作用。要想提升应用型高校教师专业实践能力，应着重从教师管理制度入手。

(一) 高校教师资格制度

教师资格制度又称教师资格证书制度或教师资格认证制度，是国家对教师实行的一种特定的职业资格认定制度，是一项有关教师资格鉴定和教师证书发放的制度，授予证书持有者在教育系统内从事专业活动的权利。该制度是在一定历史条件下，国家对从事高等教育职业的教育教学人员应具备能力与身份的一种强制性规定，是国家对高校教师实行的一种法定的职业资格准

入制度，是对准备进入高校教师队伍、专门从事高等教育教学工作人员的基本要求，规定了高校教师从事教育教学工作的基本条件。

作为一种国家职业资格许可制度，高校教师资格制度是高校教师获得高等教育教学资格的法定前提，能够规范高校教师的专业素养和任用标准，强化教师的专业素质能力，提高高校的人才培养质量。只有具备高校教师资格条件、依法取得高校教师资格的人员，才能依照法定聘任程序被高校聘为教师，从事教育教学工作，以此才能够保障高校教师队伍的基本专业素质。

管理功能与筛选功能是高校教师资格制度的两项基本功能。高校教师资格制度是我国实现高校教师管理法制化、规范化的重大举措。国家实施高校教师资格制度，通过在"入口处"严控高校教师任职资格条件，严把高校教师队伍的"入口关"，有效限制了"不合格者"进入高校任教，体现了高校教师职业的专业性与严格性，为高校教师任用走上专业化、规范化和法治化轨道奠定了坚实的基础。取得高校教师资格需要具备相应的学历、教育教学能力、岗前培训等申报认定条件，这些为高校教师资格证书设置的门槛对高校教师起到了很好的筛选作用，促使那些还未达到教师资格标准的准教师努力提高自己的专业素质能力。同时，高校教师资格制度拓宽了高校教师的来源渠道，能够满足不同类型高校对不同学历、不同学科专业、不同实践背景、不同年龄段教师的选择，有利于吸引符合高校教师资格标准的行业企业优秀人才到高校任教，从而有效改善和优化高校教师队伍的学历、从业经历、地区分布等，提高高校教师队伍的整体质量。

(二) 高校教师聘任制度

高校教师聘任制度又称高校教师聘任制或高校教师聘用制度，是高校与教师在平等自愿、双向选择的基础上，通过签订聘任合同，聘请具有高校教师资格的人员担任相应教师职务的一项教师管理制度。在高校教师聘任制中，高校根据自身教学、人才培养、科学工作的需要，自主确定招聘岗位与人才招聘条件，拥有充分的自主聘任权；教师根据自己的专业知识、业务能力选择适合自己的岗位工作，具有自主选择权。在聘期间，高校有权对受聘教师的工作业绩、专业素质进行考核，作为薪酬分配、教师奖惩及是否续聘的依据。教师聘任制依据聘任主体实施行为的不同可分为招聘、续聘、解聘等形式。招聘即高校依据基本招聘条件，面向社会公开、择优选拔应聘人员的一种聘任形式；续聘即聘任到期后，高校按照原定聘用条件与教师继续签订聘任合同；解聘即高校因教师不符合原定聘用条件等原因，在聘期内终止聘任合同，这种情况一般较少发生。

人才遴选功能与激励功能是高校教师聘任制度的两项主要功能。一是教师聘任制度能够为高校遴选适合自身发展定位的优秀师资。教师是高校实现办学职能、人才培养定位的关键。一所大学招聘什么样的教师直接影响到其开展什么样的研究活动、培养什么样的人才、向社会提供什么样的服务，以及从社会吸引怎样的资源。从这个意义上说，高校教师聘任制度通过公开招聘、双向选择、竞聘上岗，遴选出符合高校办学要求的人才，保证了教师的专业素质能力与水平，保障了教育教学质量。二是教师聘任制度能对教师产生利益激励和危机激励。作为一项教师管理制度，教师聘任制度以聘用合同的形式在学校和教师之间建立起责任、权利、利益明确的聘任关系，形成两种激励：通过强调薪酬与工作动机的匹配，对教师产生利益激励；通过引入竞争机制，对教师产生危机激励。一方面，高校教师聘任制度能够在教师中间营造良好的竞争机制，使符合学校办学定位、人才培养目标和价值标准的教师得到优秀的发展平台和价值认可；另一方面，学校通过明确的教师聘期考核目标、绩效产出标准，将不认真履行岗位职责，完成不了工作任务的教师低聘或者解聘。同时，高校通过教师聘任制度对相互的责任和义务进行了规定，以契约的形式把教师和高校紧密有效地结合起来，对教师的行为活动进行规范和约束。

(三) 高校教师培训制度

高校教师培训制度是按照高校教师管理的具体要求，由高等院校、教育行政部门、行业企业等培训主体实施的，旨在加强高校教师培训和管理工作，提高高校教师教育教学能力，提升教师综合素质的一项教师管理制度。该制度是高校教师培养、培训工作走上制度化、规范化的重要管理举措。为了完成教师培训工作，所有与培训相关的人员和机构都要共同遵守教师培训的规则及程序。从内涵上来看，教师培训制度包含教师培训的原则、目标、方式、对象、内容、程序以及完成培训的具体实施和保障举措。从外延上来看，高校培训制度从属于高校教师管理制度，是高校教师管理制度的重要组成部分。

高校教师培训制度在提升教师专业素质、提高教师整体质量方面发挥着重要作用。通过制度化、系统化的教师培训，该制度能够使教师培训进入常态化、规范化，提高教师增强自身专业素质的积极性和主动性；通过开展形式多样、内容丰富的高校教师培训，该制度能够加强广大教师对新知识、新技术、新方法的学习，及时更新广大教师的教育观念、知识结构与能力结构，提高高校教师的教育教学能力水平，提高教师履行岗位职责的专业能力和水平，从而提高高校人才培养的整体水平。同时，高校教师培训制度能够使校本培训工作更加科学化、规范化、系统化。

(四) 高校教师职称评审制度

职称是指专业技术 (或学识) 水平、能力以及成就的等级称号，是反映专业技术人员学术、技术水平和工作能力的重要标志。高校教师职称是指由同行专家评定的用于区分高校教师学术水平、专业素质能力、工作成就高低的学术资格及称号。对高校教师来说，职称也是其获取工资福利、职位升迁与聘任专业技术职务的基本依据。职称评审是指依照有关教师的申请，由教育行政主管部门或高校按照职称评审的条件，组织教师职称评审委员会对其进行评审，对符合条件的教师授予一定职称的行为。高校教师职称评审制度是高校对教师管理的一项基本制度，是评价教师学术、技术水平，工作业绩，专业素质能力，及其能否胜任一定教师职务能力的一项重要制度，是影响教师学术价值取向和行为选择的核心制度安排。

新时代高校教师职称评审制度改革，就是要进一步强化其评价功能，建立符合不同类型高校教师队伍建设要求的教师评价制度，激励和引导不同类型高校教师开展满足学校办学定位与人才培养要求的教学科研活动。

高校教师职称评审制度作为高校教师管理的核心制度，承载着提升教师专业素质能力、激励和引导教师行为选择等多项功能。

1. 提升教师专业素质能力

高校教师职称评审制度的基本功能之一便是通过对高校教师的学术水平、业务技术能力、工作业绩等进行鉴定分级，形成差级分布式的职称阶梯和教师职务结构，激励教师不断提升自身的专业素质能力。通过该项制度，教师的岗位职责、职业角色、地位待遇等各方面会相应地呈现层级分布。这在认可和奖励优秀教师的同时，也对其他教师形成了一种鞭策和激励，能够有效激发教师工作的动机，增强教师提升自身能力、水平和工作业绩的积极性、主动性。

2.导向功能

高校教师职称评审制度对教师的行为选择及工作重点发挥着重要的导向功能，向教师传递着"拥有怎样的身份""扮演怎样的角色""具备怎样的教学方式与业绩成果"能够在职称晋升中占有优势、获得认可。无论是科研、教学、社会服务抑或其他指标，这些条件中的某一项或多项在教师职称评聘中发挥着至关重要的作用时，高校教师必将在那些方面倾注更多的时间和精力，必然会依照职称制度的要求不断调整自己的角色定位、行为规范与工作方式，形成职称评审制度所需的价值取向和行为特征。因此，高校教师管理者往往通过调整教师职称评审标准和规则来引导教师朝着有利于办学定位和人才培养的方向发展。

3.激励功能

高校教师职称评审制度是一项收益激励制度，能够给教师带来包括荣誉、地位和财富在内的各种利益，并通过利益的供给和教师职务的配置，对教师产生强大的驱动力和吸引力，对教师的行为动机和行为选择产生巨大的激励作用。教师只有实施与职称评审条件要求相一致的行为，达到一定的评审标准，才能获得职务晋升的机会。

（五）高校教师考核评价制度

高校教师考核评价制度是指依据教师的工作目标、考评标准，采用一定的考评方法，评定教师工作任务的完成情况、教育教学任务的履行程度，并将评定结果反馈给员工的一种制度。高校教师考核评价主要有年度考核和岗位聘期考核两类，两类考核主要是基于教师的工作业绩，考核结果往往作为高校教师选聘、任用、奖惩、晋升、薪酬等人事管理的基础和依据。高校教师考核评价制度本身也是高校办学理念的重要组成部分，体现了一所高校的办学定位、办学职能、教师管理水平。科学有效的教师考核评价制度，直接关系到教师对教学、科研与社会服务的价值取向，在对教师的现实工作及潜在价值做出判断的同时，能够有效促进教师专业发展与角色使命履行，体现高校办学定位与教育价值的达成，并引导教师专业素质朝着满足学校办学定位和人才培养要求的方向发展。同时，高校教师考核评价制度能够根据不同岗位教师的工作职责分类设置考评内容的指标体系与权重，发挥考核评价对教师的导向、激励和约束作用。

导向功能与激励功能是高校教师考核评价制度的两项基本功能。高校考核评价制度作为高校教师发展的重要基础和核心依据，是调动教师工作积极性、主动性的"指挥棒"。一方面，科学、合理的高校教师考核评价制度能够较为准确地判断教师的工作业绩与能力水平，为选聘、任用、薪酬、奖惩等教师管理提供依据，有助于促进教师教学、科研水平和工作效率的提高，同时也能够使教师明确专业发展的方向和专业素质提升的目标，促进教师队伍整体专业素质能力的提升。另一方面，高校教师考核评价制度影响着教师专业发展的动力、方向、阶段和水平，并通过制度环境的营造为教师专业发展构筑外在保障和内在激励机制。高校教师考核评价制度只有契合教师专业发展的现实需求，指引教师专业发展的努力方向，激发教师专业发展的自主意识，激活教师专业发展的内生动力，才能更好地提升教师的专业素质，促进教师专业成长。因此，高校对教师考核评价的过程实质上起着激励、引导、监督教师的教学、科研和社会服务，并协调教师"教什么""研究什么""服务什么"，以及"怎样教""怎样研究""怎样服务"的作用。在这个过程中，教师的价值观念、行为动机和实践方式将受到不同程度的规约和形塑。

制度的影响主要通过奖励或惩罚人们的行为得以实现，其蕴含的价值体系也是在制度的奖励推动及惩罚的规制约束下展开的。

在上述高校教师管理制度的诸多功能中，激励引导功能是最为核心的。高校教师管理制度最主要的目的在于激发教师探索未知世界、增进知识积累与转化的积极性和创造性，引导教师不断提升教育教学水平和社会服务效能。从某种意义上来说，高校教师管理制度的有效性就在于在多大程度上能起到激励教师的作用，以及这种激励引导在多大程度上有助于办学职能、师资队伍建设及人才培养目标的实现。

二、21世纪我国高校教师管理制度的变迁

(一) 高校教师管理制度的调整与持续 (2000—2009年)

21世纪以来，高等教育改革及高等教育管理体制改革持续向纵深推进。在前期探索的基础上，高校教师管理制度体系不断完善，进入调整期，并且在效率优先的基础上，更加兼顾公平。

1.教师资格制度

在《中华人民共和国教师法》的基础上，2000年9月，教育部发布《〈教师资格条例〉实施办法》，对资格认定条件、资格认定申请、资格认定、资格证书与管理等做了明确规定。其中，申请认定教师资格者应具备的基本素质和能力标准，由省级教育行政部门制定；高等学校拟聘任副教授以上教师职务或具有博士学位者申请认定高校教师资格，只需满足学历、身心素质等条件即可，对其基本教育教学素质不作要求。为保证教师资格制度的顺利实施，2001年5月，《教育部关于印发〈关于首次认定教师资格工作若干问题的意见〉的通知》，对首次认定教师资格的范围、教师资格申请、教师资格认定程序与基本条件等做了进一步细化规定。在国家政策文件的基础上，各省级教育行政部门相继制定省级层面的《教师资格条例实施细则》。此后我国大规模的高校教师资格认证工作全面展开，到2003年开始面向社会人员认定高校教师资格工作。

2.教师聘任制度

进入新世纪，为进一步加快高校人事制度改革的步伐，满足高校扩招以来我国高等教育快速发展的要求，2000年，教育部等三部委联合印发的《关于深化高等学校人事制度改革的实施意见》提出，把教师资格与教师职务聘任结合起来，在高校全面推行教师聘用 (聘任) 制度。该文件的发布加快了高校教师由"学校人"向"社会人"的角色转变。2002年，国务院办公厅转发人事部《关于在事业单位试行人员聘用制度的意见》提出，事业单位要逐步试行人员聘用制度，全面推行公开招聘制度，并建立和完善受聘人员的年度考核和聘期考核制度。2006年人事部出台了《事业单位岗位设置管理试行办法》，进一步提出在事业单位推行聘用制度和岗位管理制度，在岗

位设置上坚持按需设岗、竞聘上岗、按岗聘用、合同管理。各高校围绕着教师管理制度改革，逐步实施教师聘任制度，按照公开招聘、择优聘任的任用原则，初步确立了以学术成果、学术身份为基础的学术筛选竞争上岗机制与标准。这一时期，以"身份"为基础的管理模式开始让渡于岗位聘用。然而政府作为聘任制改革的主要政策制定者和推动者，对高校教师聘任制度既存在制度供给不足又缺少边界控制策略，导致不同类型的高校在制度实施过程中缺乏针对自身办学定位实际的、具体的、可操作的管理制度安排，一定程度上限制了高校教师的专业发展空间。

3. 教师培训制度

随着高校教师培训体系的逐步建立和完善，这一时期的高校教师培训逐步向校外探索，与社会接触，高校教师培训体系的外延不断拓展。2005年国务院出台的《国务院关于大力发展职业教育的决定》指出，要建立职业教育教师到企业实践制度，专业教师每两年必须有两个月到企业或生产服务一线实践。2007年教育部印发的《教育部关于进一步深化本科教学改革全面提高教学质量的若干意见》中进一步提出，要加大青年教师培养和培训的工作力度，支持青年教师到企事业单位进行产学研合作，提高青年教师的素质和水平。

4. 教师考核评价制度

2002年的《关于在事业单位试行人员聘用制度的意见》明确提出，聘用单位对受聘人员的工作情况实行年度考核；必要时，还可增加聘期考核；考核的内容应结合岗位实际需求；考评结果从优秀到不合格分为4个等次，且考核结果作为聘用人员续聘、解聘或者岗位调整的重要依据。该文件的颁布对高校教师考评制度产生了重大影响，同时也体现了国家在高校教师管理方面改革的决心。之后随着我国分配制度改革的深入、科学量化管理思潮的盛行，高校教师的考评指标越来越细化和量化，以统一、量化为特征的成果评价机制成为高校考评教师的重点。2005年教育部印发了《关于进一步加强高等学校本科教学工作的若干意见》，提出要把教师承担教学工作的业绩和成果作为聘任（晋升）教师职务的必要条件。总体来看，这一期间的教师考核评价制度学术倾向鲜明，对教师的考评管理方式、评价指标较为单一，重量化考评、重形式考评、重短期考评的问题比较严重。

(二) 高校教师管理制度的深化与发展 (2010 年至今)

2010 年 5 月，国务院常务会议审议并通过《国家中长期教育改革和发展规划纲要 (2010—2020 年)》[简称《规划纲要 (2010—2020)》]。作为我国进入 21 世纪之后的第一个教育规划，《规划纲要 (2010—2020)》的发布对我国高等教育与高校教师管理产生了重大影响，其在现代学校制度建设、管理体制改革、加强教师队伍建设等方面的规定为之后高校教师管理制度改革奠定了制度基础，明确了变革方向。

1. 教师资格制度

《规划纲要 (2010—2020)》明确提出完善并严格实施教师准入制度，严把教师入口关。在地方本科高校转型发展的背景下，新的办学定位与人才培养目标对应用型高校师资队伍建设提出了新的要求。2017 年出台的《国务院办公厅关于深化产教融合的若干意见》提出，要探索符合职业教育和应用型高校特点的教师资格标准。2018 年中共中央、国务院《关于全面深化新时代教师队伍建设改革的意见》提出要严格教师职业准入，将新入职教师岗前培训和教育实习作为认定教育教学能力、取得高校教师资格的必备条件；完善职业院校教师资格标准，探索将从业经历作为认定教育教学能力、取得专业课教师资格的必要条件。上述国家层面的有关规定为探索建立应用型高校"双师双能型"教师资格制度提供了有力的政策支持。

2. 教师聘任制度

《规划纲要 (2010—2020)》提出要创新高校教师聘用方式，完善教师聘用制度，聘用具有实践经验的专业技术人员和高技能人才担任专职、兼职教师，优化高校教师结构比例。针对部分高校在人才引进中存在的把关不严等问题，2013 年出台的《教育部办公厅关于进一步加强和规范高校人才引进工作的若干意见》中要求，人才引进要按需引进、以用为本，对引进的人才要加强聘用合同管理，并改进和完善聘期考核制度。2014 年，国家出台了《关于进一步落实和扩大高校办学自主权，完善高校内部治理结构的意见》，提出全面落实公开招聘制度，支持高校自主选聘教职工。2017 年，教育部等五部委在联合印发的《关于深化高等教育领域简政放权放管结合优化服务改革的若干意见》中进一步提出，高校可根据自身发展、教师队伍建设需要，自主制定招聘或解聘的条件和标准，自主公开招聘人才。2018 年出台《中共中央 国务院关于全面深化新时代教师队伍建设改革的意见》，明确提出完善符合各级各类教师职业特点的教师招聘制度，严把高校教师选聘入口关，支持职业院校大力引进行业企业一流人才。可以看出，这一时期国家鼓励高校推行公开招聘和聘用制度，进一步落实了高校选聘教师的自主权，并探索了不同类型高校的教师招聘标准。2019 年 1 月，国务院印发的《国家职业教育改革实施方案》中明确提出，今后应用型高校相关专业原则上只招聘具有 3年以上企业工作经历的人才，2020 年起基本不再招聘高校应届毕业生。这是国家第一次明确对应用型高校教师招聘提出实践经历的要求，对于优化应用型高校教师队伍结构，加强"双师双能型"教师队伍建设具有里程碑意义。

3. 教师培训制度

高校教师培训制度的改革主要围绕职业教育教师培训开展，并对应用型高校教师培训产生了重大影响。《规划纲要（2010—2020）》提出，加大职业院校教师培养培训力度，加强"双师型"教师培养培训基地建设，实施职业院校教师定期到企业实践制度。2015 年 5 月，教育部印发的《关于深入推进教育管办评分离促进政府职能转变的若干意见》中提到，深化职业院校与行业企业合作机制，加强"双师型"教师队伍建设；建立行业企业优秀人员与职业院校骨干教师相互兼职制度。2016 年，教育部印发的《关于深化高校教师考核评价制度改革的指导意见》中提出，落实每 5 年一周期的全员培训制度，鼓励青年教师到企事业单位挂职锻炼，职业院校专业课教师每 5 年到企业顶岗实践不少于 6 个月。上述多数规定虽然主要是针对职业院校教师的，但对同属大职业教育体系的应用型高校产生了重要影响。之后，国家相关政策文件在高校教师培训方面多次提及应用型高校，并做出具体规定。2017 年发布的《国务院办公厅关于深化产教融合的若干意见》明确提出，推动应用型高校与企业合作建设"双师型"教师培养培训基地。2018 年中共中央、国务院出台的《关于全面深化新时代教师队伍建设改革的意见》提出按照分层分类的原则，完善各级各类教师培训标准，并进一步提出推进职业院校教师定期到企业实践，提升实践能力。2019 年国务院发布的《国家职业教育改革实施方案》正式提出，应用型本科高校教师每年至少 1 个月在企业或实训基地实训，落实教师 5 年一周期的全员轮训制度。这是国家层面第一次对应用型高校教师实践培训做出具体的量化规定，为应用型高校落实教师企业实践培训提供了有力的政策支撑。

4. 职称评审制度

2010 年，《规划纲要（2010—2020）》就提出要发挥高校在教师职称评审方面的作用。2012 年，国务院决定将高校副教授评审权下放到省级教育行政部门。2015 年 5 月，教育部颁布了《关于深入推进教育管办评分离促进政府职能转变的若干意见》，提出深化高校教师专业技术职务评聘制度改革，加快建立高校自主评聘、政府宏观管理监督的新机制，并扩大职业院校在教师评聘等方面的办学自主权。2017 年以来，我国高校职称改革的步伐明显加快，分类评价、评审下放等职称改革导向越发明晰，国务院、教育部等先后出台了一系列政策举措，不断深化高校职称改革。

2017 年 1 月，国务院决定将省级政府审批副教授评审权限直接下放给高校；同年 1 月，中共中央办公厅、国务院办公厅印发了《关于深化职称制度改革的意见》（简称《职改意见》），要求分类评价专业技术人才能力素质，注重考察其专业性、技术性、实践性，合理设置论文和科研成果等职称评审条件，并进一步下放职称评审权，实现职称评审和岗位聘用的有效衔接。《职改意见》的出台标志着我国职称制度改革进入了一个新的时期。

2017 年 4 月，教育部等五部门联合印发的《关于深化高等教育领域简政放权放管结合优化服务改革的若干意见》明确提出将高校教师职称评审权直接下放至高校，由其自主组织评审；针对不同类型的教师，实施分类评价。这标志着在高校教师职称制度领域开始由政府主导向院校自主转变。为做好高校教师职称评审权下放后的监管工作，2017 年 10 月，教育部等部委联合印发了《高校教师职称评审监管暂行办法》，提出高校应结合学校发展目标与定位、教师队伍建设规划，制定校本教师职称评审办法和操作方案。2017 年出台的《国务院办公厅关于深化产教融合的若干意见》，明确提出探索符合职业教育和应用型高校特点的专业技术职务（职称）评聘办法，这也是国家首次在高校职称改革中提及应用型高校。

5. 教师考核评价制度

2010 年以来，国家逐步改变长期以来形成的以统一、量化为特征的高校教师成果考评机制，加强分类考评与管理、注重能力实绩的教师考评理念成为这一时期高校教师考评制度改革的取向。2013年，教育部印发的《关于深化高等学校科技评价改革的意见》提出，要针对不同类型的高校、不同类型的研究实施分类评价，加强分类指导和评价考核。2016年以来，教育部印发了《关于深化高校教师考核评价制度改革的指导意见》(简称《指导意见》)，要求深化高校考核评价制度改革，提出高校教师考核评价应坚持分类指导与分层考评相结合，根据不同类型高校、不同岗位教师的职责特点，实施教师分类分层管理与评价；同时，针对之前教师考评存在的唯论文、唯项目等倾向，《指导意见》还明确提出高校教师考评要注重教师的能力、实绩与贡献，突出教育教学业绩，克服唯学历、唯职称、唯论文等倾向，为教育现代化背景下高校教师考评指明了方向。

2018年7月，中共中央办公厅、国务院办公厅印发了《关于深化项目评审、人才评价、机构评估改革的意见》，提出人才评价要突出品德、能力、业绩导向，克服唯论文、唯职称、唯学历、唯奖项倾向。2018年9月，教育部印发的《关于加快建设高水平本科教育全面提高人才培养能力的意见》明确提出，要"加强对教师育人能力和实践能力的评价与考核"。2018年11月，教育部等部门联合发布《关于开展清理"唯论文、唯帽子、唯职称、唯学历、唯奖项"专项行动的通知》，明确强调在教师考评、职称晋升等方面，开展"唯论文、唯帽子、唯职称、唯学历、唯奖项"的"五唯"清理，遏制教师学术崇拜、急功近利的行为。2020年11月，中共中央、国务院印发的《深化新时代教育评价改革总体方案》进一步提出，推进高校分类评价，引导不同类型高校科学定位，办出特色和水平；探索建立应用型本科评价标准，突出培养相应专业能力和实践应用能力。这一时期国家宏观层面的高校教师考评制度改革在强化分类考评、调整考评标准、弱化量化指标、实施分类管理等方面具有重大意义，同时也为探索实施应用型高校教师考评指明了方向。

(三)21世纪以来高校教师管理制度变迁的反思

改革开放40多年来，我国高校教师管理制度变迁的过程也是政府的管理职能与管理方式不断转变、政府与高校的关系不断调整的过程，其演进趋势明确了应用型高校教师管理制度改革方向，为相关制度改革提供了宏观政策依据。

1. 实施分类管理的高校教师管理制度

21世纪以来，随着我国高校类型日益多元化，结合不同类型高校的办学定位及教师队伍建设的特点，高校教师管理制度分层分类管理的价值取向、评价标准日趋鲜明。在教师资格制度方面，相关国家制度对高校教师的任职资格要求越来越严，在一般性要求的基础上，针对职业院校的办学定位，提出将教育实习、实践经历等作为取得职业院校教师职业资格的必备条件；在教师聘任方面，从终身制到有期的聘任制，从有期聘用到教师岗位分类实施；在教师培训方面，结合不同类型、不同层次高校教师的特点，培训内容更加多元化；在职称评审方面，高校教师职称评审的标准从政府主管的相对统一转变为具有高校特色差别的多样化标准；在考核评价方面，根据不同类型高校及高校中不同类型教师的岗位职责和工作特点，提出分类、分层次、分学科的教师考核和评价标准。可以看出，实施分层、分类管理是新时代高校教师管理制度改革的必然趋势。应用型高校应遵从国家相关制度的价值导向，在教师资格标准、聘任条件、培训任务、职称评审、考核评价等方面充分体现自身的办学定位、人才培养目标与师资队伍建设要求，不断创新和完善校级层面教师管理制度，提高教师管理的有效性、针对性。

2. 高校办学的自主权不断扩大

21世纪以来，我国的教育管理体制更具活力，政府和学校之间的教育职责权限逐步厘清，分权、授权的理念不断明晰，高校的职责权限不断扩大，这一切为高校教师管理与教师队伍建设提供了良好的外部制度环境。随着我国改革的深化发展，政府进一步认识到高等教育在推动经济社会发展、实现人口红利方面的作用，积极下放高校教师管理权限，增加高校办学的灵活性，满足高校对工作效率和办学效益的追求。《国家中长期教育改革和发展规划纲要（2010—2020年）》确立建设了现代大学制度，强调高校面向社会，依法自主办学，实行科学管理。为进一步理顺政府与高校的关系，国家进一步强调政府简政放权，不断扩大高校的办学自主权，增加高校办学的主动性。由此，高校在教师管理上获得了更大的自主权和灵活性。

3. 高校教师管理由身份管理向岗位管理转变

21世纪以来，我国高校教师管理逐渐由身份管理向岗位管理转变。教师聘用从重资历向重能力转变，从重资格向重实绩转变。在教师聘任中，更加注重教师是否具有胜任应聘岗位的能力，做到因事因人设岗；对教师实行动态管理，根据教师的实际工作业绩来决定教师聘任与否和待遇高低，使高校教师队伍具有危机意识，充分调动了教师提升自身专业素质、工作能力的积极性，逐渐形成"岗位能上能下、人员能进能出、待遇能高能低"的岗位动态管理机制，打破终身制的铁饭碗；教师任用从分配制到实行全员聘任合同制，逐步实现了由身份管理向岗位管理的转变，建立起教师能进能出、待遇能高能低的竞争激励机制。在职称评审、考核评价等方面，高校逐渐引入竞争和激励机制，不断提高教师职业的竞争性，激发高校教师工作的积极性，以此优化高校教师队伍结构，提升教师自身专业素质。

教育制度变革的目的在于不断地寻求规制与赋能之间的合适张力，激发教育活力。21世纪以来高校教师管理制度的变迁表明，国家从传统的教育管理转向教育治理，不断寻求构建政府与高校、高校与教师的新型关系。教师管理制度改革中的分权与赋能，进一步激发高校按照自己的办学定位与人才培养目标，建设与学校职能定位相一致的相关制度，进一步激励教师为满足人才培养要求而不断提升自身的专业素质。未来，高校教师管理制度变革必将更加注重不同类型高校的多样需求、师资队伍建设的多元化要求，更加注重高校的内涵式发展，更加注重通过制度改革调动教师工作的积极性和主动性，优化不同类型高校教师资源的配置。

三、应用型高校教师专业实践能力提升的制度需求分析

高校类型与办学定位不同，教师队伍建设目标不同，其教师管理制度也应有所差异。建设应用型高校的内涵是把办学思路真正转到服务地方经济社会发展上来，办学模式转到产教融合、校企合作上来，人才培养重心转到高素质应用型人才上来，师资建设转到"双师双能型"教师队伍建设上来。高校教师管理制度是为学校发展、教师专业发展服务的，在转型发展的战略背景下，应用型高校的教师管理制度应有别于一般普通本科高校，既要围绕应用型高校的办学职能与发展目标，服务于应用型高校的方向选择、角色定位和办学特色，又要服务于"双师双能型"教师队伍建设要求，满足实践教学、应用研究对教师"双师双能"素质的需求，有效推进实现教师专业发展

的实践转向，不断增强教师提升专业实践能力的主动性、积极性。

国家政策文件的相关规定在某种程度上体现了应用型高校教师专业实践能力提升的应然制度需求。2014年国务院印发的《关于加快发展现代职业教育的决定》提出，要引导普通本科高等学校转型发展，建设"双师型"教师队伍。2015年教育部等三部门在联合印发的《关于引导部分地方普通本科高校向应用型转变的指导意见》中明确指出，加强"双师双能"教师队伍建设，通过教师聘任、教师培训、职称评聘、校企交流等制度改革增强教师提高实践能力的主动性、积极性。2017年印发的《国务院办公厅关于深化产教融合的若干意见》提出，要加强产教融合的师资队伍建设，探索符合职业教育和应用型高校特点的教师资格标准和专业技术职务（职称）评聘办法。2018年，中共中央、国务院印发了我国首个专门针对教师队伍建设的纲领性文件——《中共中央　国务院关于全面深化新时代教师队伍建设改革的意见》（简称《意见》）。《意见》提出，要全面提高职业院校教师质量，建设一支高素质双师型的教师队伍；健全职业院校教师管理制度；深化高校教师人事制度改革；推动高校教师职称制度改革等。2019年《国家职业教育改革实施方案》提出多举措打造"双师型"教师队伍。2019年8月，教育部等四部门印发的《深化新时代职业教育"双师型"教师队伍建设改革实施方案》进一步明确提出，要推进以"双师素质"为导向的新教师准入制度改革，聚焦"1+X"证书制度开展教师全员培训，深化突出"双师型"导向的教师考核评价改革。

在具体的制度安排上，教师资格制度应凸显"双师双能素质"标准，资格认证考核既要强调教师的教育教学能力和理论水平，也要突出应用型高校教师的实践性、职业性特点，注重对教师实践经验、实践操作等方面的要求。如完善职业院校教师资格标准，探索将行业企业从业经历作为认定教育教学能力、取得专业课教师资格的必要条件。在教师准入方面，学校既要把握好人才招聘的学术性条件，更要严格审核对应聘者的实践工作经历、企业项目经验等实践性要求，把好教师的入口关，真正将兼具理论知识和专业实践能力的优秀人才引进应用型高校。如完善企业工程技术人员、高技能人才到职业院校担任专兼职教师的相关政策，兼职教师任教情况应作为其业绩考核评价的重要内容；建立高层次、高技能人才以直接考察的方式公开招聘的机制；应用型本科高校相关专业教师原则上从具有 3 年以上企业工作经历并具有高职以上学历的人员中公开招聘等。

教师培训制度应注重提升教师的"双师双能素质"，注重教师企业实践培训，鼓励教师积极参与校内一体化的实体建设，深入行业企业一线挂职学习、实践锻炼，积极参与校企产学研合作，以此有效提升应用型高校教师的实践技能水平和应用研究能力。如应用型本科高校教师每年至少 1 个月在企业或实训基地实训，落实 5 年一周期的全员轮训制度；探索建立新教师为期 1 年的教育见习与为期 3 年的企业实践制度；健全普通高等学校与地方政府、职业院校、行业企业联合培养教师机制，发挥行业企业在培养"双师型"教师中的重要作用；全面落实教师 5 年一周期的全员轮训制度，把国家职业标准、"1+X"证书制度和相关标准等纳入教师培训的必修模块、应用型本科高校与大中型企业合作建设"双师型"教师培养培训基地。

应用型高校的职称评审制度应有别于研究型高校的职称评审标准，体现"双师双能素质"的发展方向，适当淡化对论文、论著、科研项目、成果奖等学术科研方面的要求，注重对教师企业实践经历、实践教学、应用研究等专业实践能力方面的考核内容，并将这些实践性标准作为教师职称评审的必要条件之一。如深化教师职称制度改革，破除唯文凭、唯论文、唯帽子、唯身份、唯奖项的顽瘴痼疾等。

教师考核评价制度要符合应用型高校教师的工作特点和"双师双能型"教师队伍建设要求，既要涵盖教师的专业理论知识，也要包括教师的实践技能水平、应用研究能力等专业实践素质；既要能够有效提高教师培养应用型人才的热情，满足人才培养对实践教学的需要，也要充分激发和调动教师开展应用研究的主动性、积极性，引导教师从课堂走向生产，从学校走向社会，将专业知识转化为产业行为。如将体现技能水平和专业教学能力的"双师素质"纳入教师考核评价体系等，合理设置职称评审中的论文和科研成果条件，不将论文作为评价应用型人才的限制性条件，建立应用型本科评价标准，突出培养教师相应专业能力和实践应用能力。

第六章 应用型高校教师专业实践能力提升的经验借鉴

国外应用型高校产生较早，较为典型的应用型高校主要有德国的应用科学大学、英国的多科技术学院、日本的技术科学大学等，它们在发展进程中经历过挫折，也积累了十分宝贵的经验。我国应用型高校建设处于初始阶段，虽然我国与国外的社会制度、教育体制存在较大差异，但作为同类型大学的建设，国外应用型高校在师资队伍建设方面的制度性经验，对我国具有一定的启发和借鉴价值。

第一节 国外应用型高校教师专业实践能力提升的经验借鉴

应用型高校属于大职业教育范畴，属于我国高等职业教育体系的本科阶段。国外应用型高校教师专业实践能力建设方面的政策规定、先进做法，对提升我国应用型高校教师专业实践能力具有重要的借鉴价值，值得我们学习。

一、德国应用科学大学教师专业实践能力提升的经验借鉴

(一) 德国应用科学大学的产生与发展

应用型科学大学是德国除了综合性大学之外的第二大类高等教育机构，是德国高层次应用型人才培养的主体。德国的应用科学大学创建于20世纪六七十年代，是在战后德国高等教育入学人数急剧增多以及知识经济迫切需要大批高素质应用型人才的背景下形成的，主要致力于培养运用科学知识解

决社会实际问题的高层次应用型人才。第二次世界大战之后，特别是 20 世纪 60 年代后期，随着现代科学技术的广泛应用，德国的产业结构更新升级加快，为满足社会发展和产业结构变化的需求，迫切需要大批高层次应用型人才。然而，"德国自 19 世纪开始建立的工程师学校、高级技术学院、机械学院已经不能满足产业升级带来的对高层次技术人才的需求，而德国原有的大学，如洪堡大学等，由于定位于学术型人才培养，无法满足经济社会新的发展需求"[①]。这时，为了填补以理论传授为导向的大学教育和双元制培训体系之间在结构上的空隙，应用科学大学在原工程师学院、高级技术学院等学校的基础上改建而成，在德国传统的高等教育框架内"升格"成为一种新型的高等学校。1976 年，德国颁布的《高等教育总法》正式确立应用科学大学作为高等教育机构的法定地位，以立法的形式为应用科学大学的建立和发展提供了政策、法律依据。1985 年的《高等教育结构法》明确规定"不同的高校形式作为不同类型的高校体系中等值的要素而相互存在"，从法律地位上说明了应用科学大学和综合性大学及其同类学校是"不同类型，但是等值"的，界定了应用科学大学的法律地位[②]。

应用科学大学教学偏重应用技术，培养能将理论知识转化为实用技术的"桥梁式"人才，特别是工程技术人才。从 20 世纪 60 年代末发展至今，应用科学大学已成为德国高等教育体系中的重要组成部分，培养了大批高级应用型人才，在德国经济社会发展中发挥着重要的作用。在前期发展过程中，应用科学大学注重高层次人才培养，较少从事科研活动，科研任务主要由综合性大学来完成。20 世纪 90 年代中后期以来，不少应用科学大学依托企业发展需要开始涉及应用研究，重视应用技术研发，尤其侧重于区域社会经济发展所需的应用型研究，其办学功能得到进一步拓展。

(二)严格的教师资格准入制度

德国针对不同层次、不同类型的教师，确定了不同的教师准入制度内容，并通过严格的岗前培训和系列岗前考试，将准入制度落到实处，体现教师资格证书的权威性。德国《职业教育法》和《实训教师资格条例》规定，

---

① 邓泽民，董慧超.德国应用科学大学研究 [M].北京：科学出版社，2017：1.
② 邓泽民，董慧超.德国应用科学大学研究 [M].北京：科学出版社，2017：16.

只有在品格和专业上均适合教育教学工作，具备教师资格条例所要求的专业和教育学知识并通过相应考试的人，才可以作为教师从事教育教学工作。在德国，获得职业教师资格证，必须在规定的大学毕业之后，通过第一次国家考试取得实习资格，再经过不少于18个月的实习，然后通过第二次国家考试。

在德国，只有具备一年以上的企业实习等工作经历，才能成为职业教师培养的合格生源。在德国，一般的理论课、普通教育课教师经过两个阶段的考试才能获得职业教育的教师资格。第一阶段是大学学习完成后进行的第一次国家考试，主要考察教师的教育学、专业知识、心理学等知识内容；之后是为期一年的企业实习和两年的教师预备实习，以了解生产一线的工艺流程、用人标准、管理制度，及在进修学校和职业学校积累教育教学经验。在教师预备实习结束前，实习教师要进行第二次国家考试，主要考察专业实践能力、教学能力、教育学知识、教育心理学知识、专业法、学校法、公务法等内容，只有通过第二次国家考试，才能获得教师资格证。而对于技术教师和实训教师，其从学校毕业后，先要有五年的企业工作经历，之后经过企业专业技能考评，再经过一年的教育学基础学习和半年的专业培训，最后经过企业统一考试，才能获得职业教育技术、实训的教师资格。由此可见，具备较强的教师专业实践能力是成为德国职教教师的关键。

(三) 高标准的教师聘任资格

德国应用科学大学的办学优势主要体现在理论与实践的紧密结合上，对入职教师的学历和工作经验的要求非常高，对教师专业素质能力的要求有别于普通大学。德国的大学只设教授，不设教授以外的教师职称，教授丰富的实践经验是应用科学大学最重要的办学特色。应用科学大学教授入职要求是在多年专业实践中应用或发展科学知识和方法方面取得特殊成就。德国《高等教育总法》规定，应聘为德国应用科学大学的教师，应具备以下三个条件：一是具备学术性，即获得博士学位。一般而言，应用科学大学普通科目的教师必须获得博士学位，具备较好的学术造诣、较强的自主性以及深入进行学术科研的能力，是某一学科的专家，并通过高等学校教授资格考试。二是实践性，即具有相关的从业经验。在应用科学大学，除了外语和数学专业，其他专业教授应具有在本专业至少五年的职业实践经验，并做出特殊的成绩。其中，至少三年在高等学校以外的领域工作，实践经验还必须具有专业匹配性。三是教育性，即应聘者必须通过实践经验证明其在教育学和教学法上的适合性，并在应聘之前就已经在高校积累了两年以上的教学经验，如在高校做过兼职教师或科研助理等。对应用科学大学教授的三重资格要求是德国应用型科学大学办学成功的有效保障。

值得注意的是，为避免教授之间的"近亲繁殖"，德国规定，在本校获得教授资格的不能应聘本校的教授职位，唯有外校毕业或工作的教授才具备聘任资格。从聘任条件可以看出，德国应用科学大学教师聘任条件非常严格，教授除了具备较高的理论水平、深厚的学术教育背景及较长的教育学习经历，还要有很强的企业实践经历，具有丰富的理论联系实际的实践经验。此外，在教师的续聘方面，德国应用科学大学的教授需要得到企业至少 5 年的资金支持才能继续受聘于大学。德国应用科学大学对教师的入职要求在一定程度上保证了应用型人才培养的实践性以及教师知识和技能的不断更新，也保证了人才培养、应用研究与行业企业需求之间的持续、良性互动。

(四) 重视兼职教师队伍建设

德国应用科学大学非常重视兼职教师队伍建设，从企业、政府、金融机构等聘任了很多兼职教员，约三分之一的教师是来自经济界、企业和其他社会机构的校外（企事业单位）特聘讲师，部分高校的兼职教师队伍比例甚至超过50%。这些人大多具有丰富的行业和专业经验，很大程度上保证了学校教学与研究工作的实践导向，有利于教师不断更新专业知识与职业技能，也促进了社会经济活动与大学应用型研究之间的良性互动。例如，柏林经济与法律应用科学大学有 156 名教授，495 名校外特聘讲师；卡尔斯鲁厄工程和经济学院有 176 名教授，330 名校外特聘讲师。

兼职教师具有丰富的实践经验，将实践中的最新知识和问题带到学校，在为学生授课的同时，还会举行各种讲座，将企业技术发展动态等内容介绍给学生，从而有效保证应用型人才培养、科学研究与企业需求充分接轨。2007 年德国联邦政府与州政府共同出台了中长期教育发展规划《高等教育协定 2020》，明确强调要增加校外特聘讲师。之后，应用科学大学外聘教师的数量明显增长。通过聘任具有丰富实践经验的技术人员或专家学者作为应用科学大学的兼职教师，实现了高校与外界行业企业的充分对接，有利于兼职教师将最新的技术发展动态引入高校并传授给学生，避免了应用型人才培养过程中理论与实践的脱节。

二、英国多科技术学院教师专业实践能力提升的经验借鉴

(一) 英国多科技术学院的产生和发展

英国多科技术学院的发展经历了多科技术学院的建立与多科技术学院更名为大学两个时期。1963 年，为满足英国当时经济社会发展对各级技术技能人才的需求，英国高等教育委员会发布了《罗宾斯报告》，提议建立多科技术学院。1966 年英国教育与科学部颁布了《关于多科技术学院与其他学院的计划》白皮书，将原有地方学院、区域学院、社区学院按区域合并成新型高校——多科技术学院，并正式提出成立以多科技术学院为主体的公共高等教育体系。

随后几年，英国成立了 30 多所多科技术学院，逐步形成了本科层次职业教育体系。多科技术学院办学特色鲜明，课程形式灵活多样，课程设置侧重应用科学和职业培训，在高层次应用型人才培养以及高等教育规模的扩张和结构改革方面发挥了重要作用，是英国高素质应用型人才的主要培养基地。多科技术学院的建立使英国形成了非大学与大学共同构成的高等教育"双重体制"。

1988 年英国颁布《教育改革法》，成立由中央政府拨款的"多科技术学院与其他学院基金委员会"，多科技术学院脱离了地方政府控制，接受中央政府直接管理，获得独立法人地位。1992 年，英国政府出台了《继续教育与高等教育法》，同意多科技术学院升格为大学，赋予其独立授予学位的权力。之后 34 所多科技术学院回归"一元体制"时期。更名后的多科技术学院（英国新建本科高校）通常被称为"1992 后大学"（或"新大学"），其向应用型转变比较成功。虽然这类高校自产生之日起就或多或少存在"学术漂移"与"模式趋同"现象，但多数学校仍保持着原有的"职业""应用"特色，保持着清晰的地方性、服务性办学定位，面向企业实施专业技术教育，提供职业性

课程，开展应用性研究，与传统大学在学术影响、社会认可等方面的差异依然存在。

（二）教师聘任注重教师的实践经验

1974 年，多科技术学院委员会在明确多科技术学院教师选拔资格条件时提出，发展具有多科技术学院特色的教师队伍，不能只是单纯地模仿大学的教师模式，应该有自己的世界观和独特的教学经验。高级教师更应该热爱教育事业并具有广泛的社会经验。因此，在教师聘用方面，多科技术学院注重教师的实际应用经验，倾向于引进实践经验丰富的工程技术人员和一线管理人员担任专任教师。

多科技术学院大多数教师具有丰富的生产和管理经验，了解真实的工作场景，动手操作和应用研究能力强，能够引导学生将所学的理论知识应用于生产实践，并能根据行业企业发展的新趋势、新要求，及时调整教学内容和方法，传授新的知识和技能，有针对性地开展教学。随着英国多科技术学院的发展，多数学院对教师专业素质进行了严格规定。一方面，教师要不断努力提高自己的学历水平和研究能力；另一方面，多数学院鼓励教师深入企业一线进一步接触企业的真实情境，了解生产实际中不断发生的新情况、新问题，不断提升自身的专业实践能力，以更好地掌握指导学生实践、实习的技术和本领。许多学校与厂矿企业、技术部门建立了良好关系，经常聘请有丰富经验的技术人员和管理人员做兼职教师、开设讲座和新兴课程，传授生产实际中的新知识、新技能。有关资料显示，1980 年，多科技术学院的教师队伍以兼职教师为主，兼职教师有 5.5 万人，而专职教师只有 2.8 万人。"1992 后大学"中的多数教师来自行业企业一线，例如被誉为"企业家和工程师摇篮"的赫特福德大学约 70% 的教师来自工商业界的第一线；伯恩茅斯大学媒体学院不仅有学术专家担任专业教师，而且还聘请了大量的企业技术人员担任部分课程的主讲教师，并且很多教师都拥有 5 年以上的企业实践经验。

（三）教师培训注重对教师实践能力的培养和提升

多科技术学院成立的最初几年，教师培训相对未受到重视。1974 年，多科技术学院教育发展委员会的成立，促使多科技术学院将教师培训作为一项重要的政策实施，各学院的教师培训才逐渐系统化。许多专科院校的教师培训方式主要分为三种类型，即脱产学习、学术会议、研究咨询，通常会制订一些短期培训目标，由学科系主任牵头组织教师参与学院举办的培训活动，并对教师的培训情况进行综合评估。通常情况下，各学院会提前告知教师要参与培训活动，并定期指派教师去相关合作的企业进行岗位实习培训，以此来提高教师的专业知识技能和实践动手能力。在教师参与岗位实训的过程中，企业的技术和管理人员会对其进行专业的指导和帮助，还会给他们指导详细的培训计划和方案，并对培训过程进行监控，对培训结果进行综合评估。学校会根据企业反馈的评价结果来决定是否续聘、晋升或提高教师薪资。

1983 年，英国政府在引入职业教育方案中首次提出为在职教师提供到企业培训锻炼的机会。在政府的推动下，职业院校与企业建立了良好的合作关系，逐渐形成了职前培养、任职辅导和职后培训"三段融合"与大学、职业学校和企业"三方参与"的职教师资培养模式，大量在职教师在行业一线得到了充分的实践锻炼。

(四) 围绕学校办学目标开展教师评价

多科技术学院对教师的考评主要包括专业理论知识和实践技能水平两方面，但相较于理论性的科研成果、学术论文，其更加注重对教师实践操作、技术开发、应用研究能力的考评。在多科技术学院的基础上，"1992 后大学"在办学职能上强调教学、学生需求和社会服务，教学目的、教学内容、教学方式紧跟学校发展目标。因此，这类高校在考评教师时往往淡化学术性要求，更加注重学生的满意度以及教师对学校和社会的贡献度。以博尔顿大学为例。博尔顿大学前身为由博尔顿大学技术学院与博尔顿教师培训学院合并而成的博尔顿高等教育学院，1990 年获得本科学位授权，2005 年更名为大学。从其"教师绩效评价指标"可以看出，博尔顿大学将教师教学、引导学生发展、对学校发展的贡献度作为评价教师的重要指标；在评价教师的学术活动时，主要是衡量教师与学校发展战略的相关度，而非科研项目、学术论文、论著等具体可量化的学术性指标，从而引导教师将主要精力放在教学、人才培养或学校办学目标的实现上，同时通过教师评价引导教师关注学生就业、注重研究成果的转化以及为社会服务。

三、日本应用型高校教师专业实践能力提升的经验借鉴

(一)日本应用型高校的产生和发展

日本本科高职教育的发展始于 20 世纪 60 年代。第二次世界大战后，为打破单一教育结构导致的人才培养规格单一问题，满足经济发展和产业结构调整对高级专业技术人才的需要，1971 年，日本中央教育审议会发表了《关于今后学校教育综合扩充、整顿的基本对策》，明确要建立技术科学大学。长冈和丰桥两所技术科学大学于 1974 年开始筹备。1976 年，日本政府颁布了《国立学校设置法部分修正法案》，宣布正式建立丰桥技术科学大学与长冈技术科学大学。作为一种"专科后"技术教育，技术科学大学的建立增加了一种新型的高等职业教育专门机构，为职业技术人才接受更高层次职业教育提供了可能，使得日本职业教育的层次结构更加合理。

技术科学大学既具有本科院校的特征，又具有职业院校的属性，是一类举办本科和研究生教育的高等职业院校，旨在通过 4 年的专业教育，培养出具有创造力和研究开发能力的指导性技术人员。

20 世纪 90 年代初，日本本科高职教育得到迅猛发展。四十多年来，日本技术科学大学专注于人才实践能力的培养与应用研究，通过应用型本科与专业学位研究生的衔接、贯通，培养出社会需要的高层次应用型人才，成为具有鲜明职业特色、较高办学质量和声誉的本科高职大学。20 世纪 90 年代以来，随着本科教育规模的进一步扩大，日本在高等专门学校创设了专科攻本科(专攻科)制度，高等专门学校毕业生可直接进入"专攻科"学习并获得学士学位，部分高等专门学校开始举办本科高职，以便专科生取得准学士和学士学位资格。

(二)明确教师入职资格标准，严把入口关

日本《学校教育法》对职业教育教师资格做出了严格规定，对于承担专门课程、一般课程、高等课程等不同课程的教师设立了不同标准。根据《学

校教育法》，日本文部科学省制定了针对不同类型高职院校的基准性政策法规。在高等专门学校方面，日本文部科学省颁布新修订的《高等专门学校设置基准》对高等专门学校各职称教师的入职资格做出了明确规定。但《高等专门学校设置基准》对各院校不同职称教师的入职资格规定是基本的、通用性的参照标准，高等专门学校在人才招聘中往往结合自身的办学实际、用人需求，制定具有校本特色的教师聘任标准。日本东京工业高等专门学校是一所典型的具有"专攻科"制度的高校。该校在招聘副教授、讲师或助教时要求必须符合以下各项条件：获得博士学位，且所获学位与应聘学科专业相同；能够胜任高专低年级教学和"专攻科"学生的指导工作，并促进二者衔接教育；能够开展实践教学，并不断改进实训实习教学方法；具备产学研合作、服务地方的能力；具备在大学、高等专门学校的教育教学经验；能够承担班主任工作，对学生开展生活指导等。日本技术科学大学非常注重师资队伍建设，要求教师既要有理论积淀，更要有丰富的实践经历。日本技术科学大学在专业教师聘任方面严格遵循相关制度，在强调过硬专业能力的同时，注重考察教师的实践能力与实践经验。日本技术科学大学还常年聘请高等专门学校教师任教，聘期一般为1~2年。

(三) 多渠道引进师资，加强兼职教师队伍建设

为吸收社会人士充实职教教师队伍，1988年日本修订的《教育职员许可法》提出了设立特别资格证书和兼职教员的制度。这就为职教聘用各行各业富有专业理论和实践经验的业务骨干来承担教学工作开了绿灯，拓宽了师资来源。日本技术科学大学非常注重以专职或兼职的形式招聘具有较强理论基础和丰富实际操作经验的企业人员进入教师队伍中。为促进理论教学与技术实践的结合，增强实践教学的实效，日本技术科学大学直接从企业聘请大量有丰富实践经验的高级研究人员到学校任教。

(四) 采用灵活多样的教师进修制度

日本的《教育公务员特别法》对教师进修做了专门规定。在该项法律的指引下，日本建立了从中央到地方的各级教师进修制度。高等职业教育教师在职进修主要包括校内进修、校外进修及海外考察进修等形式。根据日本

职业学校教师在职进修制度的规定，新教师在录用后要经过1年的实习试用期。在试用期内，职业学校教师在从事授课工作的同时，每周必须保证的进修时间为在校内2天，在校外1天[①]。为提高教师的实践能力，扩展教师的国际化视野，日本技术科学大学非常注重教师海外考察进修，每年都会派大量教师到海外考察学习。

丰桥技术科学大学每年至少派出300名教师赴海外研修交流，从事科技合作，年均派出人数几乎占到全校专任教师总数的90%。长冈技术科学大学仅2013年一年派赴海外的教师就达到541人。长冈技术科学大学还通过与企业建立的共同研究制度实现学校教师与企业高级技能人才的互派，企业兼职教师可被授予名誉教授、副教授等称号。日本这种灵活多样的教师进修制度，便于高职教师掌握企业最新的技术，了解技术革新的最新动态，保证教学质量和应用型人才培养质量的不断提高。

(五) 灵活的职称评定机制

日本新的《学校教育法》规定高校职称岗位分为助手、助教、准教授、教授。日本高校的职称评定机制灵活，并非每年定期评定职称，而是由教师本人根据自己的工作年限和业绩积累，并根据学校订立的标准，随时向学校提出申请。因此，在日本只有当教师提出申请时，才会进行职称评定。各级职称评审的条件也相对比较灵活。在日本，科研工作也是教师职称晋升的重要条件，但学校一般对教师的科研任务不做硬性要求，不把论文的数量和级别作为主要参考依据，而是实行教授集体审议制，即聘请行内的专家对教师个人的科研成果进行评审鉴定。教师的职称晋升权主要在校级层面，由学校公布各级职称的名额，制定职称晋升的条件。以丰桥技术科学大学为例。根据丰桥技术科学大学的章程及相关规定，该校在各级职称晋升条件中，并非将学历、科研等作为硬性条件。可以看出，丰桥技术科学大学教员选拔考核条件的弹性相对比较大。

---

① 李梦卿.双师型职教师资培养制度研究 [M].武汉：华中科技大学出版社，2012：123.

第二节 国外应用型高校教师专业实践能力提升的 经验启示

师资是应用型高校发展的关键。国外并没有"双师双能型"教师或"专业实践能力"的明确提法，但对应用型高校教师的内涵要求与我国是一致的。发达国家本科职业教育起步较早，在师资队伍建设方面积累了许多成功经验，对提升我国应用型高校教师专业实践能力有着重要的现实意义和启示。

一、注重对教师实践经历的要求

高校的职能定位不同、人才培养目标不同，对教师的专业素质要求也就不同。国外应用型高校教师的选用条件相当严格，除注重教师职业道德素养和敬业奉献精神外，对教师的实践经历也有着明确的要求，强调任职教师必须具有一定的行业企业实践经历。国外应用型高校招聘的教师往往在大型企业、公司、社会组织或者政府部门担任过相应的职务，很多任职教师既是高校的名师，又是企业的核心技术人员、高管或智囊。这些教师不仅受过专门的高等教育，具有某种层次的学历学位，还接受过某些必备技术的训练，拥有一定的实际经验和实际操作技能。例如在德国，受聘于应用科学大学的教授要学术性、实践性、教育性兼备，必须具备至少五年的业界实践经验才能够申请成为一名指导教师。没有工作经验，对企业环境不熟悉，这样的教师很难培养出高素质的应用型人才。现阶段，我国应用型高校在人才引进中一般对教师的学历、学术科研能力要求较高，但对教师的工作经验基本不做硬性要求。鉴于此，我国应用型高校在人才引进的过程中，应借鉴国外应用型高校教师的任职资格要求，既要注重教师的学术性和教学性，也要注重其实践性，从源头上把好入职关，调整和完善人才聘任政策体系，重视应聘者的实践经历与经验要求。

二、建设专兼职结合的教师队伍

国外应用型高校非常重视兼职教师队伍建设，普遍实行专兼职教师结合的师资队伍建设模式，专职与兼职教师的比例一般为1：1。许多应用型高校如英国多科技术学院等，从业界聘请兼职教师的人数和比例要高于专职教师，德国部分应用型高校兼职教师比例甚至超过70%。国外应用型高校大力从行业企业聘请兼职教师任教，这些兼职教师主要由企业专业技术人员、企业管理人、能工巧匠等人员担任，主要讲授专业性和职业性强的课程，能够将职业领域内的新知识、新技术、新工艺、新方法带进课堂。这样不仅大大提高了应用型人才培养质量，同时也可以减少学校教师的实践培训成本。目前我国应用型高校的教师绝大多数是专任教师，从行业企业聘请的兼职教师人数较少，这种现状不利于高质量应用型人才的培养。因此，我国应用型高校应加大兼职教师的聘请力度，积极聘请行业企业优秀人才入校从教，建设专兼职相结合的教师队伍。

三、发挥政府的立法、统筹和引导作用

严格的法律法规是提升教师专业实践能力的重要保障。国外应用型高校建设首先重视立法，有国家层面的教育立法作为保障，并通过颁布附属法规和认证标准来保障办学质量，以立法的形式加强教师队伍建设。例如德国的《德国高等教育法》、英国的《应用技术学院和其他学院发展计划》、瑞士的《应用科技大学联邦法》等法律法规；日本文部科学省根据《学校教育法》分别制定了《专修学校设置基准》《短期大学设置基准》《高等专门学校设置基准》等基准性政策法规，对各类职业院校教师入职资格都做出了详细、明确的规定，为不同类型学校的教师招聘提供了基本标准和政策依据。

可见，为加强应用型高校建设，国外首先通过国家层面的法律法规确立了应用型高校在高等教育系统中的法律地位、建设标准，为教师队伍建设提供制度保障。鉴于此，我国应进一步建立健全《教育法》《教师法》《高等教育法》《职业教育法》等相关法律法规，通过国家层面的法律法规保障应用型高校的办学地位、办学质量，明确其办学标准和师资队伍建设标准，推进应用型高校教师专业实践能力建设的制度化、规范化和法制化。

四、重视教师实践培训，加强教师考评管理

加强实践培训是提升应用型高校教师专业实践能力的有效途径。国外

应用型高校师资培训体系相当完善，许多发达国家非常重视教师培训及继续进修，甚至采取立法的形式来对教师的实践培训加以规范。如德国把教师不断接受新知识、新技能的培训作为教师必须履行的一项义务。与国外相比，我国应用型高校教师实践培训的力度明显不够。现阶段，我国应用型高校教师培训主要以"校一校"间教师培训模式为主，培训模式单一，且学术化、理论化、学科化倾向严重，很难从根本上解决教师队伍实践能力不足的问题。

为此，应用型高校应积极寻求政府支持，加强"校政产学研"合作，建立校企合作的有效平台，不断拓展和丰富应用型高校教师培训的模式和内容。此外，国外成功的应用型高校都有科学的考评体系，德国、英国、日本等国基本上都形成了系统严格的考核鉴定制度和健全完善的师资质量保证体系。在考评内容方面，专业理论知识和实践技能水平始终是这些高校关注的主要内容。与科研项目、学术论文等学术成果相比，国外应用型高校更加注重对教师技术开发和技术应用能力的考评。

五、享有充分的高校教师管理权

发达国家应用型高校享有充分的教师管理权，在教师评聘、职称晋升、教师培训等方面具有高度的灵活性和选择性，较少受政府的影响，从而能够根据实际发展需要形成具有自身特色的教师管理制度体系，选择符合自身办学目标与定位的应用型师资。如日本应用型高校有灵活的职称评定机制等。相对而言，目前我国虽然在相关文件中强调高校职称评审权的下放，但高校在人才引进、职称评定等方面仍然受行政权力的约束，教师管理的自主权相对有限。鉴于此，政府在对应用型高校进行宏观调控的同时，要进一步向应用型高校下放管理权限，使其享有充分的教师管理权。

第三节　应用型高校教师专业实践能力提升的创新逻辑

应用型高校教师专业实践能力的提升是一个复杂的、影响面广的系统工程，既要重视高校内部因素，也要关注高校外部因素。应用型高校嵌入多元环境中，教师专业实践能力提升的制度改革须遵从"域性"而非"线性"思维，遵从国家、地方、高校等多重制度改革逻辑与制度框架设计理念，统筹考虑宏观层面上制度环境创设、中观层面上条件保障优化及微观层面上制度安排与教师行为同构之间的联系。

一、应用型高校教师专业实践能力提升的制度改革逻辑与原则

制度逻辑强调制度的多元性。应用型高校教师专业实践能力的提升应遵从多重制度改革逻辑，打好组合拳，遵循协同推进、激励相容、循序渐进的制度改革原则。

（一）教师专业实践能力提升应遵从多重制度改革逻辑

所谓制度逻辑，指的是针对特殊领域的制度安排和行动机制，根据制度逻辑的塑造和诱发来决定这一领域的行为模式。组织环境中的规范准则是由制度逻辑的塑造决定的。从组织层面来看，规范准则能够帮助组织决策者做出合理的决策，提供合理的建议。从外部环境的角度来看，在强化组织内外利益和组织成员对组织战略规划和行为认同方面，制度逻辑发挥着不可替代的作用。根据索顿（Thornton）等的研究，组织通过制度逻辑的影响和塑造获得合法性行为需要经过四个阶段。首先是对组织和个人的集体身份进行认同，通过塑造制度逻辑的方式明确组织群体的基本特征；其次是以分层分类塑造制度逻辑的方式，让个体对主体的行为有一定的认知和理解；再次是以对组织决策者的注意力进行调节的方式来塑造制度逻辑，让个体明确组织的行为；最后，组织群体对权力和身份的争夺受到制度逻辑的影响。根据这四个阶段可以发现，制度逻辑在某种程度上能够防止组织内部出现趋同的情况，能够让组织合法性行为呈现出不同的差异，让制度逻辑呈现出多元化特点。从宏观社会层次的角度来看，构建与组织场域微观层次同构的关联性，通过制定宏观层次的方式观察组织个体微观的行为，以此对制度改革进行微观和宏观的分析研究。

在高等院校创设的教学情境中，如果高校对教师的要求产生变化或者无法维持平衡的局面，就需要对教师管理制度进行改革。对于高校来说，制度逻辑是改革教师管理制度的中坚力量。从某种程度上来说，高校建立的管

理系统中各行为模式都会受到制度逻辑的干预和影响。所以，高校的制度改革一定要与制度逻辑保持高度一致。根据新制度主义的相关内容来看，制度逻辑的主要作用在于强调和明确组织的身份地位。任何社会组织在与学校合作之前，首先要对学校的概念有一定的认知和理解，即在制度逻辑层面上肯定学校的合法身份和地位。对于应用型高校来说，想要进行教师管理制度的改革，要以政府层面为出发点，明确学校的应用型身份和地位。缺少政府的认可，高校进行的内部改革都存在着不合法的可能性。所以，高校想要在转型过程中能够维持自己的合法身份和地位，就必须制定一套与其应用型身份地位相匹配的教育法则，以此来平衡和控制高等教育过程中的各项行为和要素，从而将可预期和可识别的各类因素维持在一个相对稳定的状态。

基于解决某一问题的某项制度改革，绝不仅仅是对该项制度本身及其制度安排进行调整、完善或更替，而是一个复杂的系统工程。现代社会中，应用型高校往往嵌入多元制度环境中。因此，提升教师专业实践能力，必须遵从"域性"而非"线性"思维，以系统的视角来综合考虑和改革教师管理制度。"以'域性'的意义理解大学教师发展制度创新，就不能孤立地谈论某一项制度的作用，而是要关注一定场域内整体制度框架的设计，注重框架内各项制度之间的相互联系、相互作用，以更准确地把握、预测和优化改进各类主体的行为。"[①] 教师专业实践能力提升的制度改革是一个域性的过程，既要对教师管理制度体系进行整体关照，调整、完善或更替现有教师管理制度，也要超越高校领域，对多元主体参与的制度体系进行整体关照，关注教师专业实践能力提升背后的制度逻辑，实现"多主体协作"下多重制度逻辑共存与整合的教师管理制度改革模式。从制度逻辑考量，基于教师专业实践能力提升的教师管理制度设计与改革既要关注高校层面，也要关注外界环境层面，要关注如何从政府层面更加有效地赋予"应用型高校"的身份，关注如何从学校层面更加有效地赋予"应用型师资"的角色。

制度逻辑是由一定的制度环境决定的。应用型高校教师专业实践能力提升必须重新审视教师专业实践能力建设面临的"大环境"，调整制度改革的逻辑。教师专业实践能力既受学校制度环境的影响，也受地方政府和中央

[①] 姜超.大学教师发展制度创新的主体关系与路径突破 [J]. 全球教育展望，2018，47(11)：72-86.

政府的大环境影响。制度逻辑强调制度多元性，提供了宏观层面上制度环境创设、中观层面上条件保障优化及微观层面上制度安排与群体行为同构之间的联系，为应用型高校教师专业实践能力提升的制度改革提供了一个分析框架与视角。个体或组织行为是制度因素塑造的，而这些制度因素又嵌入更高层次的社会系统中。因此，应用型高校教师专业实践能力提升的制度改革必须把教师与高校放在更高层次的制度环境中，自上而下，从国家、地方政府、高校三个层面的制度逻辑出发，形成制度改革合力。这样才能层层递进、统筹推进，才能有效提升应用型高校教师的"双师双能"素质。

(二) 教师专业实践能力提升的制度改革原则

1. 遵循协同推进的原则

协同治理已经成为一种提供公共产品和履行公共服务的关键制度形式[①]。应用型高校教师专业实践能力提升是一个内部系统与外部环境相互联系的复杂系统，涉及各级政府、应用型高校、行业企业、高校教师等多元利益主体，需要通过多主体安排来解决单一主体难以解决的问题。因此，应用型高校教师专业实践能力提升的制度改革，应根据应用型高校办学目标与定位，结合应用型高校教师队伍的建设要求，以制度建设为中心，宏观上从分类评价管理、国家标准建设、专项财政投入、法律条文修订等方面推动，中观上从构建新型政校关系、落实转型发展职责、扩大办学自主权、深化产教融合等方面推进，微观上从认证准入、培养培训、职称评审、考核评价等方面着手，通过协同推进，自上而下建立多元主体协同共治、多维活动联通法治、多级要素融合精治的应用型高校教师专业实践能力提升策略。这样才能形成系统完备、衔接有效、协同联动的立体理论框架与制度结构，用"制度之力"推进应用型高校教师"双师素质"之治。

2. 遵循激励相容的原则

没有好的利益激励机制或者协调不好政、校、企、师之间的利益冲突，应用型高校教师管理制度改革的动力就会大打折扣，"双师双能型"教师队伍建设、教师专业实践能力提升也会变成"一阵风"。

---

① 邓穗欣.制度分析与公共治理 [M].张铁钦，张印琦，译.上海：复旦大学出版社，2019：226.

因此，政府或应用型高校在设计和改革教师管理制度时，应参照激励相容的原则，加速常规制度由集体化向个体化转变，实现教师专业实践能力提升由学校管理下的制度规约向教师自我内向化和习惯化转变，实现教师个体利益与学校整体利益的统一。一方面，政府对应用型高校管理的侧重点应由传统规制转变为激励，积极协调应用型高校、行业企业、高校教师等利益相关者的利益，使其在追求各自利益的同时，尽可能追求应用型高校办学目标、人才培养目标的利益最大化；另一方面，应用型高校对教师应约束与激励并重，着力健全有压力、有动力、有约束、有激励的教师管理机制，多举措鼓励教师产教合作开展实践教学、应用科研，提升教师应用科研与实践育人能力，提升教师行业企业实践和社会服务能力。

3. 遵循循序渐进的原则

制度建设是一个渐进的过程。在这一过程中，制度改革应遵循"梯架原理"，前设制度与后设制度循序渐进、衔接配套，各制度安排要方向一致，避免产生较大的制度夹角。制度的形成不是崭新制度的出现，而是既有制度要素得到部分修正的结果，即"制度的精致化"的过程。可以说，制度的变革在某种意义上是制度构成要素的重新组合，而非新制度对现有制度的替代，即使制度发生变化也不会与既有制度完全断绝关系，而是会出现既有制度要素和模式依然存续的"存续变形"现象。以提升教师专业实践能力为目的的教师管理制度改革应是制度变迁和制度衔接中的创新，而不是完全否定性的创新，更不能"一刀切"。在教师管理制度改革的过程中，会触及不同的既得利益者，为避免矛盾的激发，避免多种制度要素之间的冲突和矛盾，应用型高校教师管理制度改革不宜采取激进式改革，而应是一个夹杂着"时滞"和"路径依赖"的长期螺旋式的渐进变迁过程，既要顺时变迁，又应保持稳定，既要保留已有制度的要素，也要不断推陈出新，不可一蹴而就。

二、应用型高校教师专业实践能力提升的国家逻辑

应用型高校教师专业实践能力提升既是高校内部的事情，也与其外在的制度环境紧密联系在一起。国家层面的制度逻辑旨在通过创设有利于应用型高校建设的外部制度环境，对不同类型的高校设定不同的建设目标，采用不同的评价机制，合理引导各类本科高校遵循办学规律、找准办学定位，

为应用型高校教师管理制度的诱致性变革及教师专业实践能力的提升创造条件。

（一）构建应用型高校建设的国家标准

2018 年，教育部在发布的《关于完善教育标准化工作的指导意见》中提出，要加快制定、修订各级各类学校设立标准、学校建设标准、教师队伍建设标准、学校运行和管理标准等。地方本科高校转型发展至今，从国家层面到地方层面，缺乏系统的、具有指导性的应用型高校设立标准、建设标准、教师队伍建设标准及学校运行与管理标准，使得一些高校在转型发展上存在一定的盲目性。为更好地引导应用型高校明确办学定位、加快特色发展，国家层面应加快构建应用型高校建设标准，从办学定位、办学条件、学科专业建设、教师队伍、科学研究、人才培养、社会服务、学校管理制度等方面对应用型高校设置标准做出详细的规定。各省级层面可参照国家指导性文件，制定具有省级地方特色的地方应用型高校建设标准，指导地方本科高校更好地向应用型深度转变。

国家应建立健全分层分类的职教教师专业标准体系，从国家层面构建应用型高校"双师双能型"教师专业素质标准，更好地为应用型高校教师资格认定、人才引进、任用管理提供基准参考，为引导和选派教师到企业实践及教师职称评审、考核评价提供政策依据。

为此，国家教育行政部门应组织有关专家学者，从教师的实践经验、实践教学能力、应用研究能力等方面细化教师专业实践能力的内容，研制教师专业实践能力标准，以此解决当前各应用型高校对"双师双能型"教师队伍建设重视程度不一、衡量标准不一、效果难以监测等问题。此外，为深化企业与职业教育之间的合作关系，国家层面应在《国家职业教育改革实施方案》(《职教 20 条》) 的基础上，出台专门针对校企合作、产教融合的政策法规，对合作双方的职责及相关激励与约束举措进行明确规定，为教师专业实践能力提升提供专门的政策法规支持。如在国家层面制定《应用型高校教师企业实践规定》，对应用型高校教师企业实践的内容和形式、组织和管理、保障措施等做出具体规定。

(二) 加大中央对应用型高校建设的专项财政投入

应用型高校建设是一项关乎高校办学职能、师资队伍建设、人才培养目标的重大改革，需要大量的经费投入。而应用型高校原本办学基础差、底子差，加之地方政府财政拨款有限，办学经费的短缺常常使其面临着"纵深推不动、横向铺不开"的发展困境，严重阻碍了教师管理制度的改革进程。面对制约应用型高校发展的经费短缺问题，国家应加大对应用型高校的经费投入，解决应用型高校发展的经费瓶颈，保障应用型高校建设及"双师双能型"教师队伍建设的基础条件。一是应从中央政府层面设立针对地方本科高校转型发展、应用型高校建设的专项资金，对应用型高校的办学经费予以倾斜支持。应启动实施"中国特色高水平应用型高校建设计划"，加大中央财政投入，建立与国家"双一流"或"百所示范性高等职业院校建设工程"同等地位、常态化、引导性的中央财政投入机制。二是应遵循"中央引导、地方为主、突出重点、协调发展"的原则，从申报转型的地方本科普通高校中分批遴选出 100 所左右进行重点建设。中央财政通过高校相关资金引导支持中国特色高水平应用型高校建设，重点向办学水平高、特色鲜明的地方高校倾斜，在公平竞争中体现扶优、扶强、扶特；中央基建投资对地方高校转型相关基础设施给予支持，地方财政统筹安排资金支持。三是中央应设立专项资金实施应用型高校教师专业素质提高计划与专业实践能力提升工程，支持应用型高校开展教师实践培训工作、教师实践实训平台建设，帮助应用型高校教师尤其是青年教师走出校园、走向社会，以此引领带动"双师双能型"教师队伍建设。

(三) 修订《中华人民共和国教师法》，完善教师资格条例

自 1994 年全国人民代表大会常务委员会颁布实施《中华人民共和国教师法》(以下简称《教师法》)，至今已有 29 年。其间我国高等教育发展形势和师资队伍状况发生了巨大的变化，现行《教师法》的部分内容已很难适应高等教育改革发展和教师队伍建设需要。特别是在地方本科高校转型发展、"双一流"建设的背景下，不同类型高校发展与不同类别教师队伍建设都对《教师法》提出了新的要求。可以说《教师法》的修订迫在眉睫、势在必行。

因此，国家要在现有《教师法》的基础上，加快推进《教师法》的修订工作。

首先，《教师法》的修订要体现分类施策。

当前，我国高等教育办学类型多元，新修订的《教师法》要针对高职高专、应用型高校、研究型高校等不同类型高校的教师队伍特征、素质要求，提出有针对性的内容，明确新时代不同类型高校教师队伍建设定位，体现精准治理。其次，在新修订《教师法》的基础上，要加快修订《教师资格条例》，制定新的《〈教师资格条例〉实施办法》。现行《教师资格条例》中关于高等学校教师资格分类属性不明显，已不能适应目前多元化的高校教师队伍建设要求。因此，为提高应用型高校教师素质，加强"双师双能型"教师队伍建设，国家要加快修订《教师资格条例》，构建和完善体现分类施策的高校教师资格制度，建立"双师双能型"教师资格认证制度及实施细则，提高应用型高校教师入职的实践能力门槛，为应用型高校把好教师入口关提供法律依据。最后，新修订的《教师法》要在现有的基础上进一步完善不同类型高校教师在职培训和在职进修的支持服务体系，提高应用型高校教师在职企业实践培训等方面的权利；同时要从国家法律层面进一步理顺不同类型高校教师的管理体制机制，实现高校教师管理人权、事权、财权三者的统一。

三、应用型高校教师专业实践能力提升的地方逻辑

引导地方本科高校转型发展，顶层设计在中央，责任落实在地方。全面推进地方本科高校转型向纵深发展，地方政府特别是省级政府扮演着十分重要的角色。由于路径依赖和政治风险的约束，主导制度变革的恰恰只能是政府，它以强势的话语系统和合法的身份主导着制度改革的进程。地方层面的制度逻辑旨在构建地方政府与应用型高校的新型关系，通过省级政府落实统筹协调责任，完善扶持政策体系，破除体制机制束缚，优化应用型高校发展的外部保障条件和实现要素。

(一) 构建地方政府与应用型高校的新型政校关系

地方政府是应用型高校管理的主体。要推进地方本科高校转型发展、加强"双师双能型"教师队伍建设，首先要转变地方政府的教育行政职能，构建地方政府与应用型高校的新型政校关系。

一是正确理顺应用型高校对外部行政权力的依附关系，实现转型发展过程中的应用型高校自治。应用型高校在建设过程中，不仅受中央政府高等教育政策的约束，更主要的是受到地方政府的约束。地方政府对地方高校的人事、干部、编制、办学环境、校地关系等诸多方面的干预和约束甚多，使得地方高校的办学自主权更加有限。由此，现阶段，地方政府在依法行政、依法对应用型高校进行管理、加强对应用型高校宏观调控的同时，要尽量减少对应用型高校的干预和约束，慎重选择干预应用型高校的范围、程度与方式，不断扩大应用型高校的办学自主权，深化落实地方高校转型发展的责任，使其真正成为面向市场需求、拥有高度办学自主权的法人组织。只有这样，地方政府与应用型高校才能建立良好的互助合作关系，才能更好地满足经济社会发展对应用型高校建设、高层次应用型人才培养的需求。

二是省级统筹，优化地方高等教育分类发展和管理。省级政府要按照"层次＋功能"的方法，优化高等教育分类发展和管理，强化功能定位。"层次"上优化高校分类推进与差别化发展，"功能"上实行应用型人才与学术性人才分类培养与特色化竞争机制，实现校校有特色、有个性、有优势，在属于自己的层次上，将功能发挥到极致，打造核心竞争力。

(二) 深化落实地方本科高校转型发展的职责与方案

按照国家的要求，地方本科高校转型发展由所在省份负责统筹，多数省份在三部委《指导意见》颁布之后出台了省级层面的转型指导意见。省级政府是引导地方本科院校向应用型转变的责任主体，要对地方本科院校转型发展给予足够的重视，补齐转型发展的政策和资金短板，落实主体责任，在省级层面填补转型政策体系的中空。

1.高度重视地方本科高校转型发展，加强应用型高校建设的省级统筹

地方政府特别是省级政府是引导地方本科院校转型发展、深入推进应用型高校建设的责任主体，是调动各主体积极性的主要推动力量。其一，地方政府要深入落实国家及省级层面转型发展的政策方案，从办学定位与特色、师资队伍、教学资源、人才培养、科研与社会服务等方面制定应用型高校建设的指导标准，填补高校转型发展的地方性政策体系中空。其二，省级政府应通过开展应用型高校建设与发展推进会、树立先进典型等活动，以扎

实有力的实际举措引导应用型高校进一步深化思想认识，明确办学定位、建设思路与建设举措。其三，省级政府要加强应用型高校建设的省级统筹，在省级层面充分整合区域性的应用型高校资源，加强应用型高校教育联盟建设，扩大应用型高校建设的整体规模和联盟范围，以此打造共享开放的教学资源平台，提高实践场所、实验仪器设备等教学资源的利用率，最大限度地实现不同应用型高校资源共建共享、优势互补、集群发展。

2.深入推进产教融合、校企合作

随着产教融合上升为国家教育改革和人才培养结构性改革的一项重要制度安排，产教融合已成为推动地方本科高校向应用型转变的重要路径，同时也为应用型高校教师转型发展和教师"双师双能"素质提升创造了良好契机。产教融合是推动教师观念转变的"催化剂"，为应用型高校教师深入接触行业企业提供了渠道，为教师专业知识的更新和专业能力的提升提供了"源头活水"，也为应用型高校师资多元化提供了充足的人才资源库。同时，产教融合还能够倒逼应用型高校教师管理制度改革。地方政府要把产教融合作为应用型高校教师专业实践能力提升的关键抓手。

第一，地方政府要按照《国务院办公厅关于深化产教融合的若干意见》，同步规划地方层面产教融合发展政策，在与地方应用型高校充分沟通、交流的基础上，细化应用型高校产教融合发展的具体政策举措、支持方式和实现途径。

第二，地方政府要充分落实校企协同职责，统筹区域内产业、教育、科技资源，积极协调高校与行业企业利益关系，搭建产教对接平台、创建政策支持平台、筑建教师实训平台、构建产学研合作实践平台，以平台建设为载体，深化校企共建共治，切实推进产教深度融合、校企协同育人。

第三，搭建政府、高校、行业协会、企业共同参与的产教融合信息服务平台，汇聚地方校企合作、项目研发、技术服务及高校教师挂职锻炼、兼职教师聘请等各类供求信息。

第四，地方政府应对接纳教师培训锻炼的行业企业给予更多的优惠政策，如减免税费、减少工业园区租金、给予企业补助、增加土地使用、增加拨款或贷款额度等，以此提升企业参与"双师双能型"教师培养的积极性、主动性。同时，政府应通过鼓励应用型高校教师与行业企业优秀人才互相兼职、双向挂职等方式，建立"双师双能型"校企师资共同体，实现学校与行业企业互融，教师与业界优秀人才互通。

（三）完善落实扶持政策体系，加大对应用型高校的财政投入

从国际办学经验来看，应用型高校的生均经费一般要高于普通本科教育。目前，我国应用型高校的经费短缺现象要比研究型高校严重。应用型高校的办学经费主要源于地方政府财政拨款。结合应用型高校的发展需求，地方政府要进一步完善落实扶持政策体系，加大对应用型高校的资金投入，以此遏制其为获得办学资源而极力谋求办学层次提升的内在冲动。

首先，地方政府要增加对应用型高校的财政投入，特别是对应用型高校师资队伍建设的专项投入。除按编制拨款外，地方政府应加大对应用型高校建设的配套资助和专项扶持力度，设立专项经费支持应用型高校教师专业实践能力提升，供应用型高校聘请行业企业兼职教师；加大地方财政投入，提高应用型高校教师薪资中的基本工资标准，同时利用地方财政补贴等政策工具，提高应用型高校教师的薪资水平，合理控制院校间教师的薪资差异；加大对"双师双能型"教师队伍建设的经费投入，使教师定期进企业接受培训和聘请企业兼职教师的经费落到实处，在经费支持上可设立专门的应用研究专项拨款，激励应用型高校加强应用研究；加大对实践教学环节的专项经费投入，扩大实训基地建设规模，增添实验、实训设备与设施，帮助应用型高校改善校内实验、实训条件，支持教师参加各种形式的校内外实践培训。

其次，转变对应用型高校的财政拨款方式。一是全面提高应用型高校生均拨款标准，使应用型高校生均财政拨款标准高于一般普通本科院校，并根据办学成本对不同专业设定不同拨款标准系数，支持特色优势学科专业的发展；二是地方政府在现有经费分配方式的基础上，应在应用型高校中探索引入竞争性经费分配方式，建立经费支出绩效评估制度，根据政府及第三方单位对地方高校转型发展的评估结果，采用政府基本财政拨款与竞争性经费相结合的拨款模式，对应用型高校实行有差别的财政支持政策；三是在地方政府层面建立与高校应用型人才培养成本相适应的学费、公用经费标准动态调整机制，根据应用型高校的实际发展需求，相应地调整地方财政拨款。

最后，引导社会力量加大对应用型高校的投入。社会投入是高等教育

投入的重要组成部分。应用型高校的市场属性较强，需要扩大与社会的合作，在办学经费、应用型师资、实训实习场所、技术研发平台等方面获得社会的大力支持。因此，地方政府要在保持财政教育投入强度的同时，通过校企资源整合及完善财政、税收、金融和土地等优惠政策，积极引导和扩大社会资源投向应用型高校，鼓励行业企业和社会团体充分融入和参与到应用型高校建设、应用型人才培养中来。此外，政府要不断健全和完善民办应用型高校的社会投入机制，在税收、合理回报等方面为各投入主体提供多种利益保障，提高其投入民办应用型教育的积极性。

（四）实行"双师双能型"教师职业资格制度

随着越来越多的地方本科高校向应用型高校转型发展，现有的普适性高校教师资格制度已很难适应应用型高校教师队伍建设的要求。为加强"双师双能型"教师队伍建设，凸显应用型高校教师的"双师双能"素质标准，省级教育行政部门应将专业实践能力纳入应用型高校教师职业资格标准，实行"双师双能型"教师职业资格制度。各省级政府在省级《教师资格条例》细则中，应明确"双师双能型"教师的评价标准，明确应用型高校教师资格认定申请条件。在"双师双能型"教师资格认定上，一方面，要在职前培训中考核教育学、心理学等一般普通教师应具备的基本教育教学素质；另一方面，还应当在应用型高校教师资格认定中增加实践教学环节的要求，如规定教师应具备一年以上与专业相关的实践工作经历或获得职业技能等级证书等。例如，在德国要获得职教教师资格证，需经过两次国家考试，通过第一次国家考试后，再经过不少于18个月的实习才能参加第二次国家考试。

为进一步保障"双师双能型"教师资格制度的顺利实施，省级政府要健全相应的"双师双能型"教师培训认证体系。首先，政府部门可在省级层面制定《应用型高校教师资格设置基准》，建立翔实具体的"双师双能型"教师资格认证标准及实施细则，对教师专业实践能力进行细化，对"双师双能型"教师培训和资格认证提出指导性标准。其次，省教育厅及教师资格培训基地要明确对应用型高校"双师双能型"教师职业素质和专业技能实施培训及认证的职能，建立相应的对教师专业实践能力进行培训及认定的单位，指定有关劳动部门和有关高校进行相应专业技能的培训，为应用型高校教师专业实践能力的培养和认定提供相应保障。最后，把普通高校教师职业资格认证与"双师双能型"教师资格认定统一起来，根据"双师双能型"教师队伍的标准，开展应用型高校师资队伍建设。

四、应用型高校教师专业实践能力提升的院校逻辑

国家与地方层面的制度改革逻辑为校本层面的教师管理制度改革创设了良好的外部制度环境。制度应在最接近于受影响人的层级制定，高校是教师行为最直接的影响主体，因此，应用型高校在提升教师专业实践能力方面的制度改革能够直接、精准、有效地影响教师的行为模式、行为规范。高校层面的制度改革逻辑旨在从教师聘任、教师培训、教师考评等方面建立和完善与应用型高校师资队伍建设要求相一致的教师管理制度，通过制度改革调节与规制教师行为。这一方面，国外应用型高校也给我们提供了很好的经验借鉴。

(一) 完善多渠道、多类型聘用的教师聘任制度

1.优化应用型高校人才招聘政策，拓宽人才引进渠道

应用型高校的人才引进要注重学术性条件，更要注重实践性标准。只有学术经历而没有实际工作经验，对行业企业环境不熟悉，这样的教师很难培养出高素质的应用型人才。因此，应用型高校要根据办学定位，围绕应用型人才培养目标，按照"破五唯"的要求，着力引进有行业背景和行业经验的教师。这一点可借鉴国外经验。如《德国高等教育总法》规定，应用科学大学教授聘任条件之一是应聘者具有至少5年的实践工作经验，其中有3年在高校以外的领域工作经验。在教师招聘中，应用型高校要重视对应聘者相关专业领域的工作经验与经历要求，侧重求职者的工作经验与专业技能，淡化学历标准、强化职业能力要求，破除唯学历、唯论文、唯帽子、唯职称等倾向，重视学术性经历、行业企业工作经历、高校工作经历，尤其是行业企业工作经历应成为应用型高校教师招聘的必备条件。对具有与本专业相关执业资格证书及三年以上大中型企业生产、建设、服务、管理等一线工作经历，能胜任本专业理论与实践教学的人才，应用型高校在招聘时可适当放宽学历要求。

2.加大兼职教师的聘用比例

在聘用专职教师的同时，应用型高校要进一步加大兼职教师的聘请力度，形成专兼职教师共同发展的教师队伍发展态势。对于高层次、高技能行业的优秀人才，学校可采用直接考察的方式公开招聘兼职教师。从世界应用型本科教育发展来看，应用型高校教师经历了一个从专任教师为主到专任教师与兼职教师并重的发展历程。现阶段，多数发达国家应用型高校兼职教师占比一般在50%以上，部分国家兼职教师占总数的比例甚至达到70%。有鉴于此，我国应用型高校应制订兼职教师工作方案，设置兼职教学岗，采用灵活多样的方式，选聘在职或退休的有专长且实践经验丰富的行业企业优秀人才到学校兼职任教，以此充实和加强"双师双能型"教师队伍，为应用型高校发展提供强有力的应用型师资保障。应用型高校要注重对兼职教师进行教学技能培训，不断提升其教育教学技能，从而使他们更好地将专业技术、实践经验传授给学生。同时，学校还应加强对行业企业外聘教师的管理与服务，在课酬计算、课时安排、教学质量、制度遵守等方面强化对兼职教师的有效管理，制定相对独立的督导、薪酬等管理制度，保证兼职教师顺利地完成教学任务，自觉融入学校发展大局。

(二)建立教师企业实践培训制度

教师赴企业实践培训、挂职锻炼是提升教师专业实践能力的关键举措，是强化产教融合、校企合作的重要手段，同时也是国外培养应用型师资的成熟经验，例如德国应用科学大学的教师"调研休假"制度等。应用型高校要结合自身的发展实际，重新规划教师专业发展培训工作，让更多的教师走出校门，走进企业"练本领"，通过建立政、校、企、师"四位一体"的教师企业实践培训机制，有效提升教师专业实践能力。

1.深化产教融合，形成命运共同体

目前，应用型高校的产教融合在不同程度上存在着"一头热"的现象，离"两头甜"还存在一定距离。因此，建立政、校、企、师"四位一体"的教师企业培训制度，先要深化产教融合，打破利益格局形成的藩篱，构建产教利益共同体、责任共同体、价值共同体和文化共同体，形成"产教命运共同体"。在产教融合的背景下，各主体应共同打造实践平台、共同构建多元

师资、共同认定教师素质、共同评价教师业绩，合力推动应用型高校教师专业实践能力的提升。

依据"智猪博弈"理论，高校在产教融合中相当于"大猪"，"大猪"只有主动合作、贡献，才能获得一些利益。因此，应用型高校要主动寻求地方政府支持，主动与行业企业合作，建立"教学—科研—产业"三位一体的产教融合机制，强化科技成果转化，建设科技成果转化平台，提升应用型高校产教融合意识和融合程度，提升服务、支撑和引领地方产业发展的能力。这样，应用型高校才能在产教融合中获益，才能为教师专业实践能力的提升提供更多的实践平台。应用型高校既要明确规定行业企业应承担的职责，也要充分考虑企业的相关权益，保证企业的基本利益不受损，使企业在校企合作的过程中产生的正外部性得到有效补偿。在主动寻求合作的过程中，应用型高校可给予企业一定的经济、技术补偿或适当让渡部分劳动力给企业支配，甚至在不影响正常教学工作的情况下，把学校的部分利益让渡给企业，使企业能够在合作中获益，真正实现合作共赢。

2. 建立教师企业实践培训的保障机制

(1) 建立教师企业实践锻炼的管理协调机制

教师到企业实践锻炼是一个系统的工程，包含诸多管理环节。从高校层面来看，教师企业实践涉及学校人事部门、教务部门、教师发展中心、二级学院等多个职能部门，这些部门在教师企业实践过程中承担不同的角色。为避免各部门之间出现相互推诿、扯皮等现象，应用型高校一方面要厘清各职能部门的权责关系，在实践考评体系制定、人事管理、教学安排、教师企业实践计划制订、人员离职管理、监督考核等方面切实做到各正其位、各司其职；另一方面，要建立起组织协调机制，在确保学校内部各部门沟通协作的同时，积极与企业沟通协调，保证教师企业实践高效、有序地展开。

(2) 保证教师到企业实践锻炼的时间

现阶段总体来看，应用型高校教师缺口较大，大多数教师教学科研任务繁重，缺乏到企业实践培训的时间和精力，难以脱岗从事实践锻炼。因此，应用型高校要适当减少教师教学课时量，减轻教师的教学负担，适当安排教师的教学任务，使应用型高校教师有时间参加企业实践。同时，要将教师赴企业单位接受培训、挂职锻炼折算成教学学时，以弥补职称评定、考核评价等对教师课时量的硬性要求。学校要加强应用型师资储备工作，填补应用型高校教师缺口，提高学校师生比，使教师能够分批、轮换到行业一线实践锻炼。另外，考虑到应用型高校的师资缺口、学校正常的教学安排及企业对教师实践的整块化时间管理等问题，应用型高校教师到企业实践应采取以半脱产为主、半脱产与全脱产相结合的"工教交替"形式，少数教师也可结合自身专业特点及个人实际情况申请全脱产到企业实践。这样既能满足教师企业实践锻炼的需求，以及企业对教师相对完整实践时间的要求，也能够适当兼顾学校的教学工作安排，在一定程度上避免了实践培训时间与教学冲突，同时还能够保证实践培训的效果。相关研究表明，专业教师企业实践应该以半脱产为主要形式。此外，应用型高校要加强教师企业实践的经费保障，保障教师企业实践期间的待遇不低于在校期间的待遇，解除教师企业实践的后顾之忧。

(3) 强化教师企业实践的监控机制

现阶段，由于教师企业实践的监控机制不完善，部分教师赴企业实践锻炼的动机不端正，存在应付学校职称评审、考核评价的现象，一些教师甚至借到企业培训的机会离校完成一些个人私事。为此，高校一方面要纠正部分教师到企业实践的动机，对实践动机不端正的教师，要及时发现、正确引导；另一方面，要建立和完善教师企业实践监控机制，细化教师企业实践的流程，与教师实践单位签订具体协议，就教师实践期间的考核评价、工作纪律、培训成效等与企业共同制定详细规则，双方可采用项目合作、成果认定等形式对教师实践过程与成效予以监控，形成校企联控整体。企业单位要定期向学校报告教师在企业的实践情况，学校要加强督导检查，不定期到企业走访调查，最终由实践单位与学校共同对教师实践效果给予考评，避免教师企业实践期间出现"放羊式"管理的现象。学校对教师企业实践培训也可采用目标管理的方式，将督导检查下放到二级学院进行，校院两级督导组不定期到教师实践单位督导检查。

(4) 细化教师企业实践考评过程

应用型高校和接受教师实践的行业企业是考评教师企业实践效果的两个主体，二者应充分发挥考评职能，从诊断性评价、形成性评价和终结性评价三方面细化教师企业实践考评过程。诊断性评价可放在教师企业实践培训之前，由学校管理层、学院共同组织实施，旨在查明教师企业实践薄弱点，明确教师企业实践的内容，为教师企业实践提供差别化的方案依据；形成性评价是在教师企业实践过程中以企业为评价主体的过程性评价，旨在监控教师企业培训的质量，检查教师企业实践培训的效果，发现教师企业实践培训存在的问题，确保教师企业实践培训目标的实现；终结性评价是在教师企业实践培训结束时由学校和企业共同组织实施的评价，企业和学校分别根据教师实践期间的综合表现、实际操作能力及实践成果价值等，按照一定的权重给出综合性的评价，而非仅仅让教师交一份实践报告。此外，在对教师实践考评的基础上，应用型高校要强化对考核结果的运用，将考评结果与教师的职称评审、绩效考核相关联，不断完善教师企业实践制度，提升教师专业实践能力。

（5）加强教师实践培训的物质与精神激励，调动教师行业企业实践培训的积极性

一方面，应用型高校要创建教师专业实践能力培养的激励机制，保证参加实践锻炼教师的绩效工资水平、福利待遇不低于在岗教师。同时，要进一步提高教师实践培训的经费支出水平，提供教师赴企业接受培训、挂职工作、实践锻炼的津贴补贴，充分发挥工资福利、校内津贴等方式的激励作用，激发教师参加实践培训的积极性、主动性，激励教师不断提升专业实践能力。另一方面，应用型高校要在学校层面树立教师企业实践培训先进典型，对在企业实践中表现优异或在实践期间取得突出成果的教师，要积极地推出典型、宣传典型，激励和引导广大教师积极赴行业企业参加实践锻炼。

（三）调整应用型高校教师职称评审的指标体系

高校的类型不同，教师职称评审标准的侧重点也应有所差异。应用型高校的办学定位与师资队伍建设要求决定其教师职称评审标准应区别于一般普通本科高校。目前，应用型高校教师职称评审制度仍以教师发表论文、主持科研项目以及获得教学科研成果奖项来衡量，与研究型高校职称评审标准差异不大。应用型高校应在保证评聘程序不变的原则下，结合"双师双能型"教师队伍建设要求，创建有利于教师专业实践能力培养的激励机制。

1.完善职称评审标准

结合应用型高校教师队伍建设要求，应用型高校在完善教师职称评审标准时，应注重考察教师的专业性、技术性、实践性、创造性，突出对实践性成果的评价；应合理设置教师职称评审中的学术论文及其他科研成果条件，避免将论文、科研项目、论著等作为应用型高校教师职称评审的限制性条件，要把横向研究、产学合作、技术服务等应用研究成果作为教师职称评审中科研要求的重要指标；对实践经验与经历丰富、社会服务贡献突出、在某一领域具有一定技术技能特长的专任教师，应淡化或不做论文要求；应在职称评审中推行代表作制度，重点考察应用科研成果和创作作品的质量，淡化对学术论文或项目数量的要求；应将教改论文、教改项目、教改成果奖及其他学术论文、科研项目、获奖情况作为教师职称评定的加分项而非基本条件。

2.增加实践性考核元素，引导教师在实践教学、实践成果等方面加大时间和精力投入

一则将社会服务和企业实践经历作为教师晋升专业技术职务的必要竞争性条件。对晋升高级专业技术职务的教师，任现职以来应满足下列要求至少两项：主持校企横向科研课题、获得授权发明专利、主持或参与校外实践教学基地建设或承担产学研基地工作任务、承担政府或企业的技术服务任务、具有半年及以上企事业单位实践锻炼经历、科研成果转化取得了经济社会效益以及在相关专业技术领域取得工程师或技师等职称证书或职（执）业资格证书等。二则增设实践教学方面的考核内容，在职称晋升的教学必备条件中增设实践教学工作量及实绩方面的评审要求，增加该方面的考核权重。此外，鉴于应用型高校教师队伍中企业专业技术人员的比例较低，其教师职称评审条件对这部分人才的学历要求不宜过高、过严。

3.推进职称制度与职业资格制度的有效衔接

2016年，中共中央办公厅、国务院办公厅印发的《关于深化职称制度改革的意见》提出，应促进职称制度与职业资格制度的有效衔接，在职称与职业资格密切相关的职业领域建立职称与职业资格对应关系，专业技术人才取得职业资格即可认定其具备相应系列和层级的职称。应用型高校可根据"双师双能型"教师队伍建设需要，打破传统的高校职称评审机制，通过建立多元的能力认证和考评机制，确保具有不同资质和能力特长的兼职教师得

到合法的认可和发展。具体而言,应用型高校应创新现有教师职称评定标准与业界兼职人员行业企业资历、职业资格证书、技术技能资质等实践性内容的关联机制,创新准入类职业资格、水平评价类职业资格等专业技术类职业资格与高校职称的对应关系,把兼职教师拥有的自身实践性内容、各类职业资格与学术科研、教学工作量进行合理转换,设计出超越传统职称晋升路径的更多元、更丰富、更有针对性的应用型高校教师校本层面职称评审体系。这样才能从根本上清除应用型高校教师与企业优秀人才身份转换、相互兼职的障碍。

(四)健全完善教师考核评价制度

完善的应用型高校教师考评制度是调动教师提升专业实践能力积极性、主动性的可靠保证。应用型高校的教师考核评价制度应从以学术条件为主的考评向以技术和应用等实践条件为主的考评转变,充分引导教师从课堂走向生产,从学校走向社会,将专业知识转化为产业行为。应用型高校应结合自身办学定位和师资队伍建设要求,尽快把教师专业实践能力考评纳入教师业务整体考核中,充分发挥考核评价机制对教师专业实践能力提升的杠杆作用,这样才能在制度层面上建立有效机制,保障教师专业实践能力快速提升。

1.调整教师考评指标体系与权重

应用型高校教师考评应重点围绕实践教学、应用研究与社会服务等实践性指标体系展开,并根据岗位职能与类型特征赋予科学合理的指标权重。在具体权重方面,应用型高校要调整科研与教学的权重比例,不断增加教学在教师考评中的权重;均衡一般理论教学与实践教学的计分比例关系,增加实践教学的计分项目,提高部分实践教学成果的计分分值;对教师的科研考评突出应用导向,优化科研计分项目和分值,增加应用科研及其成果的计分点与计分分值。同时,应用型高校应将教师赴企业实践纳入企业和学校工作的计划和任务中来,并将其作为考核教师的一项重要指标,以更好地激励广大教师积极赴行业企业实践锻炼。通过分析国外应用型高校教师考评指标体系也可以发现,国外应用型高校一般将教学、引导学生发展、教师对学校发展战略的贡献度等作为评价教师的重要指标,对学术论文、科研项目、论著等学术性指标并没有硬性要求。

2.转变考评重点，把实践性成果作为教师考核评价的重要内容

目前，高校对教师的考核评价主要以便于量化考核的学术科研成果为主。应用型高校应逐步转变以科研项目、发表学术论文等为主的考评机制，把教师的学术性与实践性有机结合起来，建立凸显"双师双能"素质的教师考评标准。一是重视对教师实践成果的考评。应用型高校在教师考评中应做到"三个转变"，即从注重科研向注重教学转变，从注重学术研究向注重应用研究转变，从注重学生知识的获取向注重学生的应用能力转变。同时，将教师的工作业绩与学校转型发展的战略目标紧密相连，通过考核评价引导教师更好地服务学校的办学定位、发展战略，引导教师更好地培养经济社会发展需要的高素质应用型人才。二是在学术考评中实现从"四高"到"四专"的转向。应用型高校应从注重高级别刊物、高级别获奖、高水平论文、高层次项目，转向重视专利、专业咨询报告、专项技术集成、专项技术转让与服务，将应用研发、专利申请、科研成果转化、社会服务贡献度等纳入考评指标体系，逐步建立起以实践成果为核心的教师考核评价体系。三是重点突出科研成果转化效果的评价考核。相较于研究型高校，应用型高校要解决的更多的是理论、科学原理或是新技术如何在现实中应用并加以改进的问题，更加注重学术成果的快速、高效转化。因此，应用型高校对教师的评价要更加突出知识的转化应用效果，突出科研成果的转化效果，突出科研成果产出运用、转化应用的具体创新，以此不断提升教师专业实践能力。

3.引入社会评价机制，完善教师分类考评体系

应用型高校教师专业实践能力包含多个维度，涉及企业实践、课堂教学、实验实训实习指导、动手操作、应用研究等多方面，如果仅仅靠高校单方面对教师进行考核，往往很难真实地反映教师的能力和水平。因此，应用型高校教师的考评应从外界引入社会评价，由传统的学校一元评价转向学校、行业专家、企业骨干、同行、学生等共同参与的多元评价，这样才能将教师专业实践能力等实践方面的内容客观真实地反映出来。同时，应用型高校教师分类考评要注重考评的实践导向，坚持共性考评与个性考评相结合、定量考核与定性评价相结合、年度考核与聘期考核相结合的原则，在此基础上确立不同类型教师的考评标准与要求，分层分类设置各类教师评价指标体系、考评方式。

第七章 "双师双能型"教师培养的路径探究

第一节 "双师双能型"教师相关概念与理论基础

一、相关概念

(一)"双师型"教师

自1990年王义澄首次提出"双师型"教师以来,很多学者对其进行了系统的研究。以下的"双师"标准是应用较广的:第一,教师要具有双职称且均达到中级以上,包括专业技术职称与教师职称,即"双职称"标准;第二,教师必须具备专业职业技能等级证书与教师资格证,即"双证书"标准;第三,具有教师和技师双重的职业素质和能力的专业教师,即"双素质"标准;第四,教学经历与一线工作经验是衡量一个教师是否合格的标准,即所谓的"双经历"标准。综上所述,在教育界"双师"标准是各不相同的,这些标准不仅难以统一,而且在实践中很难实现。由于"双经历"或"双素质"是教师具备"双职称"的必要前提,而我国教师队伍存在的主要问题就是师资来源缺乏多样性,所以"双职称"标准的执行是相当困难的,其实践性不强。相对而言,"双证书"标准是不难实现的,所以它在实践中落实量最多。

(二)"双能型"教师

2005年以来,为适应应用型人才培养及教师队伍建设的需要,安徽省十多所新建本科高校在借鉴职业教育领域"双师型"教师建设经验的基础上,提出了"双能型"教师的概念,认为"双能型"教师既有培养高素质应用型人才的教育教学能力,又有从事科研工作、服务地方经济和社会的实践能力,既能教书育人、为人师表,又能指导示范他人开展专业技术实务或应用技术研究等工作。"双能型"教师反映了教师队伍整体素质与结构的多元化要求，既要包括高水平的理论课教师，又要拥有来自行业或工程领域具有实际工作经验和专业技术能力的实践型教师。

(三)"双师双能型"教师

"双师双能型"教师是在《教育部 国家发展改革委 财政部关于引导部分地方普通本科高校向应用型转变的指导意见》(教发〔2015〕7号) 中提出的，目前尚缺乏统一的认定标准。"双师双能型"教师是在我国经济发展进入新常态，国家推动地方普通高校把办学思路转到服务地方经济社会发展上来，培养应用型技术技能型人才，增强学生就业创业能力，全面提高学校服务区域经济社会发展和创新驱动发展的能力的背景下提出的。笔者认为，"双师双能型"教师是应用型本科高校在借鉴高职高专"双师型"教师、新建本科"双能型"教师的研究和实践基础上产生的专有名词，涵盖了"双证书""双职称""双素质""双经历"这些内容，核心在于应具备"双能力"。

概括地说，"双师双能型"教师是指具有专业理论知识和专业实践经历，具备教师职业素质和专业素养，能够实施理论教学和实践教学，满足应用型本科院校教学需要的教师。

二、理论基础

(一) 人力资源管理理论

德鲁克 (Peter Drucker) 在其著作《管理的实践》中首次提出"人力资源"的概念。德鲁克认为，人力资源是所有资源中最有生产力、最多才多艺，也是最丰富的资源，但同时人力资源是所有经济资源中使用效率最低的资源。人力资源唯一的特殊优越性在于具有协调、调和、判断和想象的能力。人力资源发展代表的是个人的成长，而个人的成长往往必须从内产生。因此，管理者的工作是鼓励并引导个人的成长，否则就无法充分运用人力资源的特长。在这之后，社会学家怀特·巴克 (Wright Bakke) 在其1958年出版的《人力资源功能》一书中率先提出人力资源管理应作为一项职能来讨论。20世纪60年代，诺贝尔经济学获得者西奥多·舒尔茨 (Theodore Schultz) 站在人的角度思考经济增长理论，从而提出了人力资本论。人力资本论的问世一方面增加了人的价值，另一方面也肯定了人的作用与地位。它从人本管理角度重新看待人的管理问题，是人力资源管理史上的一大进步。经过数年的发展，人力资源管理已然成为社会组织管理中不可或缺的重要一环。

人力资源管理分为宏观管理和微观管理两个层次。宏观人力资源管理就是对社会人力资源的管理，是政府的一项重要管理职能，包括宏观的人力资源状况预测及计划、战略制定，就业政策的制定与就业管理，社会和人力资源投资与投资政策制定，收入政策及其条件机制的设定，人力资源管理法规的制度与实施等；微观的人力资源管理，是企事业单位对其拥有的人力资源开发和利用的管理，通过人力资源投资、培训、招聘和选择以及保护等环节，提高人力资源的生产力，挖掘人力资源的潜力，保护人力资源的再生能力，通过人力资源的计划、激励、绩效评估等环节，使人力资源得到最充分、有效的使用。

教师是学校发展的重要资源，对于民办应用型本科高校而言，其人力资源的获取和开发具有相应的限制性条件。应发挥组织的作用，加强对教师队伍的引进和培养，正确地评价教师，运用有效的激励方式，充分发挥教师队伍的能动性，实现人力资源的最大效益。

(二) 双因素理论

随着社会经济的发展，许多企业界管理者和理论界学者经常探讨的课题是，怎样使员工的热情与技能充分地显现出来，怎样最大限度地满足员工需求，以更好地实现组织的目标。美国学者弗雷德里克·赫兹伯格（Frederick Herzberg）提出"激励—保健理论"，也称双因素理论。他进行调查研究后得出的结论是，人的需要存在两种类型，有两种激励因素：第一种因素是保健，是指要激发并保持员工的工作热情，稳定员工的工作情绪；第二种因素是激励，是指要激发员工的工作欲望，激发员工的发展欲、事业心与上进心。作为一种重要的因素，保健因素与工作条件和工作环境息息相关。它主要包括：政策与制度、监督与控制、工作环境与条件、人际关系环境、报酬与薪水、福利待遇、职务地位等。激励因素属于和工作内容相关的因素，主要包括：成就感、责任感、荣誉感、创造性、挑战性、认可与赞赏、发展前景、个人成材与晋升的机会等。

该理论强调，在管理实践中，管理者要正确认识和区分员工存在的两类因素，对于工作条件、住房条件及员工福利等保健因素，要尽力给予改善和满足，以消除员工的不满情绪。还要抓住激励因素，对员工进行充分的激励，充实员工的工作内容，最大限度地挖掘员工的工作热情与工作潜能，刺激员工的进取欲，强化员工的责任心和归属感，千方百计地使员工满意自己的工作，产生极大的工作热情和积极性。同时，要认识激励因素的相对性，其对员工积极性起到的激励作用不是绝对的。在管理工作实践中，受到社会、阶层、个人经济状况、身份地位、文化层次、价值观念、个性特征等多种因素的影响。因此，合理利用这两个因素，分别采取不同的管理策略，才能发挥员工的积极性。"激励—保健理论"对人力资源管理的实证研究具有很强的指导意义。

由此看来，民办应用型本科院校要想建立一支结构合理的"双师双能型"师资队伍，就要充分发挥激励机制的作用，合理运用保健、激励两个因素，有效地激发教师追求自我完善、自我发展的动机，达到优化"双师双能型"师资队伍结构的目的。

第二节 "双师双能型"教师能力结构

在本研究中，我们将"双师双能型"中的"双师"理解为"双师双能型"教师应当具备的资质要求，"双能"则是进一步规范了应用型高校教师应当具备的能力尤其是实践能力。"双师双能型"教师队伍应当具有的"双能"主要表现在教学能力和专业实践能力上。

一、"双师"资格的要求

由于培养目标和要求的不同，"双师双能型"教师教学能力要求与"双师型"教师的教学能力要求不同，不能简单地根据"双师型"教师的能力体系来套用"双师双能型"教师能力体系的研究。"双师双能型"教师能力体系比"双师型"教师的能力要求更高、更复杂。应用型高校教师队伍建设的过程中，要从这些方面合理分析"双师双能型"教师队伍所应该包含的教师专业结构。

根据我们对"双师型"的认定标准以及内涵的梳理，可以发现"双师型"教师的标准主要是针对"双师型"教师所应当具备的资质要求以及从多维度对"双师型"教师能力的认定。"双师双能型"教师在应用型高校的语境下，应当侧重对教师能力尤其是该专业学生从事岗位所需能力的认定。

（1）高校教师资格

针对教师应当具备的资质，一般情况下会从两个维度来探讨，第一个维度主要是指教师本身属性所要求的，即教师资格证。教师资格证书是教师进入学校从事教学工作必备的准入条件。

（2）专业技术职称标准

第二个维度是"双师双能型"教师具有从事应用型高校"技术应用"教学工作所需的能力，即教师应当熟练掌握该专业领域的技术，并且具有较为丰富的实践经历。从这个维度出发，对于教师的要求主要体现在以下几个方面：①职称维度，即具有本专业中级以上职称、专业资格、技能证书，比如一级建造师；②实践经验，比如近五年具有两年以上本行业工作经验、近两年主持两项应用技术研究、发明创造服务社会效果良好等。从2004年关于"双师素质"标准的五项条件，满足其中之一即可认定为"双师型"教师来说，标准应当是非常宽松的。应用型高校在培养目标和层次上都高于高等专科学校，因此对教师的标准应当进一步提高。因此，应用型高校"双师双能型"教师在技术能力上应当普遍高于高等专科教师的一般水平，在技能精湛程度上可以略低于高等专科教师的一般水平，但不得低于最低要求。所以，"双师双能型"教师在职称维度上应当不低于中级职称标准，部分院校可提升此标准。

应用型高校"双师双能型"教师首先应当具有高校教师资格（如至少是讲师职称），应当具有专业技术职称（中级以上）且具有行业实践经历。然而，符合这两种标准的教师只是初步满足高校对于教师实践能力的要求，并不一定能真正胜任应用型高校教师的工作。将应用型高校的学生培育成理论与实践能力兼具的复合型人才，对高校教师来说是一项极其复杂而艰巨的任务。教师在理论与实践上均需要系统化、多样化能力。

二、"双师双能型"教师能力结构分析

"双师型"教师的能力标准是衡量一个人是否具备职业教育能力的尺度，是对从事职业教育教师这一职业所应具备的知识、技能、情感、行为等方面指标的具体要求。应用型高校"双师双能型"中的"双能"同样是对教师的具体能力要求。由于应用型高校培养出的学生应当具备较强的知识学习能力，拥有更加深厚的知识储备和多方位的职业能力，因此，"双师双能型"教师与普通高校教师相比，除了要有教师的通识能力、深厚的专业知识，以及较强的理论教学能力之外，还要拥有与"技术应用"相关的专业实践能力。"双师双能型"中的"双能"应当是指教师的"理论教学能力"与"专业实践能力"。基于此，我们对教师"双能"能力结构的分析，将从"理论教学能力"与"专业实践能力"两个角度出发。

(一) 理论教学能力

教师应当具备教育教学能力。应用型高校作为高等教育的形式，核心是培养人才。人才培养最基本的途径就是教学。应用型高校的教师需要具备一般教学能力。教育教学能力的好坏是衡量一个教师能力的重要指标。因此，"双师双能型"教师作为本科层次的教师，应当具备高校教师必需的基本素养，充分掌握教育学、心理学等相关知识，能够遵循教育规律进行教学工作。也应当熟练掌握教育技术，能够运用现代化的手段对课程进行设计、研究，将理论教学和实践教学完美融合，展现最佳教学效果。因此，教师应当具备课程开发、教学设计、课程实施、教学评价、教育信息技术等综合能力。

教师应当具备专业发展的能力。随着新一轮科技与产业革命的到来，学科交叉、产业融合的趋势越来越明显。学生应当从单一的"专"向又"专"又"通"的方向发展。应用型高校的学生要具备深厚的理论素养，充分了解相关学科的知识，真正做到宽基础、专技术。因此，应用型高校"双师双能型"教师需要立足于本专业，具备深厚的知识储备，掌握教师专业通识知识、专业知识、专业群知识、人文素养相关知识。

表 7-1 "双师双能型"教师专业实践能力构成

专业实践能力构成	主题描述
实践操作能力	技术操作能力、技术管理能力
实践教学能力	进行实践教学的综合能力
技术创新能力	专业技术研究与开发能力
社会服务能力	技术培训与服务、职业指导、横向课题研究

(二) 专业实践能力

应用型高校教师在能力结构上要高于对学生能力的要求。要着重培养和提升教师的学术经历与企业经历双重素养，要求教师既具备扎实的基础理论知识、较高的教学水平和一定的科研能力，又具有与专业相关的企业工作经历和丰富的实际工作经验。对于职业能力的要求是学生需要掌握的能力的核心。从事应用型高校开设专业对应的职业往往要具备专业技术能力，决策、设计、管理、沟通、团队协作能力，同时还应具备主持承担技术项目的能力。

首先，应用型高校教师应当具备实践操作能力。应用型高校的学生要具备熟练的技术和一定的技能，因此，应用型高校"双师双能型"教师也要具有精湛的技术并掌握一定的技能。此外，教师应当具备决策、设计、管理、沟通、团队协作等面向生产实际的技术管理能力。实践操作能力是教师实践教学能力的基础。

其次，应用型高校教师应当具备实践教学能力。学生应当具备技能操作能力、技术应用能力、技术设计与开发能力以及"面向生产一线"的管理能力(涉及技术研发、设计、制造、运行、管理各个环节)。这些能力需要从实践教学和实际操作中习得。因此，教师仅仅具有实践操作能力是远远不够的，势必要具备较强的实践教学能力，将这种多方位的能力传授给学生。

再次，应用型高校教师应当具有应用技术研究能力。应用型高校作为本科层次高等院校，并非不承担科研任务，而是将之前的学术研究转向应用技术方面的研究。应用技术研究能力要求教师具有创新意识和创新精神，具有技术开发设计能力，这是教师向学生传授研究方法的必然要求。应用型高校教师还应具备主持、承担技术项目的能力。应用技术研究具有实践性、集成性、创新性的特点，因此，教师不仅要具有深厚的知识储备、前沿技术、实践操作能力、创新精神，还要有团队精神，能够与其他教师组成团队进行设计开发。也可以通过带领学生承担应用技术研究项目，在项目设计开发过程中巩固所学知识、锻炼技术能力。

最后，应用型高校教师应当具备社会服务能力。教师应当具备服务地方经济发展的意识。应用型高校的服务定位便是面向地方经济发展，高校教师作为高层次人才，一定要树立服务地方经济发展的意识，助力区域经济发展。社会服务能力也是教师专业实践能力的一个重要展现，有利于提升教师的实践能力。

三、应用型高校"双师双能型"教师队伍特征

应用型高校"双师双能型"教师队伍从教师构成到教师素质具有独特的发展特征。主要的特征体现在复合性、实践性、创新性、多样性。

(一) 复合性

"双师双能型"教师是专业、教育、职业三方面素养的统一。"双师双能型"教师的复合性主要体现在素质的复合性上。"双师双能型"教师是一种复合型人才，除了要具备教学所需要的专业知识与技术、教育教学知识与能力、教育研究与专业研究能力，还应具备深厚的人文素养、社会服务意识。因此，教师需要整合多方面的能力和素质进行教学工作，"双师双能型"教师具备素质复合性的特征。而从教师的素质构成来讲，从"双师双能型"教师的队伍构成来讲，也具备素质复合性的特征。在一支优秀的教师队伍中，并非所有教师都可以发展成为全能型教师。一个学校的教师队伍是否能被称为"双师双能型"教师队伍，不仅要看教师队伍中有多少人符合"双师双能型"教师的能力标准，还应当考察整个教师队伍在能力结构、素质结构上是否达到"双师双能型"教师标准。

(二) 实践性

"双师双能型"教师在专业上更加侧重于实践性。首先，作为一种职业，

教师本身具备实践性的特征。教师是一种职业，同时也是一种专业，需要与学生相处，具有社会实践性的特征。其次，应用型高校教师所培养学生的规格要求决定教师必须具备专业实践性的特征。作为本科层次技术教育的教师，需要教授学生专业知识和技术。"双师双能型"教师的性质要求教师必须具备丰富的实践经验、精湛的专业技术。因此，"双师双能型"教师要不断发展面向生产一线的专业实践能力、组织实践教学能力、社会服务能力。此外，教师作为一种专业型人才，需要不断地自我提升和发展。教师专业能力的提升也依赖于在实践中不断地提升自己的专业水平。因此，教师专业具有实践性的特征。

(三) 创新性

应用型高校"双师双能型"教师队伍从个体成员到整体队伍均需要有创新精神。在21世纪的今天，创新能力成为衡量一个人乃至一支队伍能力的重要标准。应用型高校"双师双能型"教师的创新性主要体现在技术创新与教学创新两个层面。应用型高校培养出的学生应当具备创新精神和创新能力，这就要求教师自身具备一定的创新精神和意识，尤其是在进行专业研究时，要突出创新的重要性，重视技术创新与开发工作。教师既是教学工作的执行者，也是教学的研究者，要具备教育研究能力。在进行专业教学的过程中，应当重视在课程设计与开发、教学方法、教学方式、教材编制等方面具有创新精神。

(四) 多样性

从"双师双能型"教师队伍的构成来看，应具有成员多样性的特征。成员多样性的特征主要体现在教师来源多样性、结构多样性、能力维度多样性几个方面。首先，应用型高校"双师双能型"教师队伍的教师来源应当具有多样性的特征。教师来源不应当仅局限在高校，而应充分挖掘教师资源，弥补高校专业教师数量不足的短板。"双师双能型"教师队伍的人员来源除了高校教师，还有来自企业、其他科研机构中的教师。其次，结构多样性是指教师队伍要形成专兼职结合的结构。兼职教师主要包括企业的高层次技术专家、其他高校的优秀教师、行业内的著名学者等。最后，应用型高校"双师双能型"教师队伍应当涵盖不同能力维度的教师，充分发挥不同教师的特长，形成多样化的教师队伍。

第三节 "双师双能型"教师队伍建设路径

一、完善"双师双能型"教师队伍引进机制

高校"双师双能型"教师队伍建设要将更多优秀的教师引进来。从高校的角度而言，要更新自身的发展思维，以包容开放的胸襟将综合能力强、技术掌握扎实的人员引进来。同时，也可以将一些专业技能较强的开发者作为兼职工作者引进。"双师双能型"教师队伍建设需要更多综合能力强的人员作为基础，人才的选拔要不拘一格。和国内的兼职教师队伍比较来看，国外兼职教师人数相对更多。一些国外的学校常常会将企业高管或者专家作为最佳选择。企业兼职人员的主要任务是指导实习生的学习，在实践性教学中扮演着不可或缺的角色。国外的兼职教师管理体系已经发展得十分完备，管理制度也相对系统化，企业教师取得了高校充分的信任，构筑了较好的循环体系。兼职教师在教学的同时，能够取得大家的信赖。从德国的实际情况来看，其教学都有相应的教师引导，助教的作用十分重要。所以，国内要充分汲取国外的先进经验，确保高校兼职教师队伍建设更具特色。

(一)建立严格的"能力"准入制度

相对于国内的教师准入制度而言，国外的教师准入制度更加注重教师的综合素质，并非单一要求学历程度。我们在调研过程中发现，国内学校在进行教师招聘时，更加重视教师学历的高低、是否毕业于名校，对于教师实践能力的考虑相对较少。因此，在招聘和引进教师时，应当放松刻板要求，更加侧重于教师能力方面的考察。严格的"能力"准入标准，在一定程度上能够提升教师的教学质量。

(二)多种方式聘请兼职教师

高校教师大部分来源于研究型高校毕业的硕士、博士研究生，这类教

师来源就决定了大部分新入职教师缺少实践能力，很难达到"双师双能型"教师的要求。高校中有很大一部分是由地方本科院校转型而来，而很多地方本科大学在刚开始升格为本科时都在努力追赶一流院校，努力成为研究型大学。因此，许多高校原来会有大量单一从事理论教学的教师和研究型教师，这类教师并不符合"双师双能型"的教师标准。因此，高校在建立"双师双能型"教师队伍过程中，首先要面对的是符合"双师双能型"标准的教师数量匮乏的问题。

高校要解决"双师双能型"教师队伍匮乏的问题，保障高校人才培养质量。高等专科学校在建设"双师型"教师队伍方面提供了有益的经验。高等专科学校"双师型"教师队伍中，招聘的兼职教师进一步提升了教学质量。因此，高校需要引进具有丰富实践经历的一线工程师、技术专家，作为"双师双能型"教师队伍中的一员。

首先，高校要与企业充分合作，建立起互聘制度，对兼职教师抛出橄榄枝，提升兼职教师的待遇，鼓励企业专家进入高校。其次，高校要建立起灵活的兼职教师聘任和管理制度，兼职教师的聘任和管理方式要多样化和灵活化，根据行业特点和企业专家的时间，灵活安排上课地点、时间、方式。再次，高校要把好质量关，在引进兼职教师时，要对兼职教师是否具备教师的能力和素养进行全面考量。最后，高校要采用多种方式提升兼职教师的积极性，比如给予优秀教师奖励、荣誉等。

(三) 构建开放式"双师双能型"教师培养模式

"双师双能型"教师的培育是一个复杂的问题，需要构建专属于高校教师的"双师双能型"培养模式。为了保障"双师双能型"教师的来源，需要高校教师来源高校进行开放式教师教育，构建"双师双能型"教师培养模式。

高校可以向本校致力于成为高校"双师双能型"教师的在读学术型硕士、博士研究生提供教育教学知识的培训、教育实践、专业技术学习的机会，规定"双师双能型"教师应当达到的课程学分和职业资格级别，对于达到相应规定的教师授予相应的教师资格。对理论能力和实践能力优秀的学生予以推荐，扩大"双师双能型"教师队伍的来源。

二、完善"双师双能型"教师队伍培育机制

(一)搭建"双师双能型"教师培训基地

"双师双能型"教师队伍建设是十分复杂的,需要经过系统的规划与宏观的引导,因此,离不开物力、财力等相关方面的支持。如果仅仅依靠高校的力量,很难取得较好的效果。需要注意的是,我国各个地区的经济发展水平存在较大的差异,学校的发展也参差不齐。所以,可以由教育部牵头,国家拨付相应的资金构筑具有典型性的"双师双能型"培训典范,在全国产生较大的吸引力,这也有助于发挥"双师双能型"教师队伍的典范作用。"双师双能型"教育基地需要以完善的教师队伍为基础,同时也要加强和行业协会、技术园区、科研机构、高校等的合作,确保培训基地培育的教师都具备"双师双能型"教师的特质。"双师双能型"教师基地具有下述几个方面的优势。其一,"双师双能型"基地充分强调了高校转型的重要价值,引导地方本科院校向着更为优化的方向发展。其二,"双师双能型"基地在教师的培育方面提出了更高的要求,优化制订出系统化的培训计划,是高校学习的典范。其三,"双师双能型"基地拥有技术强大的设备,拥有数量较多的优势学科,能够更好地将资源分享出去。其四,"双师双能型"基地为高校的师资建设提供了更多的选择,能够更好地应对部分高校"双师双能型"教师缺乏的问题。

(二)产学研合作是"双师双能型"教师培育的重要平台

高校应当以实践为导向,办学直接面向市场和经济社会发展需求,并与企业界、职业界建立紧密联系。产学研合作是结合学校、企业、科研机构三方的优势教育资源培养应用人才的一种教育模式。产学研合作以培养人才为共同目的,实现优势资源共享,是培养应用人才的重要途径,也是"双师双能型"教师成长的重要平台。高校要充分利用产学研一体化所带来的各种资源。培养"双师双能型"教师可以从以下几个方面着手:

1.设立教师专项技术研发项目

高校至少应该以科学知识和技术成果的应用为导向进行办学[①]。企业、学校、科研机构三方合作，寻找目前存在的技术难题或者有价值的技术研发项目，由企业、学校共同承担科研经费，委托教师进行技术研发。教师可以通过进行技术研发任务，来提高研发能力、技术水平。这不仅进一步加强了产学研合作，又为教师提供了实践的机会。教师可以带领学生组成团队完成技术研发，提升生产、研发、组织、管理等实践能力，同时进一步提升教育教学能力。

2.鼓励教师挂职顶岗

学校要鼓励教师积极参加企业培训锻炼、挂职顶岗等活动。这样，教师可以直接面向生产实践，获得相关专业在产业实践上的第一手信息；面向生产实践，接触技术的研发、组织、管理等方面的知识，密切与企业之间的联系，了解企业真正需要的人才，增加所从事职业的知识。教师还可以发挥自己的教学特长，进行技术讲解，为企业员工培训，在为企业服务的同时还可以全方位提高自己的教学技能。教师在经过挂职锻炼之后，可以将企业一线的知识、技术传授给学生，从而真正地培养出应用型人才。

3.成立多学科融合的技术研发团队

技术具有系统性、复杂性、集成性的特点，新技术的设计、研发、操作需要多学科交叉、多主体协同。因此，在攻克技术难题和研发新技术的时候，需要具有多学科背景的人才，教师也应当具有扎实基础和与人合作的能力。因此，由企业、学校、科研机构三方合作挑选人员组成多学科融合的团队，能够培养具有综合交叉知识背景、合作意识、创新意识、管理意识的教师。只有具有较强实践能力、创新能力的教师才能培养出具有创新精神、合作意识的学生。教师在团队中也应当带领学生以任务为中心进行教学、研发工作。多学科融合的技术研发团队可以在课程改革方面给教师以启发。

（三）健全"双师双能型"教师职后培训体系

"双师双能型"教师需要掌握多种多样的能力。要想成为优秀的"双师

[①] 侯长林，罗静，叶丹.应用型大学视域下新建本科院校办学定位选择[J].教育研究，2015，36（04）：61-69.

双能型"教师，需要不懈地努力，不断更新自己的知识体系，对于新出现的技术、工艺等有着更多的了解。这对于在职教师尤为重要。合格的"双师双能型"教师需要具备专业的素养、扎实的知识功底，能够不断汲取知识来提升自我。所以，为了确保高校教师具备较强的能力与较高的素养，必须要打造专业能力强的"双师双能型"教师队伍，不断促进教师培育体系的优化与完善。

1.分类分级的培训体系

"双师双能型"教师队伍建设需要发挥各级部门的力量，不能单单依靠高校进行培育，否则很难达到更高的要求。各级部门应该承担起"双师双能型"教师培育的重任，真正意识到"双师双能型"教师培育将会极大地促进高校教育迈上新台阶，为地方经济发展贡献更大的力量。要构筑以校本培育为基础，对重点教师进行培育的新发展格局。

"双师双能型"教师队伍建设要以校本培训为根基，因此，高校的角色尤为关键。高校要将各种资源整合起来，正确处理好教师日常工作和参与培训的关系，让教师拥有更强的研究欲望；要按照学校的实际情况，不断推进"双师双能型"教师培养体系的完善；要按照校本培训的需要，将综合能力强、专业素养高的教师选拔出来到培训基地参与培训，也可以向他们传授一些尖端知识和理论。

2.丰富的内容与形式

"双师双能型"教师培育涉及多个方面的内容，一般会关涉当下的前沿知识。"双师双能型"教师培育必须要确保培训的内容专业化，具有权威性，目的要明确。同时，培训关涉多个方面，不仅和教育知识紧密相关，也与研发理论、技术理论等有着紧密的关联，要求内容较为全面。

高校教师必须构筑良好和谐的合作关系，与工作场所人员形成好的伙伴关系，更好地开展创造性学习。"双师双能型"教师培育应该选择更为多元的形式，也需要符合当下时代发展的基本诉求，确保培育方式更为丰富。教师可以更多地参与校园项目，确保自己的知识不断更新；也可以通过顶岗训练提升自我素养；通过社会实践提升自己的综合水平；通过出国考察的方式接触新的知识；利用互联网夯实自我。总之，教师培训路径必须更为多元，通过多种渠道开展培训工作。

3.设立青年教师专项

青年教师应该成为高校"双师双能型"教师的核心力量。当下，高校对于"双师双能型"教师的学历有更高的要求，一般为硕士起步，更多的为博士。这些教师理论知识较为扎实，但是没有参与社会实践的经历，与"双师双能型"教师的能力要求存在较大的差距。从这一角度而言，高校要强化对这一类型教师的转化。

推动青年教师逐渐成长为"双师双能型"教师具有更大的可能性。其一，青年教师具有广阔的发展空间，对知识的接受能力较强，有大量的时间学习。其二，青年教师以事业为重，转化的欲望更为强烈，愿意在学习上投入更多的精力，确保自身理论素养与实践素养的不断提升。

青年教师是高校教师的主要力量。学校发展需要青年教师的大力支持，应该将其作为重点对象进行培育。"双师双能型"教师队伍建设离不开青年教师的参与。所以，要想提升学校"双师双能型"教师队伍的能力，需要将青年教师的潜能充分释放出来，为他们提供更具吸引力的锻炼机会、物质基础，引导青年教师更快地成长与发展。

4.因材施教

教师通常具备理论教学的功底，一些教师的实践教学水平也较高。根据教师类型的不同，需要选择不同的培育方式。构筑"双师双能型"教师培育体系时，必须依照教师类型的不同开展培训。培训必须要以"强优势、补短板"的理念引导，让教师在某些方面发挥优势，不要求面面俱到。所以，应结合教师的不同特点，进行差异化培训。同时，教师个体之间存在一定的差异，如果单单通过集体培训很难全面提升他们的素养，培训就很难取得理想的成效。因此，要彰显出教师的主体价值，依照教师之前的水平开展级别认定，优化培育计划与流程，循序渐进地开展培训，确保教师综合能力不断提升。

(四) 建立兼职教师培训体系

教师需要经过相应的教育教学知识的培训，以及教学方法等多方面的学习，才能够成为一名优秀的兼职教师。但是，兼职教师同时担任企业员工和高校教师这两个角色，工作繁忙，无暇进行相关知识的培训。因此，学校

应当充分利用多种机会来培养兼职教师的理论素养。

1.搭建互联网学习平台

通过互联网学习平台，兼职教师可以学习教育教学的相关知识。这样，兼职教师可以更加灵活地安排自己的时间，充分地进行学习。对通过兼职教师教育教学能力考核的教师，平台可以给予相应的奖励，增进教师进一步学习的欲望。

2.建立反馈机制

在兼职教师进入教学环节之后，学校要充分安排校内课程方面的专家进行听课、评课，给兼职教师以实时反馈。专家需要有丰富的教学经验，能够给兼职教师提供指导、培训、辅导和咨询以促进其专业发展。兼职教师可以在教学实践中学习教育教学知识，提高授课能力。

3.鼓励兼职教师参加教学研讨会

要鼓励兼职教师参加校内或者校外的教学研讨会，进一步提升教育教学能力。兼职教师更多地融入教学活动中会激发归属感，能够更加积极地投入教学工作中。

三、健全"双师双能型"教师队伍培养的激励竞争机制

(一) 建立目标导向激励机制

美国心理学家弗隆（Vroom）提出，当人们认识到预期目标能够实现，且对其十分重要时，才能调动积极性。想要调动员工的积极性，需要处理好以下几个关系：努力与工作绩效的关系、工作绩效与奖酬的关系、奖酬与满足需要的关系。期望价值理论表明，高校在建设的过程中，要利用奖酬来激励教师自我发展，提高学校的教育教学水平。只有教师充分调动了工作的积极性和主动性，才有可能真正地吸引和留住人才。

教师在工作中会根据学校与个人对自己的期望来调整自己的努力程度，因此要科学地设置教师发展目标。在设置目标过程中，要注意教师的"最近发展区"。教师的发展目标既要具有一定的难度，因为设定的目标难度较大会激起教师的挑战心理，吸引力较强，容易激发教师的内在潜力，太低的目标会使教师失去兴趣，又要具有实现的可能性，过于困难的任务可能使教师

望而却步，丧失信心。所以，学校一定要根据实际情况、教师的个人特点来制订教师的工作目标。

(二)建立需求导向的激励机制

马斯洛对人的需要进行了划分，从低到高划分为五个层面，分别为生理、安全、社交、尊重和自我实现。在他看来，这五个方面阶梯式发展，并且是由低级逐渐发展为高级的。层级越高，满足的难度也就越大。在建设高校教师队伍时，要将教师自我需求放在第一位，确保教师队伍向着更好的方向发展。在给出符合教师期望的薪资后，要更好地满足教师更高层面的需要，对他们充分尊重，让他们获得行业成就感。

1. 提升教师的福利待遇

学校要满足"双师双能型"教师的薪资需要，让他们的物质条件得到满足；要确保教师拥有良好的工作环境，契合他们的安全性诉求；要满足教师对于各种福利的需要，让教师能够从工作中获得极大的安全感。同时，学校要为教师提供安全的工作场所，确保教师在学校的安全，也要保证教师在外实践期间的安全，确保他们获得应有的待遇。

2. 给予教师足够的尊重

学校要营造尊师重教的环境，不管是在教学的哪一个环节，都要对教师给予高度的尊重。管理者要尊重教师，倾听他们的宝贵建议；教师也应该彼此尊重，形成相互学习的良好氛围；鼓励教师向"双师双能型"教师学习；要引导学生尊重教师，构筑和谐、平等的师生关系。同时，要组织各种类型的活动，满足教师在归属感方面的诉求，让教师从心理上有强烈的归属感，确保教师队伍拥有更强的凝聚力。

3. 提供充分的发展空间

对于高校教师而言，要想提升自我实践素养，必须要以专业发展为引导，推动教学质量迈上新台阶。为了更好地促进教师实现自我，学校要给教师提供更多的发展机会，开展多种多样的培训，从实践中提升教师的素养，让教师能够通过工作获得满足感，在工作中找到自我的价值。

(三) 提供保障措施

赫兹伯格提出的双因素理论 (激励因素和保健因素) 认为, 单一地满足需求并不一定能够充分地调动员工的积极性。在人力资源管理过程中, 要注意满足激励因素来调动积极性, 与此同时, 要具备保健因素。虽然保健因素在激励员工方面不能产生显著效果, 但是缺乏保健因素, 员工的积极性就会缺乏, 容易产生消极倦怠的情绪。在高校教师管理中, 要注意建立公平的考核机制, 充分为教师提供工作上的便利、创造良好的办公环境, 维持教师积极性。

1. 建立公平的考核机制

学校在进行教师奖励和激励的过程中, 要注意公平。如果有失公平, 其效果就会大打折扣, 甚至适得其反, 会挫伤教师的积极性, 不利于 "双师双能型" 教师队伍的建设工作。公平的考核机制会形成良性的竞争环境, 充分调动教师的积极性、激发教师的潜能、提高高校的办学质量和水平。因此, 学校在教师评优评先、职称评比、任务分配等方面一定要做到公正、透明、阳光, 形成健康、有序的工作环境。

2. 创造良好的工作环境

高校要为教师专业发展提供多样化的发展机会和充分的条件。要尽量满足 "双师双能型" 教师在工作中的合理需求, 为 "双师双能型" 教师提供足够的便利。此外, 高校有责任为教师营造良好的校园文化、健康的工作氛围、较大的上升空间, 从而保证教师有较高的工作积极性。

四、建立 "双师双能型" 教师评价体系和监督机制

(一) 建立科学的 "双师双能型" 教学质量评价体系

高校需要通过教学进行人才的培育。在培育 "双师双能型" 教师时, 需要针对教师教学质量进行必要的反馈。所以, 学校要紧密结合高校人才培育的多元化特点, 针对性地进行 "双师双能型" 教师培育, 构筑以评价体系为参照的发展模式, 遵循能力导向的基本要求。要将评价结果作为教师职称评定的重要参照, 和教师的薪资建立紧密的联系。在建设 "双师双能型" 评价

体系的过程中，要遵循教师为本的理念，听取教师的宝贵建议，要确保所使用的评价标准是科学的、客观的。

(二) 完善监督机制

要想保证教学的质量，需要以科学的评价体系为根本，只有这样才能确保教学质量不断提升。从学校的角度而言，必须要构筑系统、完善的监督管理体系，确保每一个步骤都足够详细与明确。要把总的目标细化为一个个可操作的任务，对管理者的职责进行明确，并且对实施情况进行监督。要形成内外联动的监督管理体系，确保"双师双能型"队伍建设在严格的监督管理体系下运行。外部监督也是不可或缺的，要邀请一些业内专家参与到教学的评价和指导当中，确保监督的效果。

结束语

为适应不断转变的教育观念，高校专业教师除了需要有较好的心理素质和较高的学术水平外，还需要具有饱满的工作热情和高度的责任心，这样才能在学生学习中发挥主导作用。师资队伍建设可改变教师既有的教育理念和素质结构，不断提高教师的教育技能和教育技术水平等。本书对"高校教师专业发展与应用型师资培养"进行了深入探究，主要内容如下：

一、核心概念

本书内容宽泛，涉及概念较多。为让读者更好地理解与践行高校教师专业发展与应用型师资培养，笔者对本书涉及的核心概念进行了阐释，具体包括教育生态、教师专业发展、生态平衡、应用型高校、教师管理制度等。

二、高校教师专业发展的基本特征和评价模型

高校教师专业发展的三个要素是教师专业知识、专业技能和职业道德。本书探讨了这三个要素对高校教师专业发展的影响机制。运用系统联系的观察维度，探讨了高校教师专业发展三要素的生态位；从竞争发展的角度探讨了教师专业发展的内外驱动力之间的关系，研究了促进教师专业发展的驱动机制；运用平衡共生的概念探索了教师专业发展的内在需求，以平衡为价值取向，以共生为发展目的，旨在明确高校教师专业发展三要素及其内在联系，以及它们在教师专业发展中发挥的全面和互动作用。

三、推进高校教师专业发展的策略

近年来，关于教师专业发展的研究越来越受到相关学者的重视，并提出了创新的教育理念和制度。因此，对于教师来说，应该立足于所处的生态系统，推动高校教师的专业指导从稀缺走向繁荣。高校教师的成长是一个持续的、动态的过程。从实践的角度来看，高校教师具有很大的优势。由于

学历较高，他们应该走向专业化，并继续向更高层次发展。要实现教师有效的专业发展，就必须有专业指导。如何构建一个终身、可持续的专业发展体系，是当前研究高校教师专业发展时面临的一个非常重要的问题。

四、应用型高校的定位与职能

应用型高校是相对于研究型高校和教学研究型高校而言的，它是按照中国大学培养的特点，在中国经济建设现代化和高等教育大众化推动下产生的一种新型的本科教育。厘清应用型高校的定位与职能，有利于更深入地探究高校教师专业发展与应用型师资培养。

五、应用型高校教师专业实践能力

应用型高校不仅是一种高等教育和大学，还是一种新的大学理念。引导部分地方本科高校转型发展是党中央、国务院做出的重大决策，是我国高等教育领域的重大变革。这一"教育改革实践"为应用型高校带来了新的教育定位和人才培养目标，对应用型高校教师的专业素质和能力提出了新的、更高的要求。即应用型高校教师应同时具备"双师"资格和"双能"素质，确立"双师双能"，定位教师角色，着力提高教师的专业实践能力。教师角色定位的变化要求学校的教师管理体系与之相适应，从系统和概念的角度推动应用型高校教师的转型，并产生新的教师角色行为。

六、应用型高校教师专业实践能力提升的经验借鉴

国外应用型大学产生较早。典型的应用型大学包括德国的应用科学大学、英国的多科技术学院和日本的技术科学大学。它们在发展的过程中虽然经历了挫折，但积累了宝贵的经验。我国应用型高校建设处于起步阶段。尽管中外在社会和教育制度上存在显著差异，但国外应用型大学在师资队伍建设方面的制度经验对我国具有一定的启示和借鉴价值。

七、"双师双能型"教师队伍建设

"双师双能型"师资队伍建设质量是影响我国教育结构改革进程的关键因素。应用型高校是教育结构改革的产物，其发展面临着较大的机遇与挑

战。做好"双师双能型"教师队伍建设工作，提升办学软实力，是高校发展打破同质化、实现差异化建设的重要任务。"双师双能型"教师队伍建设有助于促进教师个人职业特色发展。教师应立足于应用型人才培养需求，找准个人定位和发展方向，全面提高自身理论教学水平和指导实践能力，拓宽个人发展的维度。

参考文献

[1] 叶章娟. 教育现象学视域下高校教师专业发展的实践转向研究 [J]. 湖北经济学院学报 (人文社会科学版), 2023, 20(04): 113-116.

[2] 李素杰. 教师专业发展视域下高校教师自主成长探究 [J]. 黑龙江教师发展学院学报, 2023, 42(04): 27-29.

[3] 时杨. 民办本科高校"双师双能型"教师队伍建设路径 [J]. 山西青年, 2023(06): 122-124.

[4] 米睿. 中日高校教师专业发展对比研究 [J]. 吉林省教育学院学报, 2023, 39(02): 21-25.

[5] 王蒙雅. 生态学视角下高校教师专业发展的对策 [J]. 江西电力职业技术学院学报, 2023, 36(01): 103-105.

[6] 赵临龙, 黄志贵. 应用技术型高校"双师双能型"教师能力评价体系的构建与实践 [J]. 科教导刊, 2023(01): 95-99.

[7] 吕健伟, 路明, 周利海, 等. 应用型本科高校"双师双能型"教师队伍建设策略探索 [J]. 河北环境工程学院学报, 2022, 32(05): 90-94.

[8] 张广禹, 孙毓希. "双师双能型"青年教师培养路径浅析 [J]. 理论观察, 2022(10): 173-176.

[9] 凌伟, 严沛霖. 实践共同体: 高校支持教师专业发展的梁溪样态 [J]. 江苏教育, 2022(78): 7-11.

[10] 尹桐桐. 社会物质理论视角下高校教师专业发展探究 [J]. 中国成人教育, 2022(16): 68-72.

[11] 赵明雨, 邵玉. 应用型本科双师双能型师资队伍建设策略 [J]. 辽宁高职学报, 2022, 24(07): 76-79.

[12] 王树平, 吴嘉隆. 关于培育高校"双师双能型"教师实践能力的研究 [J]. 沈阳工程学院学报 (社会科学版), 2022, 18(03): 86-89.

[13] 杨忠东, 吴朝娅. 高校教师专业发展内外动力耦合策略探析 [J]. 成都航空职业技术学院学报, 2022, 38(02): 8-11.

[14] 丛静, 窦宁. 应用型本科高校"双师双能型"教师队伍建设研究与实践 [J]. 辽宁科技学院学报, 2022, 24(03): 48-50.

[15] 程翔宇. 国外高校教师专业发展的经验研究 [A]. 成都市陶行知研究会. 诗意教育专家指导会论文集 [C]. 成都市陶行知研究会, 2022: 192-196.

[16] 裴丽娜. 专业学习共同体视角下高校教师专业发展策略探赜 [J]. 成才之路, 2022(15): 122-125.

[17] 仲雯. 英国高校教师专业发展研究 [D]. 哈尔滨: 黑龙江大学, 2022.

[18] 石云, 周亚. 基于校企合作的高校服装专业"双师双能型"教师培养路径研究 [J]. 轻纺工业与技术, 2022, 51(02): 125-127.

[19] 路平, 吴双, 许彩霞. 民办本科高校"双师双能型"教师分类评价研究 [J]. 辽宁科技学院学报, 2022, 24(02): 32-35.

[20] 崔明. 新建地方本科院校"双师双能"型教师队伍建设研究 [J]. 科教导刊, 2022(11): 23-25.

[21] 臧秀娟. 应用型本科高校"双师双能型"教师培养的绩效评价与路径构建 [J]. 南昌工程学院学报, 2021, 40(05): 109-113; 118.

[22] 董亚力, 张自然, 董海亮. 德国双元制师资培养经验对我国应用型大学双师型师资队伍建设的启示 [J]. 珠江水运, 2021(12): 32-33.

[23] 甘仡鑫, 韦巍, 张祯. 产教融合背景下财经类高校实验教学体系研究 [J]. 现代商贸工业, 2021, 42(13): 146-148.

[24] 刘博, 王诺斯. 需求与耦合: 以应用型人才培养引领创新型师资队伍培育 [J]. 内江师范学院学报, 2021, 36(03): 92-95.

[25] 王佳丽. 应用型师资队伍培养 [J]. 今日财富 (中国知识产权), 2020(07): 216-217.

[26] 赵宇, 石国鑫. 新时代民办高校财经类教师队伍建设研究 [J]. 商业经济, 2020(04): 91-92.

[27] 张英楠, 武依林. 财经类专业教师实践教学能力提升分析——基于校企合作模式 [J]. 辽宁高职学报, 2020, 22(04): 69-73.

[28] 肖庆东. 应用型本科高校师资培养模式研究 [J]. 吉林省教育学院学报，2019，35（02）：45-48.

[29] 罗清海，邹祝英，陈国杰，等. 地方高校应用型工程人才培养的师资队伍建设探讨 [J]. 高教学刊，2018（15）：152-154；157.

[30] 徐伟丽，秦桂兰，洪宇. 独立学院财经类教师专业发展的制度障碍与路径选择 [J]. 教育现代化，2018，5（09）：109-112.

[31] 马国焘，张伟强. 财经类高校优势学科比较研究 [J]. 高教学刊，2018（03）：187-190.

[32] 张大洋. 地方财经类高校实践教学基地建设现状及路径研究 [J]. 学理论，2016（11）：190-191；203.

[33] 罗长青，杨彩林. 财经类高校青年教师师德师风建设的思考 [J]. 知识经济，2016（07）：114-115.

[34] 袁璐. 地方应用型本科高校师资培养研究 [J]. 新课程（下），2015（02）：144；146.

[35] 钟乃良. 应用型师资培养背景下实践导向的公共心理学教学设计 [J]. 河池学院学报，2014，34（01）：95-100.

[36] 杨妍，李立群. 基于应用型人才培养的地方本科院校师资队伍建设策略 [J]. 职业技术教育，2014，35（05）：76-78.

[37] 郑兰祥，王曌玉. 应用型高校实践教学师资培养研究 [J]. 铜陵学院学报，2013，12（03）：124-126.

[38] 冯文丽. 应用型高校实践型师资培养途径与对策——以财经类高校为例 [J]. 金融教学与研究，2012（05）：61-64.

[39] 王丽丽. 当前我国财经类高校发展趋势评析 [J]. 现代教育科学，2011（11）：101-104；110.

[40] 郑功成. 中国社会福利改革与发展战略：从照顾弱者到普惠全民 [J]. 中国人民大学学报，2011，25（02）：47-60.

[41] 韩斌，高天云，程美秀. 财经类高校教师评价激励机制的构建探析 [J]. 山东经济，2008（02）：118-121；125.